Retrouvez l'ensemble de nos parutions sur notre site
http://north-stared.wix.com/editions

ISBN : 979-10-96314-72-0
Paris 2017

Machiavel

Niccolò di Bernardo dei Machiavelli

* * *

Le Sceptre & le Glaive

Le Prince
L'Art de la Guerre

SOMMAIRE

Né à Florence le 3 mai 1469 au sein d'une famille noble, Nicolas Machiavel est un philosophe et humaniste italien de la Renaissance. Il s'illustre principalement comme théoricien dans l'art de la politique (*le sceptre*) et de la guerre (*le glaive*).

Car il y a deux manières pour gouverner et combattre : l'une avec les lois l'autre avec la force. Si la première est celle des hommes, la seconde est celle des bêtes. Mais Machiavel l'a bien compris, l'une ne va pas sans l'autre. Pour cette raison, cette édition regroupe cette double vision avec *Le Prince* & l'*Art de la Guerre*.

Avec *Le Prince*, Machiavel donne aux hommes de volonté les moyens de gagner et conserver le pouvoir. Pour rédiger une telle œuvre, l'auteur s'inspire tant de l'histoire antique que de sa connaissance dans « l'action des grands hommes ». Machiavel possède en effet une profonde expérience dans ce qui fait la nature des princes : de 1498 à 1512, il est employé comme fonctionnaire par la République florentine, notamment comme légat auprès des puissances étrangères comme la France, l'Allemagne ou César Borgia[1], il est également nommé à la tête de la seconde chancellerie.

Mais ironie de l'histoire, c'est en exil que Machiavel

---

[1] *L'époque et en effet mouvementée : en 1494, l'armée de Charles VIII franchit les Alpes pour conquérir royaume de Naples. Il entre à Pise où les habitants lui demandent d'être délivrés de la domination florentine. En 1499 son successeur Louis XII conquiert Milan, César Borgia s'empare d'Imola et Forli puis en 1500 de Pesaro et Rimini avec l'aide de l'armée française... (N.d.E).*

rédige l'essentiel du manuscrit du *Prince*, En novembre 1512, quelques mois après l'instauration d'une monarchie à Florence par les Médicis, il est en effet déchu de sa charge. Puis, en décembre, après la découverte d'un complot ourdi par certaines de ses accointances, il est emprisonné dans sa métairie de Sant'Andrea. C'est donc en ce lieu qu'il écrit le Prince. La rédaction en est presque achevée en décembre 1513 comme en témoigne la lettre qu'il adresse à son ami Francesco Vettori[1] :

« Le soir venu, [...] je pénètre dans le sanctuaire antique des grands hommes de l'antiquité [...]. Je ne crains pas de m'entretenir avec eux, et de leur demander compte de leurs actions. Ils me répondent avec bonté ; et pendant quatre heures j'échappe à tout ennui, j'oublie tous mes chagrins, je ne crains plus la pauvreté, et la mort ne saurait m'épouvanter ; je me transporte en eux tout entier. Et comme le Dante a dit : Il n'y a point de science si l'on ne retient ce qu'on a entendu, j'ai noté tout ce qui dans leurs conversations, m'a paru de quelque importance, j'en ai composé un opuscule de Principatibus, dans lequel j'aborde autant que je puis toutes les profondeurs de mon sujet, recherchant quelle est l'essence des principautés, de combien de sortes il en existe, comment on les acquiert, comment on les maintient, et pourquoi on les perd. »

Parce que l'ouvrage ne donnait pas de conseils moraux aux princes comme les traités classiques adressés à des rois, et qu'au contraire il conseillait dans certains cas des actions contraires aux bonnes mœurs, il a été souvent accusé d'immoralisme. Pourtant, bien plus qu'un manuel du despote, Machiavel développe des idées fortement imprégnées du bien public et pose les bases solides de la république de Florence.

Le Prince, dédié à Laurent II de Médicis, est pour

---

[1] *Francesco Vettori (1474–1539), diplomate et écrivain qui servi tant sous la République que sous le régime monarchique des Médicis (N.d.E).*

Machiavel une probable tentative pour retrouver une place dans la vie politique de Florence. Dans ce livre, comme il l'écrit dans sa dédicace, il « *ose donner des règles de conduite à ceux qui gouvernent* » :

> « *Il ne faut pas que l'on m'impute à présomption, moi un homme de basse condition, d'oser donner des règles de conduite à ceux qui gouvernent. Mais comme ceux qui ont à considérer des montagnes se placent dans la plaine, et sur des lieux élevés lorsqu'ils veulent considérer une plaine, de même, je pense qu'il faut être prince pour bien connaître la nature et le caractère du peuple, et être du peuple pour bien connaître les princes.* »

La fonction originelle de l'écriture du Prince est discutée par la critique : alors qu'il était admis classiquement que l'ouvrage était issu d'une inspiration soudaine, pour rentrer dans la faveur de la monarchie, Claude Lefort le considère comme un travail de longue haleine, issu de l'expérience pratique de Machiavel et de sa lecture des historiens antiques. Il appuie ses propos sur la lettre à Vettori : « *quant à mon ouvrage, s'ils [les Médicis] prenaient la peine de le lire, ils verraient que je n'ai employé ni à dormir ni à jouer les quinze années que j'ai consacrées à l'étude des affaires de l'État* », sur les rapports diplomatiques de Machiavel, ébauches de la pensée globale du Prince, et sur la dédicace de l'ouvrage où Machiavel ne se fixe pas pour but de flatter le prince mais d'établir une pensée politique appuyée sur l'Histoire : « *Vous ne trouverez dans cet ouvrage, ni un style brillant et pompeux, ni aucun de ces ornements dont les auteurs cherchent à embellir leurs écrits. Si cette œuvre vous est agréable, ce sera uniquement par la gravité et la matière du sujet.* » De même, alors que la rédaction du Prince était considérée comme entrecoupant dans le temps celle des Discours sur la première décade de Tite-Live, Lefort, s'appuyant sur une étude de Hans Baron, considère le Prince antérieur aux Discours et notamment, la phrase du deuxième chapitre qui fait allusion à un ouvrage sur les républiques, un ajout postérieur à la première rédaction du *Prince*. Ainsi, Claude Lefort donne à l'ouvrage le double statut de pensée profonde et de pensée première.

Machiavel annonce qu'il fait cadeau aux princes de ce qu'il possède le mieux, c'est-à-dire la « *connaissance des actions des hommes célèbres* ». Il se défend d'employer pour plaire, comme de coutume, un style ampoulé :

> « *Vous ne trouverez dans cet ouvrage, ni un style brillant et pompeux, ni aucun de ces ornements dont les auteurs cherchent à embellir leurs écrits. Si cette œuvre vous est agréable, ce sera uniquement par la gravité et la matière du sujet. Il ne faut pas que l'on m'impute à présomption, moi un homme de basse condition, d'oser donner des règles de conduite à ceux qui gouvernent. Mais comme ceux qui ont à considérer des montagnes se placent dans la plaine, et sur des lieux élevés lorsqu'ils veulent considérer une plaine, de même, je pense qu'il faut être prince pour bien connaître la nature et le caractère du peuple, et être du peuple pour bien connaître les princes.* »

L'ouvrage de Machiavel a donné naissance à plusieurs termes en français : « *machiavélisme* » et ses dérivés, qui font référence à une interprétation politicienne cynique de l'œuvre et « *machiavélien* » qui fait plus fidèlement référence aux concepts développés par l'auteur.

L'ouvrage a connu une grande postérité et a été loué et analysé par de nombreux penseurs. Il est publié en 1532, après la mort de Machiavel (1527).

L'art de la guerre est quant à lui un dialogue de forme socratique[1], exposant les vues de Machiavel sur les questions militaires, résumant ses théories sur la supériorité des troupes nationales, l'inefficacité des forteresses, la nécessité de compter sur l'infanterie dans la guerre et l'insignifiance relative de l'artillerie. Rédigé entre 1519 et 1520, il constitue un supplément aux Discours et au Prince. La péroraison contient un noble appel au libérateur italien de ses rêves, et un parallèle avec l'histoire macédonienne. C'est le seul ouvrage historique et politique de Machiavel publié de son vivant.

L'Art de la guerre est composé d'une préface (*proemio*) et de sept livres (*chapitres*), qui prennent la forme d'une série de dialogues qui ont lieu à *l'Orti Oricellari* (jardins construits dans un style classique et commandés par Bernardo Rucellai dans les années 1490 pour les aristocrates et humanistes Florentins qui débattaient à cet endroit). Le livre retranscrit un dialogue entre Cosimo Rucellai et Fabrizio Colonna (beaucoup pensent que Colonna représente Machiavel lui-même, mais cette hypothèse a été réfutée par des érudits tels que Mansfield), avec d'autres patrizi et capitaines de la récente République de Florence : Zanobi Buondelmonti, Battista della Palla et Luigi Alamanni. Cet ouvrage est dédié à Lorenzo di Filippo Strozzi, patrizio fiorentino, dans une préface qui montre de manière évidente l'identité de l'auteur. Fabrizio Colonna domine la discussion avec son savoir, sa sagesse et ses idées. L'autre personnage, dans la plupart de l'œuvre cède simplement à la vue du savoir de

---

[1] *Le dialogue socratique (logos sokratikos) est un genre littéraire pratiqué par certains des disciples de Socrate, dont Platon. Il est question de s'interroger sur nos propres opinions et croyances par la démarche logique (N.d.E).*

Fabrizio, lui pose des questions ou change de sujet. Ces dialogues deviennent souvent des monologues dans lesquels Fabrizio explique comment une armée doit être levée, entraînée, organisée, déployée et utilisée.

Un rôle en partie confié à Machiavel.

Machiavel est le fils de Bernard Machiavel, trésorier pontifical à Rome et docteur en droit, et de Bartolomea de' Nelli. Ses études terminées, il est une première fois candidat à un poste de l'administration florentine le 19 février 1498, mais il n'est pas retenu. Après la condamnation au bûcher de Jérôme Savonarole, il est nommé secrétaire de la deuxième chancellerie et prend officiellement son poste le 19 juin 1498. Il mène à ce titre des missions diplomatiques, en Italie comme à l'étranger, se forgeant une opinion sur les mœurs politiques de son temps. Il rédige des dépêches diplomatiques, réunies sous le titre Les Relations diplomatiques, ainsi que des rapports (Rapport sur les choses de l'Allemagne, Rapport sur les choses de la France).

En 1502, Machiavel est envoyé au camp de César Borgia, duc de Valentinois, alors en Romagne. L'écrivain admire chez lui l'association de l'audace et de la prudence, son habile usage de la cruauté et de la fraude, sa confiance en lui, sa volonté d'éviter les demi-mesures, l'emploi de troupes locales, et l'administration rigoureuse des provinces conquises. Machiavel estimera plus tard que la conduite de César Borgia dans la conquête de provinces, la création d'un nouvel État à partir d'éléments dispersés, et son traitement des faux amis et des alliés douteux, était digne de recommandation et méritait d'être imité scrupuleusement.

Les Médicis reviennent au pouvoir à Florence, à la suite de la défaite de Prato en 1512. Machiavel est soupçonné d'avoir participé à la conjuration fomentée par Pietro Paolo Boscoli, il est emprisonné, torturé, puis interdit de quitter le territoire florentin pour un an, se retire ensuite dans sa propriété de Sant'Andrea in Percussina, frazione de San Casciano in Val di Pesa. Il commence son Discours sur la première décade de Tite-Live, où, parlant de l'Antiquité, il dresse en fait une critique de la situation politique italienne de son époque.

L'année suivante, Machiavel interrompt la rédaction des Discours pour poursuivre, en 1513, celle de son ouvrage le plus célèbre, Le Prince, qui doit être lu en parallèle avec ses Discours sur la première décade de Tite-Live, ouvrage explorant à la lumière de l'exemple de Rome les conditions d'édification en Italie d'une république et la reconstruction d'une Italie unie.

Machiavel est un homme politique avant tout, qui loin des affaires de son pays se sent inutile. Ouvrage intéressé, *Le Prince* contient entre les lignes comme un appel à la réunification de l'Italie fait aux Médicis. Le Prince, de lecture simple en apparence, est en fait un ouvrage d'une grande densité dans lequel sont inscrites des théories républicaines fortes et nouvelles.

Revenu à Florence en 1514, Machiavel écrit une comédie, La Mandragore, en 1518. À la demande du cardinal Jules de Médicis, il rédige L'Histoire de Florence en 1520 (achevée en 1526).

À l'avènement de la république, en 1527, où on lui reproche sa compromission avec les Médicis. Il meurt cette même année à Florence.

Ainsi, les interprétations les plus courantes à son sujet, sinon les plus pertinentes, se divisent en celles qui en font le héraut du machiavélisme, pour qui la fin justifierait les moyens (par exemple Leo Strauss ou tout le courant de l'anti-machiavélisme), tandis que d'autres en font un représentant du courant du républicanisme, tel que, par exemple, Rousseau, qui écrit « *En feignant de donner des leçons aux rois, il en a donné de grandes aux peuples* ». Le Prince est le livre des républicains .

En 1578, Innocent Gentillet publia un essai après le massacre de la Saint-Barthélemy pour réfuter l'œuvre de Machiavel. L'ouvrage est diffusé largement à travers toute l'Europe et contribue aux malentendus durables sur l'œuvre de Machiavel. La révélation publique des ressorts du pouvoir rend Machiavel responsable de sa corruption et des moyens employés à le conserver. En révélant ces mécanismes Machiavel semble également montrer sa méfiance vis-à-vis de la nature humaine. C'est la naissance d'un point de vue unique d'un homme de terrain, d'un théoricien de génie, d'un écrivain dont Nietzsche fait l'éloge stylistique, et d'une honnêteté intellectuelle complète.

Malgré cette réputation entachée par la méconnaissance, Machiavel tient une grande place dans la pensée politique. Il est particulièrement apprécié dans son pays natal, notamment à Florence, où le grand-duc Pierre-Léopold-Joseph érigera un monument au côté des tombeaux de Galilée et Michel-Ange. Il y est inscrit : *Tanto nomini nullum par elogium (Aucun éloge n'est digne d'un si grand nom) Nicolaus Machiavelli.*

Machiavel décède le 21 juin 1527 dans sa ville natale.

« Chacun voit ce que tu parais, peu perçoivent ce que tu es. »

« Le mépris et la haine sont sans doute les écueils dont il importe le plus aux princes de se préserver. »

Le Prince (1513) de Nicolas Machiavel

* * *

« Lorsqu'on veut qu'une armée soit victorieuse il faut lui inspirer une si grande confiance qu'elle soit persuadée que rien ne va l'empêcher de vaincre. »

Discours sur la première Décade de Tite-Live Titus Livius

LE PRINCE

(IL PRENCIPE)

TRADUCTION
GASPARD D'AUVERGNE

———

1553

Al Magnifico Lorenzo di Piero de Medici.

Nicolaus Maclavellus
ad magnificum Lavrentium Medicem[1]

---

[1] *Dédicace à Lorenzo II de Medeci (N.d.E).*

IL PRENCIPE

DI NICOLO MA=
CHIAVELLI,

Al Magnifico Lorenzo di Piero
de Medici.

Con alcune altre operette, i titoli delle quali trouerai nella seguente facciata.

IN PALERMO
Appresso gli heredi d'Antoniello dagli Antonielli
a xxviij. di Gennaio,   1584.

CHAPITRE I

QUOT SINT GENERA PRINCIPATUUM ET QUIBUS MODIS ACQUIRANTUR

COMBIEN IL Y A DE SORTES DE PRINCIPAUTÉS, ET PAR QUELS MOYENS ON PEUT LES ACQUÉRIR

Tous les États, toutes les dominations qui ont tenu et tiennent encore les hommes sous leur empire, ont été et sont ou des républiques ou des principautés.

Les principautés sont ou héréditaires ou nouvelles.

Les héréditaires sont celles qui ont été longtemps possédées par la famille de leur prince.

Les nouvelles, ou le sont tout à fait, comme Milan le fut pour Francesco Sforza, ou elles sont comme des membres ajoutés aux États héréditaires du prince qui les a acquises ; et tel a été le royaume de Naples à l'égard du roi d'Espagne.

D'ailleurs, les États acquis de cette manière étaient accoutumés ou à vivre sous un prince ou à être libres : l'acquisition en a été faite avec les armes d'autrui, ou par celles de l'acquéreur lui-même, ou par la faveur de la fortune, ou par l'ascendant de la vertu.

CHAPITRE II

Je ne traiterai point ici des républiques, car j'en ai parlé amplement ailleurs : je ne m'occuperai que des principautés ; et, reprenant le fil des distinctions que je viens d'établir, j'examinerai comment, dans ces diverses hypothèses, les princes peuvent se conduire et se maintenir.

Je dis donc que, pour les États héréditaires et façonnés à l'obéissance envers la famille du prince, il y a bien moins de difficultés à les maintenir que les États nouveaux : il suffit au prince de ne point outrepasser les bornes posées par ses ancêtres, et de temporiser avec les événements. Aussi, ne fût-il doué que d'une capacité ordinaire, il saura se maintenir sur le trône, à moins qu'une force irrésistible et hors de toute prévoyance ne l'en renverse ; mais alors même qu'il l'aura perdu, le moindre revers éprouvé par l'usurpateur le lui fera aisément recouvrer. L'Italie nous en offre un exemple dans le duc de Ferrare ; s'il a résisté, en 1484, aux attaques des Vénitiens, et, en 1510, à celles du pape Jules II, c'est uniquement parce que sa famille était établie depuis longtemps dans son duché.

En effet, un prince héréditaire a bien moins de motifs et se trouve bien moins dans la nécessité de déplaire à ses sujets : il en est par cela même bien plus aimé ; et, à moins que des vices extraordinaires ne le fassent haïr, ils doivent naturellement lui être affectionnés. D'ailleurs dans l'ancienneté et dans la longue continuation d'une puissance, la mémoire des précédentes innovations s'efface ; les causes qui les avaient produites s'évanouissent : il n'y a donc plus de ces sortes de pierres d'attente qu'une révolution laisse toujours pour en appuyer une seconde.

CHAPITRE III

DE PRINCIPATIBUS MIXTIS
DES PRINCIPAUTÉS MIXTES

C'est dans une principauté nouvelle que toutes les difficultés se rencontrent.

D'abord, si elle n'est pas entièrement nouvelle, mais ajoutée comme un membre à une autre, en sorte qu'elles forment ensemble un corps qu'on peut appeler mixte, il y a une première source de changement dans une difficulté naturelle inhérente à toutes les principautés nouvelles : c'est que les hommes aiment à changer de maître dans l'espoir d'améliorer leur sort ; que cette espérance leur met les armes à la main contre le gouvernement actuel ; mais qu'ensuite l'expérience leur fait voir qu'ils se sont trompés et qu'ils n'ont fait qu'empirer leur situation : conséquence inévitable d'une autre nécessité naturelle où se trouve ordinairement le nouveau prince d'accabler ses sujets, et par l'entretien de ses armées, et par une infinité d'autres charges qu'entraînent à leur suite les nouvelles conquêtes.

La position de ce prince est telle que, d'une part, il a pour ennemis tous ceux dont il a blessé les intérêts en s'emparant de cette principauté ; et que, de l'autre, il ne peut conserver l'amitié et la fidélité de ceux qui lui en ont facilité l'entrée, soit par l'impuissance où il se trouve de les satisfaire autant qu'ils se l'étaient promis, soit parce qu'il ne lui convient pas d'employer contre eux ces remèdes héroïques dont la reconnaissance le force de s'abstenir ; car, quelque puissance qu'un prince ait par ses armées, il a toujours besoin, pour entrer dans un pays, d'être aidé par la faveur des habitants.

Voilà pourquoi Louis XII, roi de France, se rendit maître en un instant du Milanais, qu'il perdit de même, et que d'abord les seules forces de Lodovico Sforza suffirent pour le lui arracher. En effet, les habitants qui lui avaient ouvert les portes, se voyant trompés dans leur espoir, et frustrés des avantages qu'ils avaient attendus, ne purent supporter les dégoûts d'une nouvelle domination.

Il est bien vrai que lorsqu'on reconquiert des pays qui se sont ainsi rebellés, on les perd plus difficilement : le conquérant, se prévalant de cette rébellion, procède avec moins de mesure dans les moyens d'assurer sa conquête, soit en punissant les coupables, soit en recherchant les suspects, soit en fortifiant toutes les parties faibles de ses États.

Voilà pourquoi aussi il suffit, pour enlever une première fois Milan à la France, d'un duc Lodovico excitant quelques rumeurs sur les confins de cette province. Il fallut, pour la lui faire perdre une seconde, que tout le monde se réunit contre elle, que ses armées fussent entièrement dispersées, et qu'on les chassât de l'Italie ; ce qui ne put avoir lieu que par les causes que j'ai développées précédemment : néanmoins, il perdit cette province et la première et la seconde fois.

Du reste, c'est assez pour la première expulsion d'en avoir indiqué les causes générales ; mais, quant à la seconde, il est bon de s'y arrêter un peu plus, et d'examiner les moyens que Louis XII pouvait employer, et dont tout autre prince pourrait se servir en pareille circonstance, pour se maintenir un peu mieux dans ses nouvelles conquêtes que ne fit le roi de France.

Je dis donc que les États conquis pour être réunis à ceux qui appartiennent depuis longtemps au conquérant, sont ou ne sont pas dans la même contrée que ces derniers, et qu'ils ont ou n'ont pas la même langue.

Dans le premier cas, il est facile de les conserver, surtout lorsqu'ils ne sont point accoutumés à vivre libres : pour les posséder en sûreté, il suffit d'avoir éteint la race du prince qui était le maître ; et si, dans tout le reste, on leur laisse leur ancienne manière d'être, comme les mœurs y sont les mêmes, les sujets vivent bientôt tranquillement. C'est ainsi que la Bretagne, la Bourgogne, la Gascogne et la Normandie, sont restées unies à la France depuis tant d'années ; et quand même il y aurait quelques différences dans le langage, comme les habitudes et les mœurs se ressemblent, ces États réunis pourront aisément s'accorder. Il faut seulement que celui qui s'en rend possesseur soit attentif à deux choses, s'il veut les conserver : l'une est, comme je viens de le dire, d'éteindre la race de l'ancien prince ; l'autre, de n'altérer ni les lois ni le mode des impositions : de cette manière, l'ancienne principauté et la nouvelle ne seront, en bien peu de temps, qu'un seul corps.

Mais, dans le second cas, c'est-à-dire quand les États acquis sont dans une autre contrée que celui auquel on les réunit, quand ils n'ont ni la même langue, ni les mêmes mœurs, ni les mêmes institutions, alors les difficultés sont excessives, et il faut un grand bonheur et une grande habileté pour les conserver. Un des moyens les meilleurs et les plus efficaces serait que le vainqueur vint y fixer sa demeure personnelle : rien n'en rendrait la possession plus sûre et plus durable. C'est aussi le parti qu'a pris le Turc à l'égard de la Grèce, que certainement, malgré toutes ses autres mesures, il n'aurait jamais pu conserver s'il ne s'était déterminé à venir l'habiter.

Quand il habite le pays, le nouveau prince voit les désordres à leur naissance, et peut les réprimer sur-le-champ. S'il en est éloigné, il ne les connaît que lorsqu'ils sont déjà grands, et qu'il ne lui est plus possible d'y remédier.

D'ailleurs, sa présence empêche ses officiers de dévorer la province ; et, en tout cas, c'est une satisfaction pour les habitants d'avoir pour ainsi dire sous la main leur recours au prince lui-même. Ils ont aussi plus de raisons, soit de l'aimer, s'ils veulent être de bons et fidèles sujets, soit de le craindre, s'ils veulent être mauvais. Enfin, l'étranger qui voudrait assaillir cet État s'y hasarde bien moins aisément ; d'autant que le prince y résidant, il est très difficile de le lui enlever.

Le meilleur moyen qui se présente ensuite est d'établir des colonies dans un ou deux endroits qui soient comme les clefs du pays : sans cela, on est obligé d'y entretenir un grand nombre de gens d'armes et d'infanterie. L'établissement des colonies est peu dispendieux pour le prince ; il peut, sans frais ou du moins presque sans dépense, les envoyer et les entretenir ; il ne blesse que ceux auxquels il enlève leurs champs et leurs maisons pour les donner aux nouveaux habitants. Or les hommes ainsi offensés n'étant qu'une très faible partie de la population, et demeurant dispersés et pauvres, ne peuvent jamais devenir nuisibles ; tandis que tous ceux que sa rigueur n'a pas atteints demeurent tranquilles par cette seule raison ; ils n'osent d'ailleurs se mal conduire, dans la crainte qu'il ne leur arrive aussi d'être dépouillés. En un mot, ces colonies, si peu coûteuses, sont plus fidèles et moins à charge aux sujets ; et, comme je l'ai dit précédemment, ceux qui en souffrent étant pauvres et dispersés, sont incapables de nuire. Sur quoi il faut remarquer que les hommes doivent être ou caressés ou écrasés : ils se vengent des injures légères ; ils ne le peuvent quand elles sont très grandes ; d'où il suit que, quand il s'agit d'offenser un homme, il faut le faire de telle manière qu'on ne puisse redouter sa vengeance.

Mais si, au lieu d'envoyer des colonies, on se détermine à entretenir des troupes, la dépense qui en résulte s'accroît sans bornes, et tous les revenus de l'État sont consommés pour le garder. Aussi l'acquisition devient une véritable perte, qui blesse d'autant plus que les habitants se trouvent plus lésés ; car ils ont tous à souffrir, ainsi que l'État, et des logements et des déplacements des troupes. Or, chacun se trouvant exposé à cette charge, tous deviennent ennemis du prince, et ennemis capables de nuire, puisqu'ils demeurent injuriés dans leurs foyers. Une telle garde est donc de toute manière aussi inutile que celle des colonies serait profitable.

Mais ce n'est pas tout. Quand l'État conquis se trouve dans une autre contrée que l'État héréditaire du conquérant, il est beaucoup d'autres soins que celui-ci ne saurait négliger : il doit se faire chef et protecteur des princes voisins les moins puissants de la contrée, travailler à affaiblir ceux d'entre eux qui sont les Plus forts, et empêcher que, sous un prétexte quelconque, un étranger aussi puissant que lui ne s'y introduise ; introduction qui sera certainement favorisée ; car cet étranger ne peut manquer d'être appelé par tous ceux que l'ambition ou la crainte rend mécontents. C'est ainsi, en effet, que les Romains furent introduits dans la Grèce par les Étoliens, et que l'entrée de tous les autres pays où ils pénétrèrent leur fut ouverte par les habitants.

À cet égard, voici quelle est la marche des choses : aussitôt qu'un étranger puissant est entré dans une contrée, tous les princes moins puissants qui s'y trouvent s'attachent à lui et favorisent son entreprise, excités par l'envie qu'ils nourrissent contre ceux dont la puissance était supérieure à la leur. Il n'a donc point de peine à gagner ces princes moins puissants, qui tous se hâtent de ne faire qu'une seule masse avec l'État qu'il vient de conquérir. Il doit seulement veiller à ce qu'ils ne prennent trop de force ou trop d'autorité : avec leur aide et ses propres moyens, il viendra sans peine à bout d'abaisser les plus puissants, et de se rendre seul arbitre de la contrée. S'il néglige, en ces circonstances, de se bien conduire, il perdra bientôt le fruit de sa conquête ; et tant qu'il le gardera, il y éprouvera toute espèce de difficultés et de dégoûts.

Les Romains, dans les pays dont ils se rendirent les maîtres, ne négligèrent jamais rien de ce qu'il y avait à faire. Ils y envoyaient des colonies, ils y protégeaient les plus faibles, sans toutefois accroître leur puissance ; ils y abaissaient les grands ; ils ne souffraient pas que des étrangers puissants y acquissent le moindre crédit. Je n'en veux pour preuve qu'un seul exemple. Qu'on voie ce qu'ils firent dans la Grèce : ils y soutinrent les Achéens et les Étoliens ; ils y abaissèrent le royaume de Macédoine, ils en chassèrent Antiochus ; mais quelques services qu'ils eussent reçus des Achéens et des Étoliens, ils ne permirent pas que ces deux peuples accrussent leurs États ; toutes les sollicitations de Philippe ne purent obtenir d'eux qu'ils fussent ses amis, sans qu'il y perdît quelque chose, et toute la puissance d'Antiochus ne put jamais les faire consentir à ce qu'il possédât le moindre État dans ces contrées.

Les Romains, en ces circonstances, agirent comme doivent le faire des princes sages, dont le devoir est de penser non seulement aux désordres présents, mais encore à ceux qui peuvent survenir, afin d'y remédier par tous les moyens que peut leur indiquer la prudence. C'est, en effet, en les prévoyant de loin, qu'il est bien plus facile d'y porter remède ; au lieu que si on les a laissés s'élever, il n'en est plus temps, et le mal devient incurable. Il en est alors comme de l'étisie, dont les médecins disent que, dans le principe, c'est une maladie facile à guérir, mais difficile à connaître, et qui, lorsqu'elle a fait des progrès, devient facile à connaître, mais difficile à guérir. C'est ce qui arrive dans toutes les affaires d'État : lorsqu'on prévoit le mal de loin, ce qui n'est donné qu'aux hommes doués d'une grande sagacité, on le guérit bientôt ; mais lorsque, par défaut de lumière, on n'a su le voir que lorsqu'il frappe tous les yeux, la cure se trouve impossible. Aussi les Romains, qui savaient prévoir de loin tous les inconvénients, y remédièrent toujours à temps, et ne les laissèrent jamais suivre leur cours pour éviter une guerre : ils savaient bien qu'on ne l'évite jamais, et que, si on la diffère, c'est à l'avantage de l'ennemi. C'est ainsi que, quoiqu'ils pussent alors s'en abstenir, ils voulurent la faire à Philippe et à Antiochus, au sein de la Grèce même, pour ne pas avoir à la soutenir contre eux en Italie. Ils ne goûtèrent jamais ces paroles que l'on entend sans cesse sortir de la bouche des sages de nos jours : Jouis du bénéfice du temps ; ils préférèrent celui de la valeur et de la prudence ; car le temps chasse également toute chose devant lui, et il apporte à sa suite le bien comme le mal, le mal comme le bien.

Mais revenons à la France, et examinons si elle a fait aucune des choses que je viens d'exposer. Je parlerai seulement du roi Louis XII, et non de Charles VIII, parce que le premier ayant plus longtemps gardé ses conquêtes en Italie, on a pu mieux connaître ses manières de procéder. Or on a dû voir qu'il fit tout le contraire de ce qu'il faut pour conserver un État tout différent de celui auquel on a dessein de l'ajouter.

Le roi Louis XII fut introduit en Italie par l'ambition des Vénitiens, qui voulaient, par sa venue, acquérir la moitié du duché de Lombardie. Je ne prétends point blâmer le parti qu'embrassa le roi : puisqu'il voulait commencer à mettre un pied en Italie, où il ne possédait aucun ami, et dont la conduite de Charles VIII lui avait même fermé toutes les portes, il était forcé d'embrasser les premières amitiés qu'il put trouver ; et le parti qu'il prit pouvait même être heureux, si d'ailleurs, dans le surplus de ses expéditions, il n'eût commis aucune autre erreur. Ainsi, après avoir conquis la Lombardie, il regagna bientôt la réputation que Charles lui avait fait perdre : Gênes se soumit ; les Florentins devinrent ses alliés ; le marquis de Mantoue, le duc de Ferrare, les Bentivogli, la dame de Forli, les seigneurs de Faenza, de Pesaro, de Rimini, de Camerino, de Piombino, les Lucquois, les Pisans, les Siennois, tous coururent au-devant de son amitié. Aussi les Vénitiens durent-ils reconnaître quelle avait été leur imprudence lorsque, pour acquérir deux villes dans la Lombardie, ils avaient rendu le roi de France souverain des deux tiers de l'Italie.

Dans de telles circonstances, il eût été sans doute facile à Louis XII de conserver dans cette contrée tout son ascendant, s'il eût su mettre en pratique les règles de conduite exposées ci-dessus ; s'il avait protégé et défendu ces nombreux amis, qui, faibles et tremblant les uns devant l'Église, les autres devant les Vénitiens, étaient obligés de lui rester fidèles, et au moyen desquels il pouvait aisément s'assurer de tous ceux auxquels il restait encore quelque puissance.

Mais il était à peine arrivé dans Milan, qu'il fit tout le contraire, en aidant le pape Alexandre VI à s'emparer de la Romagne. Il ne comprit pas qu'il s'affaiblissait lui-même, en se privant des amis qui s'étaient jetés dans ses bras, et qu'il agrandissait l'Église, en ajoutant au pouvoir spirituel, qui lui donne déjà tant d'autorité, un pouvoir temporel aussi considérable.

Cette première erreur en entraîna tant d'autres qu'il fallut que le roi vînt lui-même en Italie pour mettre une borne à l'ambition d'Alexandre, et l'empêcher de se rendre maître de la Toscane.

Ce ne fut pas tout. Non content d'avoir ainsi agrandi l'Église, et de s'être privé de ses amis, Louis, brûlant de posséder le royaume de Naples, se détermine à le partager avec le roi d'Espagne : de sorte que, tandis qu'il était seul arbitre de l'Italie, il y introduisit lui-même un rival auquel purent recourir tous les ambitieux et tous les mécontents ; et lorsqu'il pouvait laisser sur le trône un roi qui s'estimait heureux d'être son tributaire, il l'en renversa pour y placer un prince qui était en état de l'en chasser lui-même.

Le désir d'acquérir est sans doute une chose ordinaire et naturelle ; et quiconque s'y livre, quand il en a les moyens, en est plutôt loué que blâmé : mais en former le dessein sans pouvoir l'exécuter, c'est encourir le blâme et commettre une erreur. Si donc la France avait des forces suffisantes pour attaquer le royaume de Naples, elle devait le faire ; si elle ne les avait pas, elle ne devait point le partager.

Si le partage de la Lombardie avec les Vénitiens pouvait être excusé, c'est parce qu'il donna à la France le moyen de mettre le pied en Italie ; mais celui du royaume de Naples, n'ayant pas été pareillement déterminé par la nécessité, demeure sans excuse. Ainsi Louis XII avait fait cinq fautes en Italie : il y avait ruiné les faibles, il y avait augmenté la puissance d'un puissant, il y avait introduit un prince étranger très puissant, il n'était point venu y demeurer, et n'y avait pas envoyé des colonies.

Cependant, tant qu'il vécut, ces cinq fautes auraient pu ne pas lui devenir funestes, s'il n'en eût commis une sixième, celle de vouloir dépouiller les Vénitiens de leurs États. En effet, il eût été bon et nécessaire de les affaiblir, si d'ailleurs il n'avait pas agrandi l'Église et appelé l'Espagne en Italie ; mais ayant fait l'un et l'autre, il ne devait jamais consentir à leur ruine, parce que, tant qu'ils seraient restés puissants, ils auraient empêché les ennemis du roi d'attaquer la Lombardie. En effet, d'une part, ils n'y auraient consenti qu'à condition de devenir les maîtres de ce pays ; de l'autre, personne n'aurait voulu l'enlever à la France pour le leur donner ; et enfin il eût paru trop dangereux d'attaquer les Français et les Vénitiens réunis.

Si l'on me disait que Louis n'avait abandonné la Romagne au pape Alexandre, et partagé le royaume de Naples avec l'Espagne, que pour éviter la guerre, je répondrais ce que j'ai déjà dit, qu'il ne faut jamais, pour un pareil motif, laisser subsister un désordre ; car on n'évite point la guerre, on ne fait que la retarder à son propre désavantage.

Si l'on alléguait encore la promesse que le roi avait faite au pape de conquérir cette province pour lui, afin d'en obtenir la dissolution de son mariage et le chapeau de cardinal pour l'archevêque de Rouen (appelé ensuite le cardinal d'Amboise), je répondrais par ce qui sera dit dans la suite, touchant les promesses des princes, et la manière dont ils doivent les garder.

Louis XII a donc perdu la Lombardie pour ne s'être conformé à aucune des règles que suivent tous ceux qui, ayant acquis un État, veulent le conserver. Il n'y a là aucun miracle ; c'est une chose toute simple et toute naturelle.

Je me trouvais à Nantes à l'époque où le Valentinois (c'est ainsi qu'on appelait alors César Borgia, fils du pape Alexandre VI) se rendait maître de la Romagne ; le cardinal d'Amboise, avec lequel je m'entretenais de cet événement, m'ayant dit que les Italiens ne comprenaient rien aux affaires de guerre, je lui répondis que les Français n'entendaient rien aux affaires d'État, parce que, s'ils y avaient compris quelque chose, ils n'auraient pas laissé l'Église s'agrandir à ce point. L'expérience, en effet, a fait voir que la grandeur de l'Église et celle de l'Espagne en Italie ont été l'ouvrage de la France, et ensuite la cause de sa ruine dans cette contrée. De là aussi on peut tirer cette règle générale qui trompe rarement, si même elle trompe jamais : c'est que le prince qui en rend un autre puissant travaille à sa propre ruine ; car cette puissance est produite ou par l'adresse ou par la force : or l'une et l'autre de ces deux causes rendent quiconque les emploie suspect à celui pour qui elles sont employées.

CHAPITRE IV

CUR DARII REGNUM QUOD ALEXANDER
OCCUPAVERAT A SUCCESSORIBUS SUIS POST
ALEXANDRI MORTEM NON DEFECIT

*POURQUOI LES ÉTATS DE DARIUS, CONQUIS
PAR ALEXANDRE, NE SE RÉVOLTÈRENT POINT
CONTRE LES SUCCESSEURS
DU CONQUÉRANT APRÈS SA MORT*

Lorsque l'on considère combien il est difficile de conserver un État nouvellement conquis, on peut s'étonner de ce qui se passa après la mort d'Alexandre le Grand. Ce prince s'était rendu maître en peu d'années de toute l'Asie, et mourut presque aussitôt. Il était probable que l'empire profiterait de son trépas pour se révolter ; néanmoins ses successeurs s'y maintinrent, et ils n'éprouvèrent d'autre difficulté que celle qui naquit entre eux de leur propre ambition.

Je répondrais à cela que toutes les principautés que l'on connaît, et dont il est resté quelque souvenir, sont gouvernées de deux manières différentes : ou par un prince et des esclaves, qui ne l'aident à gouverner, comme ministres, que par une grâce et une concession qu'il veut bien leur faire ; ou par un prince et des barons, qui tiennent leur rang non de la faveur du souverain, mais de l'ancienneté de leur race ; qui ont des États et des sujets qui leur appartiennent et les reconnaissent pour seigneurs, et qui ont pour eux une affection naturelle.

Dans les principautés gouvernées par un prince et par des esclaves, le prince possède une bien plus grande autorité, puisque, dans toute l'étendue de ses États, lui seul est reconnu pour supérieur, et que si les sujets obéissent à quelque autre, ils ne le regardent que comme son ministre ou son officier, pour lequel ils ne ressentent aucun attachement personnel.

On peut de nos jours citer, comme exemple de l'une et de l'autre sorte de gouvernement, la Turquie et le royaume de France.

Toute la Turquie est gouvernée par un seul maître, dont tous les autres Turcs sont esclaves, et qui, ayant divisé son empire en plusieurs *sangiacs*, y envoie des gouverneurs qu'il révoque et qu'il change au gré de son caprice.

En France, au contraire, le roi se trouve au milieu d'une foule de seigneurs de race antique, reconnus pour tels par leurs sujets, qui en sont aimés, et qui jouissent de prérogatives que le roi ne pourrait leur enlever sans danger pour lui.

Si l'on réfléchit sur la nature de ces deux formes de gouvernement, on verra qu'il est difficile de conquérir l'empire des Turcs ; mais qu'une fois conquis, il est très aisé de le conserver.

La difficulté de conquérir l'empire turc vient de ce que le conquérant ne peut jamais être appelé par les grands de cette monarchie, ni espérer d'être aidé dans son entreprise par la rébellion de quelques-uns de ceux qui entourent le monarque. J'en ai déjà indiqué les raisons. Tous, en effet, étant également ses esclaves, tous lui devant également leur fortune, il est bien difficile de les corrompre ; et quand même on y parviendrait, il faudrait en attendre peu d'avantages, parce qu'ils ne peuvent pas entraîner les peuples dans leur révolte. Celui donc qui voudrait attaquer les Turcs doit s'attendre à les trouver réunis contre lui, espérer peu d'être favorisé par des désordres intérieurs, et ne compter guère que sur ses propres forces.

Mais la conquête une fois faite et le monarque vaincu en bataille rangée, de manière à ne pouvoir plus refaire ses armées, on n'a plus à craindre que sa race, qui, une fois éteinte, ne laisse plus personne à redouter, parce qu'il n'y a plus personne qui conserve quelque ascendant sur le peuple ; de sorte que si, avant la victoire, il n'y avait rien à espérer des sujets, de même, après l'avoir remportée, il n'y a plus rien à appréhender de leur part.

Il en est tout autrement des États gouvernés comme la France. Il peut être facile d'y entrer en gagnant quelques-uns des grands du royaume ; et il s'en trouve toujours de mécontents, qui sont avides de nouveautés et de changements, et qui d'ailleurs peuvent effectivement, par les raisons que j'ai déjà dites, ouvrir les chemins du royaume et faciliter la victoire ; mais, s'agit-il ensuite de se maintenir, c'est alors que le conquérant éprouve toutes sortes de difficultés, et de la part de ceux qui l'ont aidé, et de la part de ceux qu'il a dû opprimer.

Là, il ne lui suffit pas d'éteindre la race du prince, car il reste toujours une foule de seigneurs qui se mettront à la tête de nouveaux mouvements ; et comme il ne lui est possible ni de les contenter tous ni de les détruire, il perdra sa conquête dès que l'occasion s'en présentera.

Maintenant si nous considérons la nature du gouvernement de Darius, nous trouverons qu'il ressemblait à celui de la Turquie : aussi Alexandre eut-il à combattre contre toutes les forces de l'empire, et dut-il d'abord défaire le monarque en pleine campagne ; mais, après sa victoire et la mort de Darius, le vainqueur, par les motifs que j'ai exposés, demeura tranquille possesseur de sa conquête. Et si ses successeurs étaient restés unis, ils en auraient joui également au sein du repos et des voluptés ; car on ne vit s'élever dans tout l'empire que les troubles qu'eux-mêmes y excitèrent.

Mais, quant aux États gouvernés comme la France, il s'en faut bien qu'il soit possible de s'y maintenir avec autant de tranquillité. Nous en avons la preuve dans les fréquents soulèvements qui se formèrent contre les Romains, soit dans l'Espagne, soit dans les Gaules, soit dans la Grèce. Ces rébellions eurent pour cause les nombreuses principautés qui se trouvaient dans ces contrées, et dont le seul souvenir, tant qu'il subsista, fut pour les vainqueurs une source de troubles et d'inquiétudes. Il fallut que la puissance et la durée de la domination romaine en eussent éteint la mémoire, pour que les possesseurs fussent enfin tranquilles.

Il y a même plus. Lorsque, dans la suite, les Romains furent en guerre les uns contre les autres, chacun des partis put gagner et avoir pour soi celles de ces anciennes principautés où il avait le plus d'influence, et qui, après l'extinction de la race de leurs princes, ne connaissaient plus d'autre domination que celle de Rome.

Quiconque aura réfléchi sur toutes ces considérations ne s'étonnera plus sans doute de la facilité avec laquelle Alexandre se maintint en Asie, et de la peine, au contraire, que d'autres, tels que Pyrrhus, eurent à conserver leurs conquêtes. Cela ne tint point à l'habileté plus ou moins grande du conquérant, mais à la différente nature des États conquis.

CHAPITRE V

QUOMODO ADMINISTRANDAE SUNT CIVITATES
VEL PRINCIPATUS, QUI ANTEQUAM
OCCUPARENTUR, SUIS LEGIBUS VIVEBANT

*COMMENT ON DOIT GOUVERNER LES ÉTATS OU
PRINCIPAUTÉS QUI, AVANT LA CONQUÊTE,
VIVAIENT SOUS LEURS PROPRES LOIS*

Quand les États conquis sont, comme je l'ai dit, accoutumés à vivre libres sous leurs propres lois, le conquérant peut s'y prendre de trois manières pour s'y maintenir : la première est de les détruire ; la seconde, d'aller y résider en personne ; la troisième, de leur laisser leurs lois, se bornant à exiger un tribut, et à y établir un gouvernement peu nombreux qui les contiendra dans l'obéissance et la fidélité : ce qu'un tel gouvernement fera sans doute ; car, tenant toute son existence du conquérant, il sait qu'il ne peut la conserver sans son appui et sans sa protection ; d'ailleurs, un État accoutumé à la liberté est plus aisément gouverné par ses propres citoyens que par d'autres.

Les Spartiates et les Romains peuvent ici nous servir d'exemple.

Les Spartiates se maintinrent dans Athènes et dans Thèbes, en n'y confiant le pouvoir qu'à un petit nombre de personnes ; néanmoins ils les perdirent par la suite. Les Romains, pour rester maîtres de Capoue, de Carthage et de Numance, les détruisirent et ne les perdirent point. Ils voulurent en user dans la Grèce, comme les Spartiates ils lui rendirent la liberté, et lui laissèrent ses propres lois mais cela ne leur réussit point. Il fallut, pour conserver cette contrée, qu'ils y détruisissent un grand nombre de cités ; ce qui était le seul moyen sûr de posséder. Et, au fait, quiconque ayant conquis un État accoutumé à vivre libre, ne le détruit point, doit s'attendre à en être détruit. Dans un tel État, la rébellion est sans cesse excitée par le nom de la liberté et par le souvenir des anciennes institutions, que ne peuvent jamais effacer de sa mémoire ni la longueur du temps ni les bienfaits d'un nouveau maître. Quelque précaution que l'on prenne, quelque chose que l'on fasse, si l'on ne dissout point l'État, si l'on n'en disperse les habitants, on les verra, à la première occasion, rappeler, invoquer leur liberté, leurs institutions perdues, et s'efforcer de les ressaisir. C'est ainsi qu'après plus de cent années d'esclavage Pise brisa le joug des Florentins.

Mais il en est bien autrement pour les pays accoutumés à vivre sous un prince. Si la race de ce prince est une fois éteinte, les habitants, déjà façonnés à l'obéissance, ne pouvant s'accorder dans le choix d'un nouveau maître, et ne sachant point vivre libres, sont peu empressés de prendre les armes ; en sorte que le conquérant peut sans difficulté ou les gagner ou s'assurer d'eux. Dans les républiques, au contraire, il existe un principe de vie bien plus actif, une haine bien plus profonde, un désir de vengeance bien plus ardent, qui ne laisse ni ne peut laisser un moment en repos le souvenir de l'antique liberté : il ne reste alors au conquérant d'autre parti que de détruire ces États ou de venir les habiter.

CHAPITRE VI

DE PRINCIPATIBUS NOVIS QUI ARMIS PROPRIIS ET VIRTUTE ACQUIRUNTUR

DES PRINCIPAUTÉS NOUVELLES ACQUISES PAR LES ARMES ET PAR L'HABILETÉ DE L'ACQUÉREUR

Qu'on ne s'étonne point si, en parlant de principautés tout à fait nouvelles, de princes et d'État, j'allègue de très grands exemples. Les hommes marchent presque toujours dans des sentiers déjà battus ; presque toujours ils agissent par imitation ; mais il ne leur est guère possible de suivre bien exactement les traces de celui qui les a précédés, ou d'égaler la vertu de celui qu'ils ont entrepris d'imiter. Ils doivent donc prendre pour guides et pour modèles les plus grands personnages, afin que, même en ne s'élevant pas au même degré de grandeur et de gloire, ils puissent en reproduire au moins le parfum. Ils doivent faire comme ces archers prudents, qui, jugeant que le but proposé est au-delà de la portée de leur arc et de leurs forces, visent encore plus loin, pour que leur flèche arrive au point qu'ils désirent atteindre.

Je dis d'abord que, pour les principautés tout à fait nouvelles, le plus ou le moins de difficulté de s'y maintenir dépend du plus ou du moins d'habileté qui se trouve dans celui qui les a acquises : aussi peut-on croire que communément la difficulté ne doit pas être très grande. Il y a lieu de penser que celui qui, de simple particulier, s'est élevé au rang de prince, est un homme habile ou bien secondé par la fortune : sur quoi j'ajouterai, que moins il devra à la fortune, mieux il saura se maintenir. D'ailleurs, un tel prince n'ayant point d'autres États, est obligé de venir vivre dans son acquisition : ce qui diminue encore la difficulté.

Mais, quoi qu'il en soit, pour parler d'abord de ceux qui sont devenus princes par leur propre vertu et non par la fortune, les plus remarquables sont : Moïse, Cyrus, Romulus, Thésée, et quelques autres semblables.

Que si l'on doit peu raisonner sur Moïse, parce qu'il ne fut qu'un simple exécuteur des ordres de Dieu, il y a toujours lieu de l'admirer, ne fût-ce qu'à cause de la grâce qui le rendait digne de s'entretenir avec la Divinité. Mais en considérant les actions et la conduite, soit de Cyrus, soit des autres conquérants et fondateurs de royaumes, on les admirera également tous, et on trouvera une grande conformité entre eux et Moïse, bien que ce dernier eût été conduit par un si grand maître.

On verra d'abord que tout ce qu'ils durent à la fortune, ce fut l'occasion qui leur fournit une matière à laquelle ils purent donner la forme qu'ils jugèrent convenable. Sans cette occasion, les grandes qualités de leur âme seraient demeurées inutiles ; mais aussi, sans ces grandes qualités, l'occasion se serait vainement présentée. Il fallut que Moïse trouvât les Israélites esclaves et opprimés en Égypte, pour que le désir de sortir de l'esclavage les déterminât à le suivre. Pour que Romulus devînt le fondateur et le roi de Rome, il fallut qu'il fût mis hors d'Albe et exposé aussitôt après sa naissance. Cyrus eut besoin de trouver les Perses mécontents de la domination des Mèdes, et les Mèdes amollis et efféminés par les délices d'une longue paix. Enfin Thésée n'aurait point fait éclater sa valeur, si les Athéniens n'avaient pas été dispersés. Le bonheur de ces grands hommes naquit donc des occasions ; mais ce fut par leur habileté qu'ils surent les connaître et les mettre à profit pour la grande prospérité et la gloire de leur patrie. Ceux qui, comme eux, et par les mêmes moyens, deviendront princes, n'acquerront leur principauté qu'avec beaucoup de difficultés, mais ils la maintiendront aisément.

En cela, leurs difficultés viendront surtout des nouvelles institutions, des nouvelles formes qu'ils seront obligés d'introduire pour fonder leur gouvernement et pour leur sûreté ; et l'on doit remarquer qu'en effet il n'y a point d'entreprise plus difficile à conduire, plus incertaine quant au succès, et plus dangereuse que celle d'introduire de nouvelles institutions. Celui qui s'y engage a pour ennemis tous ceux qui profitaient des institutions anciennes, et il ne trouve que de tièdes défenseurs dans ceux pour qui les nouvelles seraient utiles. Cette tiédeur, au reste, leur vient de deux causes : la première est la peur qu'ils ont de leurs adversaires, lesquels ont en leur faveur les lois existantes ; la seconde est l'incrédulité commune à tous les hommes, qui ne veulent croire à la bonté des choses nouvelles que lorsqu'ils en ont été bien convaincus par l'expérience. De là vient aussi que si ceux qui sont ennemis trouvent l'occasion d'attaquer, ils le font avec toute la chaleur de l'esprit de parti, et que les autres se défendent avec froideur, en sorte qu'il y a du danger à combattre avec eux.

Afin de bien raisonner sur ce sujet, il faut considérer si les innovateurs sont puissants par eux-mêmes, ou s'ils dépendent d'autrui, c'est-à-dire si, pour conduire leur entreprise, ils en sont réduits à prier, ou s'ils ont les moyens de contraindre.

Dans le premier cas, il leur arrive toujours malheur, et ils ne viennent à bout de rien ; mais dans le second, au contraire, c'est-à-dire quand ils ne dépendent que d'eux-mêmes, et qu'ils sont en état de forcer, ils courent bien rarement le risque de succomber. C'est pour cela qu'on a vu réussir tous les prophètes armés, et finir malheureusement ceux qui étaient désarmés. Sur quoi l'on doit ajouter que les peuples sont naturellement inconstants, et que, s'il est aisé de leur persuader quelque chose, il est difficile de les affermir dans cette persuasion : il faut donc que les choses soient disposées de manière que, lorsqu'ils ne croient plus, on puisse les faire croire par force.

Certainement Moïse, Cyrus, Thésée et Romulus n'auraient pu faire longtemps garder leurs institutions, s'ils avaient été désarmés ; et ils auraient eu le sort qu'a éprouvé de nos jours le frère Jérôme Savonarola, dont toutes les institutions périrent aussitôt que le grand nombre eut commencé de ne plus croire en lui, attendu qu'il n'avait pas le moyen d'affermir dans leur croyance ceux qui croyaient encore, ni de forcer les mécréants à croire.

Toutefois, répétons que les grands hommes tels que ceux dont il s'agit rencontrent d'extrêmes difficultés ; que tous les dangers sont sur leur route ; que c'est là qu'ils ont à les surmonter ; et que lorsqu'une fois ils ont traversé ces obstacles, qu'ils ont commencé à être en vénération, et qu'ils se sont délivrés de ceux de même rang qui leur portaient envie, ils demeurent puissants, tranquilles, honorés et heureux.

À ces grands exemples que j'ai cités, j'en veux joindre quelque autre d'un ordre inférieur, mais qui ne soit point trop disproportionné ; et j'en choisis un seul qui suffira : c'est celui de Hiéron de Syracuse. Simple particulier, il devint prince de sa patrie, sans rien devoir de plus à la fortune que la seule occasion. En effet, les Syracusains opprimés l'élurent pour leur général, et ce fut par ses services en cette qualité qu'il mérita d'être encore élevé au pouvoir suprême. D'ailleurs, dans son premier état de citoyen, il avait montré tant de vertus, qu'il a été dit de lui que pour bien régner il ne lui manquait que d'avoir un royaume. Au surplus, Hiéron détruisit l'ancienne milice et en établit une nouvelle ; il abandonna les anciennes alliances pour en contracter d'autres. Ayant alors et des soldats et des alliés entièrement à lui, il put, sur de pareils fondements, élever l'édifice qu'il voulut ; de sorte que, s'il n'acquit qu'avec beaucoup de peine, il n'en trouva point à conserver.

CHAPITRE VII

DE PRINCIPATIBUS NOVIS QUI ALIENIS ARMIS
ET FORTUNA ACQUIRUNTUR

DES PRINCIPAUTÉS NOUVELLES QU'ON
ACQUIERT PAR LES ARMES D'AUTRUI ET PAR
LA FORTUNE

Ceux qui, de simples particuliers, deviennent princes par la seule faveur de la fortune, le deviennent avec peu de peine ; mais ils en ont beaucoup à se maintenir. Aucune difficulté ne les arrête dans leur chemin : ils y volent ; mais elles se montrent lorsqu'ils sont arrivés.

Tels sont ceux à qui un État est concédé, soit moyennant une somme d'argent, soit par le bon plaisir du concédant. C'est ainsi qu'une foule de concessions eurent lieu dans l'Ionie et sur les bords de l'Hellespont, où Darius établit divers princes, afin qu'ils gouvernassent ces États pour sa sûreté et pour sa gloire. C'est encore ainsi que furent créés ceux des empereurs qui, du rang de simples citoyens, furent élevés à l'empire par la corruption des soldats. L'existence de tels princes dépend entièrement de deux choses très incertaines, très variables : de la volonté et de la fortune de ceux qui les ont créés ; et ils ne savent ni ne peuvent se maintenir dans leur élévation. Ils ne le savent, parce qu'à moins, qu'un homme ne soit doué d'un grand esprit et d'une grande valeur, il est peu probable qu'ayant toujours vécu simple particulier, il sache commander ; ils ne le peuvent parce qu'ils n'ont point de forces qui leur soient attachées et fidèles.

De plus, des États subitement formés sont comme

toutes les choses qui, dans l'ordre de la nature, naissent et croissent trop promptement : ils ne peuvent avoir des racines assez profondes et des adhérences assez fortes pour que le premier orage ne les renverse point ; à moins, comme je viens de le dire, que ceux qui en sont devenus princes n'aient assez d'habileté pour savoir se préparer sur-le-champ à conserver ce que la fortune a mis dans leurs mains, et pour fonder, après l'élévation de leur puissance, les bases qui auraient dû être établies auparavant.

Relativement à ces deux manières de devenir prince, c'est-à-dire par habileté ou par fortune, je veux alléguer deux exemples qui vivent encore dans la mémoire des hommes de nos jours : ce sont ceux de Francesco Sforza et de César Borgia.

Francesco Sforza, par une grande valeur et par le seul emploi des moyens convenables, devint, de simple particulier, duc de Milan ; et ce qui lui avait coûté tant de travaux à acquérir, il eut peu de peine à le conserver.

Au contraire César Borgia, vulgairement appelé le duc de Valentinois, devenu prince par la fortune de son père, perdit sa principauté aussitôt que cette même fortune ne le soutint plus, et cela quoiqu'il n'eût rien négligé de tout ce qu'un homme prudent et habile devait faire pour s'enraciner profondément dans les États que les armes d'autrui et la fortune lui avaient donnés. Il n'est pas impossible, en effet, comme je l'ai déjà dit, qu'un homme extrêmement habile pose, après l'élévation de son pouvoir, les bases qu'il n'aurait point fondées auparavant ; mais un tel travail est toujours très pénible pour l'architecte et dangereux pour l'édifice.

Au surplus, si l'on examine attentivement la marche du duc, on verra tout ce qu'il avait fait pour consolider sa grandeur future ; et c'est sur quoi il ne paraît pas inutile de m'arrêter un peu ; car l'exemple de ses actions présente sans doute les meilleures leçons qu'on puisse donner à un prince nouveau, et si toutes ses mesures n'eurent en définitive aucun succès pour lui, ce ne fut point par sa faute, mais par une contrariété extraordinaire et sans borne de la fortune.

Alexandre VI, voulant agrandir le duc son fils, y trouva pour le présent et pour l'avenir beaucoup de difficultés. D'abord, il voyait qu'il ne pouvait le rendre maître que de quelque État qui fût du domaine de l'Église ; et il savait que les ducs de Milan et Venise n'y consentiraient point, d'autant plus que Faenza et Rimini étaient déjà sous la protection des Vénitiens. Il voyait de plus toutes les forces de l'Italie, et spécialement celles dont il aurait pu se servir, dans les mains de ceux qui devaient redouter le plus l'agrandissement du pape ; de sorte qu'il ne pouvait compter nullement sur leur fidélité, car elles étaient sous la dépendance des Orsini, des Colonna, et de leurs partisans. Il ne lui restait donc d'autre parti à prendre que celui de tout brouiller et de semer le désordre entre tous les États de l'Italie, afin de pouvoir en saisir quelques-uns à la faveur des troubles. Cela ne lui fut point difficile. Les Vénitiens, en effet, s'étant déterminés, pour d'autres motifs, à rappeler les Français en Italie, non seulement il ne s'opposa point à ce dessein, mais encore il en facilita l'exécution par la dissolution du mariage déjà bien ancien du roi Louis XII avec Jeanne de France. Ce prince vint donc en Italie avec l'aide des Vénitiens et le consentement du pape ; et à peine fut-il arrivé à Milan, qu'Alexandre en obtînt des troupes pour une expédition dans la Romagne, qui lui fut aussitôt abandonnée par l'effet seul de la réputation du roi. Le duc de Valentinois, ayant ainsi acquis cette province, trouva son dessein de s'affermir et de faire des progrès ultérieurs contrariés par deux difficultés : l'une venait de ce que les troupes qu'il avait ne lui paraissaient pas bien fidèles ; l'autre tenait à la volonté du roi, c'est-à-dire que, d'un côté, il craignait que les troupes des Orsini, dont il s'était servi, ne lui manquassent au besoin, et non seulement ne l'empêchassent de faire de nouvelles acquisitions, mais ne lui fissent même perdre celles qu'il avait déjà faites ; de l'autre, il appréhendait que le roi n'en fît tout autant. Quant aux troupes des Orsini, il avait déjà fait quelque épreuve de leurs dispositions, lorsque, après la prise de Faenza, étant allé attaquer Bologne, il les avait vues se conduire très froidement ; et, pour ce qui est du roi, il avait pu lire le fond de sa pensée, lorsque, ayant voulu, après s'être emparé du duché d'Urbin, tourner ses armes contre la Toscane, ce prince l'avait obligé à se désister de son entreprise.

Dans ces circonstances, le duc forma le dessein de se rendre indépendant des armes et de la volonté d'autrui. Pour cela, il commença par affaiblir dans Rome les partis des Orsini et des Colonna, en gagnant tous ceux de leurs adhérents qui étaient nobles, les faisant ses gentilshommes, leur donnant, selon leur qualité, de riches traitements, des honneurs, des commandements de troupes, des gouvernements de places : aussi arriva-t-il qu'en peu de mois l'affection de tous les partis se tourna vers le duc.

Ensuite, lorsqu'il eut dispersé les partisans de la maison Colonna, il attendit l'occasion de détruire ceux des Orsini ; et cette occasion s'étant heureusement présentée pour lui, il sut en profiter plus heureusement encore. En effet, les Orsini, ayant reconnu un peu tard que l'agrandissement du duc et de l'Église serait la cause de leur ruine, tinrent une sorte de diète dans un endroit des États de Pérouse, appelé la Magione ; et de cette assemblée s'ensuivirent la révolte d'Urbin, les troubles de la Romagne, et une infinité de dangers que le duc surmonta avec l'aide des Français. Ayant par là rétabli sa réputation, et ne se fiant plus ni à la France ni à aucune autre force étrangère, il eut recours à la ruse, et il sut si bien dissimuler ses sentiments, que les Orsini se réconcilièrent avec lui par l'entremise du seigneur Pagolo, dont il s'était assuré par toutes les marques d'amitié possibles, en lui donnant des habits, de l'argent, des chevaux. Après cette réconciliation, ils eurent la simplicité d'aller se mettre entre ses mains à Sinigaglia.

Ces chefs une fois détruits, et leurs partisans gagnés par le duc, il avait d'autant mieux fondé sa puissance, que, d'ailleurs, maître de la Romagne et du duché d'Urbin, il s'était attaché les habitants en leur faisant goûter un commencement de bien-être. Sur quoi sa conduite pouvant encore servir d'exemple, il n'est pas inutile de la faire connaître.

La Romagne, acquise par le duc, avait eu précédemment pour seigneurs des hommes faibles, qui avaient plutôt dépouillé que gouverné, plutôt divisé que réuni leurs sujets ; de sorte que tout ce pays était en proie aux vols, aux brigandages, aux violences de tous les genres. Le duc jugea que, pour y rétablir la paix et l'obéissance envers le prince, il était nécessaire d'y former un bon gouvernement : c'est pourquoi il y commit messire Ramiro d'Orco, homme cruel et expéditif, auquel il donna les plus amples pouvoirs. Bientôt, en effet, ce gouvernement fit naître l'ordre et la tranquillité ; et il acquit par là une très grande réputation. Mais ensuite le duc, pensant qu'une telle autorité n'était plus nécessaire, et que même elle pourrait devenir odieuse, établit au centre de la province un tribunal civil, auquel il donna un très bon président, et où chaque commune avait son avocat. Il fit bien davantage : sachant que la rigueur d'abord exercée avait excité quelque haine, et désirant éteindre ce sentiment dans les cœurs, pour qu'ils lui fussent entièrement dévoués, il voulut faire voir que si quelques cruautés avaient été commises, elles étaient venues, non de lui, mais de la méchanceté de son ministre. Dans cette vue, saisissant l'occasion, il le fit exposer un matin sur la place publique de Césène, coupé en quartiers, avec un billot et un coutelas sanglant à côté. Cet horrible spectacle satisfit le ressentiment des habitants, et les frappa en même temps de terreur. Mais revenons.

Après s'être donné des forces telles qu'il les voulait, et avoir détruit en grande partie celles de son voisinage qui pouvaient lui nuire, le duc, se trouvant très puissant, se croyait presque entièrement assuré contre les dangers actuels ; et voulant poursuivre ses conquêtes, il était encore retenu par la considération de la France : car il savait que le roi, qui enfin s'était aperçu de son erreur, ne lui permettrait point de telles entreprises. En conséquence, il commença à rechercher des amitiés nouvelles et à tergiverser avec les Français, lorsqu'ils marchaient vers le royaume de Naples contre les Espagnols, qui faisaient le siège de Gaëte ; il projetait même de les mettre hors d'état de le contrarier ; et il en serait venu bientôt à bout, si Alexandre avait vécu plus longtemps.

Telles furent ses mesures par rapport à l'état présent des choses. Pour l'avenir, il avait d'abord à craindre qu'un nouveau pape ne fût mal disposé à son égard, et ne cherchât à lui enlever ce qu'Alexandre, son père, lui avait donné. C'est à quoi aussi il voulut pourvoir par les quatre moyens suivants : premièrement, en éteignant complètement les races des seigneurs qu'il avait dépouillés, et ne laissant point ainsi au pape les occasions que l'existence de ces races lui aurait fournies ; secondement, en gagnant les gentilshommes de Rome, afin de tenir par eux le pontife en respect ; troisièmement, en s'attachant, autant qu'il le pouvait, le sacré collège ; quatrièmement, en se rendant, avant la mort du pape qui vivait alors, assez puissant pour se trouver en état de résister par lui-même à un premier choc. Au moment où Alexandre mourut, trois de ces choses étaient consommées, et il regardait la quatrième comme l'étant à peu près. Il avait effectivement fait périr tous ceux des seigneurs dépouillés qu'il avait pu atteindre ; et fort peu d'entre eux lui avaient échappé : il avait gagné les gentilshommes romains ; il s'était fait un très grand parti dans le sacré collège ; et enfin, quant à l'accroissement de sa puissance, il projetait de se rendre maître de la Toscane : ce qui lui semblait facile, puisqu'il l'était déjà de Pérouse et de Piombino, et qu'il avait pris sous sa protection la ville de Pise, sur laquelle il allait se jeter, sans être retenu par la considération de la France, qui ne lui imposait plus ; car déjà les Français avaient été dépouillés du royaume de Naples par les Espagnols ; en sorte que tous les partis se trouvaient dans la nécessité de rechercher l'amitié du duc. Après cela, Lucques et Sienne devaient aussitôt se soumettre, soit par crainte, soit par envie contre les Florentins ; et ceux-ci demeuraient alors sans ressources. S'il avait mis tout ce plan à exécution (et il en serait venu à bout dans le courant de l'année où le pape mourut), il se serait trouvé assez de forces et assez de réputation pour se soutenir par lui-même et ne plus dépendre que de sa propre puissance et de sa propre valeur. Mais la mort d'Alexandre survint lorsqu'il n'y avait encore que cinq ans que le duc avait tiré l'épée ; et, en ce moment, ce dernier se trouva n'avoir que le seul État de la Romagne bien établi dans tous les autres, son pouvoir était encore chancelant il était placé entre deux armées ennemies, et attaqué d'une maladie mortelle.

Cependant, il était doué d'une telle résolution et d'un si grand courage, il savait si bien l'art de gagner les hommes et de les détruire, et les bases qu'il avait données à sa puissance étaient si solides, que s'il n'avait pas eu deux armées sur le dos, ou s'il n'avait pas été malade, il eût surmonté toutes les difficultés. Et ce qui prouve bien la solidité des bases qu'il avait posées, c'est que la Romagne attendit plus d'un mois pour se décider contre lui ; c'est que, bien qu'à demi mort, il demeura en sûreté dans Rome, et que les Baglioni, les Vitelli, les Orsini, accourus dans cette ville, ne purent s'y faire un parti contre lui ; c'est qu'il put, sinon faire nommer pape qui il voulait, du moins empêcher qu'on ne nommât qui il ne voulait pas. Si sa santé n'eût point éprouvé d'atteinte au moment de la mort d'Alexandre, tout lui aurait été facile. Aussi me disait-il, lors de la nomination de Jules II, qu'il avait pensé à tout ce qui pouvait arriver si son père venait à mourir, et qu'il avait trouvé remède à tout ; mais que seulement il n'avait jamais imaginé qu'en ce moment il se trouverait lui-même en danger de mort.

En résumant donc toute la conduite du duc, non seulement je n'y trouve rien à critiquer, mais il me semble qu'on peut la proposer pour modèle à tous ceux qui sont parvenus au pouvoir souverain par la faveur de la fortune et par les armes d'autrui. Doué d'un grand courage et d'une haute ambition, il ne pouvait se conduire autrement ; et l'exécution de ses desseins ne put être arrêtée que par la brièveté de la vie de son père Alexandre, et par sa propre maladie. Quiconque, dans une principauté nouvelle, jugera qu'il lui est nécessaire de s'assurer contre ses ennemis, de se faire des amis, de vaincre par force ou par ruse, de se faire aimer et craindre des peuples, suivre et respecter par les soldats, de détruire ceux qui peuvent et doivent lui nuire, de remplacer les anciennes institutions par de nouvelles, d'être à la fois sévère et gracieux, magnanime et libéral, de former une milice nouvelle et dissoudre l'ancienne, de ménager l'amitié des rois et des princes, de telle manière que tous doivent aimer à l'obliger et craindre de lui faire injure : celui-là, dis-je, ne peut trouver des exemples plus récents que ceux que présente la vie politique du duc de Valentinois.

La seule chose qu'on ait à reprendre dans sa conduite, c'est la nomination de Jules II, qui fut un choix funeste pour lui. Puisqu'il ne pouvait pas, comme je l'ai dit, faire élire pape qui il voulait, mais empêcher qu'on n'élût qui il ne voulait pas, il ne devait jamais consentir qu'on élevât à la papauté quelqu'un des cardinaux qu'il avait offensés, et qui, devenu souverain pontife, aurait eu sujet de le craindre ; car le ressentiment et la crainte sont surtout ce qui rend les hommes ennemis.

Ceux que le duc avait offensés étaient, entre autres, les cardinaux de Saint-Pierre-ès-liens, Colonna, Saint-Georges et Ascanio Sforza ; et tous les autres avaient lieu de le craindre, excepté le cardinal d'Amboise, et les Espagnols : ceux-ci, à cause de certaines relations et obligations réciproques, et d'Amboise, parce qu'il avait pour lui la France, ce qui lui donnait un grand pouvoir. Le duc devait donc de préférence faire nommer un Espagnol ; et s'il ne le pouvait pas, consentir plutôt à l'élection de d'Amboise qu'à celle du cardinal de Saint-Pierre-ès-liens. C'est une erreur d'imaginer que, chez les grands personnages, les services récents fassent oublier les anciennes injures. Le duc, en consentant à cette élection de Jules II, fit donc une faute qui fut la cause de sa ruine totale.

CHAPITRE VIII

DE HIS QUI PER SCELERA AD PRINCIPATUM PERVENERE

DE CEUX QUI SONT DEVENUS PRINCES PAR DES SCÉLÉRATESSES

On peut encore devenir prince de deux manières qui ne tiennent entièrement ni à la fortune ni à la valeur, et que par conséquent il ne faut point passer sous silence ; il en est même une dont on pourrait parler plus longuement, s'il s'agissait ici de républiques.

Ces deux manières sont, soit de s'élever au pouvoir souverain par la scélératesse et les forfaits, ou d'y être porté par la faveur de ses concitoyens.

Pour faire connaître la première, qu'il n'est pas question d'examiner ici sous les rapports de la justice et de la morale, je me bornerai à citer deux exemples, l'un ancien, l'autre moderne ; car il me semble qu'ils peuvent suffire pour quiconque se trouverait dans la nécessité de les imiter.

Agathocle, Sicilien, parvint non seulement du rang de simple particulier, mais de l'état le plus abject, à être roi de Syracuse. Fils d'un potier, il se montra scélérat dans tous les degrés que parcourut sa fortune ; mais il joignit à sa scélératesse tant de force d'âme et de corps, que, s'étant engagé dans la carrière militaire, il s'éleva de grade en grade jusqu'à la dignité de préteur de Syracuse. Parvenu à cette élévation, il voulut être prince, et même posséder par violence, et sans en avoir obligation à personne, le pouvoir souverain qu'on avait consenti à lui accorder. Pour atteindre ce but, s'étant concerté avec Amilcar, général carthaginois qui commandait une armée en Sicile, il convoqua un matin le peuple et le sénat de Syracuse, comme pour délibérer sur des affaires qui concernaient la république ; et, à un signal donné, il fit massacrer par ses soldats tous les sénateurs et les citoyens les plus riches, après quoi il s'empara de la principauté, qu'il conserva sans aucune contestation. Dans la suite, battu deux fois par les Carthaginois, et enfin assiégé par eux dans Syracuse, non seulement il put la défendre, mais encore, laissant une partie de ses troupes pour soutenir le siège, il alla avec l'autre porter la guerre en Afrique ; de sorte qu'en peu de temps il sut forcer les Carthaginois à lever le siège, et les réduire aux dernières extrémités : aussi furent-ils contraints à faire la paix avec lui, à lui abandonner la possession de la Sicile, et à se contenter pour eux de celle de l'Afrique.

Quiconque réfléchira sur la marche et les actions d'Agathocle n'y trouvera presque rien, si même il y trouve quelque chose, qu'on puisse attribuer à la fortune. En effet, comme je viens de le dire, il s'éleva au pouvoir suprême non par la faveur, mais en passant par tous les grades militaires, qu'il gagna successivement à force de travaux et de dangers ; et quand il eut atteint ce pouvoir, il sut s'y maintenir par les résolutions les plus hardies et les plus périlleuses.

Véritablement on ne peut pas dire qu'il y ait de la valeur à massacrer ses concitoyens, à trahir ses amis, à être sans foi, sans pitié, sans religion : on peut, par de tels moyens, acquérir du pouvoir, mais non de la gloire. Mais si l'on considère avec quel courage Agathocle sut se précipiter dans les dangers et en sortir, avec quelle force d'âme il sut et souffrir et surmonter l'adversité, on ne voit pas pourquoi il devrait être placé au-dessous des meilleurs capitaines. On doit reconnaître seulement que sa cruauté, son inhumanité et ses nombreuses scélératesses, ne permettent pas de le compter au nombre des grands hommes. Bornons-nous donc à conclure qu'on ne saurait attribuer à la fortune ni à la vertu l'élévation qu'il obtint sans l'une et sans l'autre.

De notre temps, et pendant le règne d'Alexandre VI, Oliverotto da Fermo, demeuré plusieurs années auparavant orphelin en bas âge, fut élevé par un oncle maternel nommé Jean Fogliani, et appliqué, dès sa première jeunesse, au métier des armes, sous la discipline de Paolo Vitelli, afin que, formé à une aussi bonne école, il pût parvenir à un haut rang militaire. Après la mort de Paolo, il continua de servir sous Vitelozzo, frère de son premier maître. Bientôt, par son talent, sa force corporelle et son courage intrépide, il devint un des officiers les plus distingués de l'armée. Mais, comme il lui semblait qu'il y avait de la servilité à être sous les ordres et à la solde d'autrui, il forma le projet de se rendre maître de Fermo, tant avec l'aide de quelques citoyens qui préféraient l'esclavage à la liberté de leur patrie, qu'avec l'appui de Vitelozzo. Dans ce dessein, il écrivit à Jean Fogliani, qu'éloigné depuis bien des années de lui et de sa patrie, il voulait aller les revoir, et en même temps reconnaître un peu son patrimoine ; que d'ailleurs tous ses travaux n'ayant pour objet que l'honneur, et désirant que ses concitoyens pussent voir qu'il n'avait pas employé le temps inutilement, il se proposait d'aller se montrer à eux avec une certaine pompe, et accompagné de cent hommes de ses amis et de des domestiques, à cheval ; qu'en conséquence il le priait de vouloir bien faire en sorte que les habitants de Fermo lui fissent une réception honorable, d'autant que cela tournerait non seulement à sa propre gloire, mais encore à celle de lui, son oncle, dont il était l'élève. Jean Fogliani ne manqua point de faire tout ce qu'il put pour obliger son neveu. Il le fit recevoir honorablement par les habitants ; il le logea dans sa maison, où, après quelques jours employés à faire les préparatifs nécessaires pour l'accomplissement de ses forfaits, Oliverotto donna un magnifique festin, auquel il invita et Jean Fogliani et les citoyens les plus distingués de Fermo. Après tous les services et les divertissements qui ont lieu dans de pareilles fêtes, il mit adroitement la conversation sur des sujets graves, parlant de la grandeur du pape Alexandre, de César, son fils, ainsi que de leurs entreprises. Jean Fogliani et les autres ayant manifesté leur opinion sur ce sujet, il se leva tout à coup, en disant que c'était là des objets à traiter dans un lieu plus retiré ; et il passa dans une autre chambre, où les convives le suivirent. Mais à peine furent-ils assis, que des soldats, sortant de divers lieux secrets, les tuèrent tous, ainsi que Jean Fogliani. Aussitôt après ce meurtre, Oliverotto monta à cheval, parcourut le pays, et alla assiéger le magistrat suprême dans son palais ; en sorte que la peur contraignit tout le monde à lui obéir et à former un gouvernement dont il se fit le prince. Du reste, tous ceux qui, par mécontentement, auraient pu lui nuire ayant été mis à mort, il consolida tellement son pouvoir par de nouvelles institutions civiles et militaires, que, dans le cours de l'année durant laquelle il le conserva, non seulement il vécut en sûreté chez lui, mais encore il se rendit formidable à ses voisins ; et il n'eût pas été moins difficile à vaincre qu'Agathocle, s'il ne se fût pas laissé tromper par César Borgia, et attirer à Sinigaglia, où, un an après le parricide qu'il avait commis, il fut pris avec les Orsini et les Vitelli, comme je l'ai dit ci-dessus, et étranglé, ainsi que Vitelozzo, son maître de guerre et de scélératesse.

Quelqu'un pourra demander pourquoi Agathocle, ou quelque autre tyran semblable, put, malgré une infinité de trahisons et de cruautés, vivre longtemps en sûreté dans sa patrie, se défendre contre ses ennemis extérieurs, et n'avoir à combattre aucune conjuration formée par ses concitoyens ; tandis que plusieurs autres, pour avoir été cruels, n'ont pu se maintenir ni en temps de guerre, ni en temps de paix. Je crois que la raison de cela est dans l'emploi bon ou mauvais des cruautés. Les cruautés sont bien employées (si toutefois le mot bien peut être jamais appliqué à ce qui est mal), lorsqu'on les commet toutes à la fois, par le besoin de pourvoir à sa sûreté, lorsqu'on n'y persiste pas, et qu'on les fait tourner, autant qu'il est possible, à l'avantage des sujets. Elles sont mal employées, au contraire, lorsque, peu nombreuses dans le principe, elles se multiplient avec le temps au lieu de cesser.

Ceux qui en usent bien peuvent, comme Agathocle, avec l'aide de Dieu et des hommes, remédier aux conséquences ; mais, pour ceux qui en usent mal, il leur est impossible de se maintenir.

Sur cela, il est à observer que celui qui usurpe un État doit déterminer et exécuter tout d'un coup toutes les cruautés qu'il doit commettre, pour qu'il n'ait pas à y revenir tous les jours, et qu'il puisse, en évitant de les renouveler, rassurer les esprits et les gagner par des bienfaits. Celui qui, par timidité ou par de mauvais conseils, se conduit autrement, se trouve dans l'obligation d'avoir toujours le glaive en main, et il ne peut jamais compter sur ses sujets, tenus sans cesse dans l'inquiétude par des injures continuelles et récentes. Les cruautés doivent être commises toutes à la fois, pour que, leur amertume se faisant moins sentir, elles irritent moins ; les bienfaits, au contraire, doivent se succéder lentement, pour qu'ils soient savourés davantage.

Sur toutes choses, le prince doit se conduire envers ses sujets de telle manière qu'on ne le voie point varier selon les circonstances bonnes ou mauvaises. S'il attend d'être contraint par la nécessité à faire le mal ou le bien, il arrivera, ou qu'il ne sera plus à temps de faire le mal, ou que le bien qu'il fera ne lui profitera point : car on le croira fait par force, et on ne lui en saura aucun gré.

CHAPITRE IX

DE PRINCIPATU CIVILI
DE LA PRINCIPAUTÉ CIVILE

Parlons maintenant du particulier devenu prince de sa patrie, non par la scélératesse ou par quelque violence atroce, mais par la faveur de ses concitoyens : c'est ce qu'on peut appeler principauté civile ; à laquelle on parvient, non par la seule habileté, non par la seule vertu, mais plutôt par une adresse heureuse.

À cet égard, je dis qu'on est élevé à cette sorte de principauté, ou par la faveur du peuple, ou par celle des grands. Dans tous les pays, en effet, on trouve deux dispositions d'esprit opposées : d'une part, le peuple ne veut être ni commandé ni opprimé par les grands ; de l'autre, les grands désirent commander et opprimer le peuple ; et ces dispositions contraires produisent un de ces trois effets : ou la principauté, ou la liberté, ou la licence.

La principauté peut être également l'ouvrage soit des grands, soit du peuple, selon ce que fait l'occasion. Quand les grands voient qu'ils ne peuvent résister au peuple, ils recourent au crédit, à l'ascendant de l'un d'entre eux, et ils le font prince, pour pouvoir, à l'ombre de son autorité, satisfaire leurs désirs ambitieux ; et pareillement, quand le peuple ne peut résister aux grands, il porte toute sa confiance vers un particulier, et il le fait prince, pour être défendu par sa puissance.

Le prince élevé par les grands a plus de peine à se maintenir que celui qui a dû son élévation au peuple. Le premier, effectivement, se trouve entouré d'hommes qui se croient ses égaux, et qu'en conséquence il ne peut ni commander ni manier à son gré ; le second, au contraire, se trouve seul à son rang, et il n'a personne autour de lui, ou presque personne, qui ne soit disposé à lui obéir. De plus, il n'est guère possible de satisfaire les grands sans quelque injustice, sans quelque injure pour les autres ; mais il n'en est pas de même du peuple, dont le but est plus équitable que celui des grands. Ceux-ci veulent opprimer, et le peuple veut seulement n'être point opprimé. Il est vrai que si le peuple devient ennemi, le prince ne peut s'en assurer, parce qu'il s'agit d'une trop grande multitude ; tandis qu'au contraire la chose lui est très aisée à l'égard des grands, qui sont toujours en petit nombre. Mais, au pis aller, tout ce qu'il peut appréhender de la part du peuple, c'est d'en être abandonné, au lieu qu'il doit craindre encore que les grands n'agissent contre lui ; car, ayant plus de prévoyance et d'adresse, ils savent toujours se ménager de loin des moyens de salut, et ils cherchent à se mettre en faveur auprès du parti auquel ils comptent que demeurera la victoire. Observons, au surplus, que le peuple avec lequel le prince doit vivre est toujours le même, et qu'il ne peut le changer ; mais que, quant aux grands, le changement est facile ; qu'il peut chaque jour en faire, en défaire ; qu'il peut, à son gré, ou accroître ou faire tomber leur crédit : sur quoi il peut être utile de donner ici quelques éclaircissements.

Je dis donc que, par rapport aux grands, il y a une première et principale distinction à faire entre ceux dont la conduite fait voir qu'ils attachent entièrement leur fortune à celle du prince, et ceux qui agissent différemment.

Les premiers doivent être honorés et chéris, pourvu qu'ils ne soient point enclins à la rapine : quant aux autres, il faut distinguer encore. S'il en est qui agissent ainsi par faiblesse et manque naturel de courage, on peut les employer, surtout si, d'ailleurs, ils sont hommes de bon conseil, parce que le prince s'en fait honneur dans les temps prospères, et n'a rien à en craindre dans l'adversité. Mais pour ceux qui savent bien ce qu'ils font, et qui sont déterminés par des vues ambitieuses, il est visible qu'ils pensent à eux plutôt qu'au prince. Il doit donc s'en défier et les regarder comme s'ils étaient ennemis déclarés ; car, en cas d'adversité, ils aident infailliblement à sa ruine.

Pour conclure, voici la conséquence de tout ce qui vient d'être dit. Celui qui devient prince par la faveur du peuple doit travailler à conserver son amitié, ce qui est facile, puisque le peuple ne demande rien de plus que de n'être point opprimé. Quant à celui qui le devient par la faveur des grands, contre la volonté du peuple, il doit, avant toutes chose, chercher à se l'attacher, et cela est facile encore, puisqu'il lui suffit de le prendre sous sa protection. Alors même le peuple lui deviendra plus soumis et plus dévoué que si la principauté avait été obtenue par sa faveur ; car, lorsque les hommes reçoivent quelque bien de la part de celui dont ils n'attendaient que du mal, ils en sont beaucoup plus reconnaissants. Du reste, le prince a plusieurs moyens de gagner l'affection du peuple ; mais, comme ces moyens varient suivant les circonstances, je ne m'y arrêterai point ici : je répéterai seulement qu'il est d'une absolue nécessité qu'un prince possède l'amitié de son peuple, et que, s'il ne l'a pas, toute ressource lui manque dans l'adversité.

Nabis, prince de Sparte, étant assiégé par toute la Grèce et par une armée romaine qui avait déjà remporté plusieurs victoires, pour résister et défendre sa patrie et son pouvoir contre de telles forces, n'eut à s'assurer, dans un si grand danger, que d'un bien petit nombre de personnes ; ce qui, sans doute, eût été loin de lui suffire, s'il avait eu contre lui l'inimitié du peuple.

Qu'on ne m'objecte point le commun proverbe : Qui se fonde sur le peuple se fonde sur la boue. Cela est vrai pour un particulier qui compterait sur une telle base, et qui se persuaderait que, s'il était opprimé par ses ennemis ou par les magistrats, le peuple embrasserait sa défense ; son espoir serait souvent déçu, comme le fut celui des Gracques à Rome, et, de messire Giorgio Scali à Florence. Mais, s'il s'agit d'un prince qui ait le droit de commander, qui soit homme de cœur, qui ne se décourage point dans l'adversité ; qui, d'ailleurs, n'ait point manqué de prendre les autres mesures convenables, et qui sache, par sa fermeté, dominer ses sujets, celui-là ne se trouvera point déçu, et il verra qu'en comptant sur le peuple, il s'était fondé sur une base très solide.

Les princes dont il est question ne sont véritablement en danger que lorsque, d'un pouvoir civil, ils veulent faire un pouvoir absolu, soit qu'ils l'exercent par eux-mêmes, soit qu'ils l'exercent par l'organe des magistrats. Mais, dans ce dernier cas, ils se trouvent plus faibles et en plus grand péril, parce qu'ils dépendent de la volonté des citoyens à qui les magistratures sont confiées, et qui, surtout dans les temps d'adversité, peuvent très aisément détruire l'autorité du prince, soit en agissant contre lui, soit seulement en ne lui obéissant point. En vain ce prince voudrait-il alors reprendre pour lui seul l'exercice de son pouvoir, il ne serait plus temps, parce que les citoyens et les sujets, accoutumés à recevoir les ordres de la bouche des magistrats, ne seraient pas disposés, dans des moments critiques, à obéir à ceux qu'il donnerait lui-même. Aussi, dans ces temps incertains, aura-t-il toujours beaucoup de peine à trouver des amis auxquels il puisse se confier.

Un tel prince, en effet, ne doit point se régler sur ce qui se passe dans les temps où règne la tranquillité, et lorsque les citoyens ont besoin de son autorité : alors tout le monde s'empresse, tout le monde se précipite et jure de mourir pour lui, tant que la mort ne se fait voir que dans l'éloignement ; mais dans le moment de l'adversité, et lorsqu'il a besoin de tous les citoyens, il n'en trouve que bien peu qui soient disposés à le défendre : c'est ce que lui montrerait l'expérience ; mais cette expérience est d'autant plus dangereuse à tenter qu'elle ne peut être faite qu'une fois. Le prince doit donc, s'il est doué de quelque sagesse, imaginer et établir un système de gouvernement tel, qu'en quelque temps que ce soit, et malgré toutes les circonstances, les citoyens aient besoin de lui : alors il sera toujours certain de les trouver fidèles.

CHAPITRE X

QUOMODO OMNIUM PRINCIPATUUM VIRES
PERPENDI DEBEANT

*COMMENT, DANS TOUTE ESPÈCE DE
PRINCIPAUTÉ, ON DOIT MESURER SES FORCES*

En parlant des diverses sortes de principautés, il y a encore une autre chose à considérer : c'est de savoir si le prince a un État assez puissant pour pouvoir, au besoin, se défendre par lui-même, ou s'il se trouve toujours dans la nécessité d'être défendu par un autre.

Pour rendre ma pensée plus claire, je regarde comme étant capables de se défendre par eux-mêmes les princes qui ont assez d'hommes et assez d'argent à leur disposition pour former une armée complète et livrer bataille à quiconque viendrait les attaquer ; et au contraire, je regarde comme ayant toujours besoin du secours d'autrui ceux qui n'ont point les moyens de se mettre en campagne contre l'ennemi, et qui sont obligés de se réfugier dans l'enceinte de leurs murailles et de s'y défendre.

J'ai déjà parlé des premiers, et dans la suite je dirai encore quelques mots de ce qui doit leur arriver.

Quant aux autres, tout ce que je puis avoir à leur dire, c'est de les exhorter à bien munir, à bien fortifier la ville où s'est établi le siège de leur puissance, et à ne faire aucun compte du reste du pays. Toutes les fois que le prince aura pourvu d'une manière vigoureuse à la défense de sa capitale, et aura su gagner, par les autres actes de son gouvernement, l'affection de ses sujets, ainsi que je l'ai dit et que je le dirai encore, on ne l'attaquera qu'avec une grande circonspection ; car les hommes, en général, n'aiment point les entreprises qui présentent de grandes difficultés ; et il y en a sans doute beaucoup à attaquer un prince dont la ville est dans un état de défense respectable, et qui n'est point haï de ses sujets.

Les villes d'Allemagne jouissent d'une liberté très étendue, quoiqu'elles ne possèdent qu'un territoire très borné ; cependant elles n'obéissent à l'empereur qu'autant qu'il leur plaît, et ne craignent ni sa puissance ni celle d'aucun des autres États qui les entourent : c'est qu'elles sont fortifiées de manière que le siège qu'il faudrait en entreprendre serait une opération difficile et dangereuse ; c'est qu'elles sont toutes entourées de fossés et de bonnes murailles, et qu'elles ont une artillerie suffisante ; c'est qu'elles renferment toujours, dans les magasins publics, des provisions d'aliments, de boissons, de combustibles, pour une année ; elles ont même encore, pour faire subsister les gens du menu peuple, sans perte pour le public, des matières en assez grande quantité pour leur fournir du travail pendant toute une année dans le genre d'industrie et de métier dont ils s'occupent ordinairement, et qui fait la richesse et la vie du pays ; de plus, elles maintiennent les exercices militaires en honneur, et elles ont sur cet article un grand nombre de règlements.

Ainsi donc, un prince dont la ville est bien fortifiée, et qui ne se fait point haïr de ses sujets, ne doit pas craindre d'être attaqué ; et s'il l'était jamais, l'assaillant s'en retournerait avec honte : car les choses de ce monde sont variables ; et il n'est guère possible qu'un ennemi demeure campé toute une année avec ses troupes autour d'une place.

Si l'on m'objectait que les habitants qui ont leurs propriétés au-dehors ne les verraient point livrer aux flammes d'un œil tranquille ; que l'ennui du siège et leur intérêt personnel ne les laisseraient pas beaucoup songer au prince, je répondrais qu'un prince puissant et courageux saura toujours surmonter ces difficultés, soit en faisant espérer à ses sujets que le mal ne sera pas de longue durée, soit en leur faisant craindre la cruauté de l'ennemi, soit en s'assurant avec prudence de ceux qu'il jugerait trop hardis.

D'ailleurs, si l'ennemi brûle et ravage le pays, ce doit être naturellement au moment de son arrivée, c'est-à-dire dans le temps où les esprits sont encore tout échauffés et disposés à la défense : le prince doit donc s'alarmer d'autant moins dans cette circonstance, que, lorsque ces mêmes esprits auront commencé à se refroidir, il se trouvera que le dommage a déjà été fait et souffert, qu'il n'y a plus de remède, et que les habitants n'en deviendront que plus attachés à leur prince par la pensée qu'il leur est redevable de ce que leurs maisons ont été incendiées et leurs campagnes ravagées pour sa défense. Telle est, en effet, la nature des hommes, qu'ils s'attachent autant par les services qu'ils rendent, que par ceux qu'ils reçoivent. Aussi, tout bien considéré, on voit qu'il ne doit pas être difficile à un prince prudent, assiégé dans sa ville, d'inspirer de la fermeté aux habitants, et de les maintenir dans cette disposition tant que les moyens de se nourrir et de se défendre ne leur manqueront pas.

CHAPITRE XI

DE PRINCIPATIBUS ECCLESIASTICIS
DES PRINCIPAUTÉS ECCLÉSIASTIQUES

Il reste maintenant à parler des principautés ecclésiastiques, par rapport auxquelles il n'y a de difficultés qu'à s'en mettre en possession. En effet, on les acquiert, ou par la faveur de la fortune, ou par l'ascendant de la vertu ; mais ensuite on n'a besoin, pour les conserver, ni de l'une ni de l'autre : car les princes sont soutenus par les anciennes institutions religieuses, dont la puissance est si grande, et la nature est telle, qu'elle les maintienne en pouvoir, de quelque manière qu'ils gouvernent et qu'ils se conduisent.

Ces princes seuls ont des États, et ils ne les défendent point ; ils ont des sujets, et ils ne les gouvernent point. Cependant leurs États, quoique non défendus, ne leur sont pas enlevés ; et leurs sujets, quoique non gouvernés, ne s'en mettent point en peine, et ne désirent ni ne peuvent se détacher d'eux. Ces principautés sont donc exemptes de péril et heureuses. Mais, comme cela tient à des causes supérieures, auxquelles l'esprit humain ne peut s'élever, je n'en parlerai point. C'est Dieu qui les élève et les maintient ; et l'homme qui entreprendrait d'en discourir serait coupable de présomption et de témérité.

Cependant, si quelqu'un demande d'où vient que l'Église s'est élevée à tant de grandeur temporelle, et que, tandis qu'avant Alexandre VI, et jusqu'à lui, tous ceux qui avaient quelque puissance en Italie, et non seulement les princes, mais les moindres barons, les moindres seigneurs, redoutaient si peu son pouvoir, quant au temporel, elle en est maintenant venue à faire trembler le roi de France, à le chasser d'Italie, et à ruiner les Vénitiens ; bien que tout le monde en soit instruit, il ne me paraît pas inutile d'en rappeler ici jusqu'à un certain point le souvenir.

Avant que le roi de France Charles VIII vînt en Italie, cette contrée se trouvait soumise à la domination du pape, des Vénitiens, du roi de Naples, du duc de Milan, et des Florentins. Chacune de ces puissances avait à s'occuper de deux soins principaux : l'un était de mettre obstacle à ce que quelque étranger portât ses armes dans l'Italie ; l'autre d'empêcher qu'aucune d'entre elles agrandît ses États. Quant à ce second point, c'était surtout au pape et aux Vénitiens qu'on devait faire attention. Pour contenir ces derniers, il fallait que toutes les autres puissances demeurassent unies, comme il arriva lors de la défense de Ferrare ; et, pour ce qui regarde le pape, on se servait des barons de Rome, qui, divisés en deux factions, à savoir, celle des Orsini et celle des Colonna, excitaient continuellement des tumultes, avaient toujours les armes en main, sous les yeux mêmes du pontife, et tenaient sans cesse son pouvoir faible et vacillant. Il y eut bien de temps en temps quelques papes résolus et courageux, tels que Sixte IV ; mais ils ne furent jamais ni assez habiles ni assez heureux pour se délivrer du fâcheux embarras qu'ils avaient à souffrir. D'ailleurs, ils trouvaient un nouvel obstacle dans la brièveté de leur règne : car, dans un intervalle de dix ans, qui est le terme moyen de la durée des règnes des papes, il était à peine possible d'abattre entièrement l'une des factions qui divisaient Rome ; et si, par exemple, un pape avait abattu les Colonna, il survenait un autre pape qui les faisait revivre, parce qu'il était ennemi des Orsini ; mais celui-ci, à son tour, n'avait pas le temps nécessaire pour détruire ces derniers. Voilà pourquoi l'Italie respectait si peu les forces temporelles du pape.

Vint enfin Alexandre VI, qui, de tous les souverains pontifes qui aient jamais été, est celui qui a le mieux fait voir tout ce qu'un pape pouvait entreprendre pour s'agrandir avec les trésors et les armes de l'Église. Profitant de l'invasion des Français, et se servant d'un instrument tel que le duc de Valentinois, il fit tout ce que j'ai raconté ci-dessus en parlant des actions de ce dernier. Il n'avait point sans doute en vue l'agrandissement de l'Église, mais bien celui du duc ; cependant ses entreprises tournèrent au profit de l'Église, qui, après sa mort et la ruine du duc, hérita du fruit de leurs travaux.

Bientôt après régna Jules II, qui, trouvant que l'Église était puissante et maîtresse de toute la Romagne ; que les barons avaient été détruits, et leurs factions anéanties par les rigueurs d'Alexandre ; que d'ailleurs des moyens d'accumuler des richesses jusqu'alors inconnus avaient été introduits, non seulement voulut suivre ces traces, mais encore aller plus loin, et se proposa d'acquérir Bologne, d'abattre les Vénitiens, et de chasser les Français de l'Italie ; entreprises dans lesquelles il réussit avec d'autant plus de gloire, qu'il s'y était livré, non pour son intérêt personnel, mais pour celui de l'Église.

Du reste, il sut contenir les partis des Colonna et des Orsini dans les bornes où Alexandre était parvenu à les réduire ; et, bien qu'il restât encore entre eux quelques ferments de discorde, néanmoins ils durent demeurer tranquilles, d'abord parce que la grandeur de l'Église leur imposait ; et, en second lieu ; parce qu'ils n'avaient point de cardinaux parmi eux. C'est aux cardinaux, en effet, qu'il faut attribuer les tumultes ; et les partis ne seront jamais tranquilles tant que les cardinaux y seront engagés : ce sont eux qui fomentent les factions, soit dans Rome, soit au-dehors et qui forcent les barons à les soutenir ; de sorte que les dissensions et les troubles qui éclatent entre ces derniers sont l'ouvrage de l'ambition des prélats.

Voilà donc comment il est arrivé que le pape Léon X a trouvé la papauté toute-puissante ; et l'on doit espérer que si ses prédécesseurs l'ont agrandie par les armes, il la rendra encore par sa bonté, et par toutes ses autres vertus, beaucoup plus grande et plus vénérable.

CHAPITRE XII

*COMBIEN IL Y A DE SORTES DE MILICES
ET DE TROUPES MERCENAIRES*

J'ai parlé des qualités propres aux diverses sortes de principautés sur lesquelles je m'étais proposé de discourir ; j'ai examiné quelques-unes des causes de leur mal ou de leur bien-être j'ai montré les moyens dont plusieurs se sont servis soit pour les acquérir, soit pour les conserver : il me reste maintenant à les considérer sous le rapport de l'attaque et de la défense.

J'ai dit ci-dessus combien il est nécessaire à un prince que son pouvoir soit établi sur de bonnes bases, sans lesquelles il ne peut manquer de s'écrouler. Or, pour tout État, soit ancien, soit nouveau, soit mixte, les principales bases sont de bonnes lois et de bonnes armes. Mais, comme là où il n'y a point de bonnes armes, il ne peut y avoir de bonnes lois, et qu'au contraire il y a de bonnes lois là où il y a de bonnes armes, ce n'est que des armes que j'ai ici dessein de parler.

Je dis donc que les armes qu'un prince peut employer pour la défense de son État lui sont propres, ou sont mercenaires, auxiliaires, ou mixtes, et que les mercenaires et les auxiliaires sont non seulement inutiles, mais même dangereuses.

Le prince dont le pouvoir n'a pour appui que des troupes mercenaires, ne sera jamais ni assuré ni tranquille ;

car de telles troupes sont désunies, ambitieuses, sans discipline, infidèles, hardies envers les amis, lâches contre les ennemis ; et elles n'ont ni crainte de Dieu, ni probité à l'égard des hommes. Le prince ne tardera d'être ruiné qu'autant qu'on différera de l'attaquer. Pendant la paix, il sera dépouillé par ces mêmes troupes ; pendant la guerre, il le sera par l'ennemi.

La raison en est, que de pareils soldats servent sans aucune affection, et ne sont engagés à porter les armes que par une légère solde ; motif sans doute incapable de les déterminer à mourir pour celui qui les emploie. Ils veulent bien être soldats tant qu'on ne fait point la guerre ; mais sitôt qu'elle arrive ils ne savent que s'enfuir et déserter.

C'est ce que je devrais avoir peu de peine à persuader. Il est visible, en effet, que la ruine actuelle de l'Italie vient de ce que, durant un long cours d'années, on s'y est reposé sur des troupes mercenaires, que quelques-uns avaient d'abord employées avec certain succès, et qui avaient paru valeureuses tant qu'elles n'avaient eu affaire que les unes avec les autres ; mais qui, aussitôt qu'un étranger survint, se montrèrent telles qu'elles étaient effectivement. De là s'est ensuivi que le roi de France Charles VIII a eu la facilité de s'emparer de l'Italie la craie à la main [1] ; et celui qui disait que nos péchés en avaient été cause avait raison ; mais ces péchés étaient ceux que je viens d'exposer, et non ceux qu'il pensait. Ces péchés, au surplus, avaient été commis par les princes ; et ce sont eux aussi qui en ont subi la peine.

Je veux cependant démontrer de plus en plus le malheur attaché à cette sorte d'armes. Les capitaines

---

[1] *Col gesso, mot d'Alexandre VI, qui signifie que le roi Charles n'avait eu rien de plus à faire qu'un maréchal des logis qui marquerait les logements sur les portes avec de la craie.*

mercenaires sont ou ne sont pas de bons guerriers : s'ils le sont, on ne peut s'y fier, car ils ne tendent qu'à leur propre grandeur, en opprimant, soit le prince même qui les emploie, soit d'autres contre sa volonté ; s'ils ne le sont pas, celui qu'ils servent est bientôt ruiné.

Si l'on dit que telle sera pareillement la conduite de tout autre chef, mercenaire ou non, je répliquerai que la guerre est faite ou par un prince ou par une république ; que le prince doit aller en personne faire les fonctions de commandant ; et que la république doit y envoyer ses propres citoyens : que si d'abord celui qu'elle a choisi ne se montre point habile, elle doit le changer ; et que s'il a de l'habileté elle doit le contenir par les lois, de telle manière qu'il n'outrepasse point les bornes de sa commission.

L'expérience a prouvé que les princes et les républiques qui font la guerre par leurs propres forces obtenaient seuls de grands succès, et que les troupes mercenaires ne causaient jamais que du dommage. Elle prouve aussi qu'une république qui emploie ses propres armes court bien moins risque d'être subjuguée par quelqu'un de ses citoyens, que celle qui se sert d'armes étrangères.

Pendant une longue suite de siècles Rome et Sparte vécurent libres et armées ; la Suisse, dont tous les habitants sont soldats, vit parfaitement libre.

Quant aux troupes mercenaires, on peut citer, dans l'antiquité, l'exemple des Carthaginois, qui, après leur première guerre contre Rome, furent sur le point d'être opprimés par celles qu'ils avaient à leur service, quoique commandées par des citoyens de Carthage.

On peut remarquer encore qu'après la mort d'Epaminondas, les Thébains confièrent le commandement de leurs troupes à Philippe de Macédoine, et que ce prince se servit de la victoire pour leur ravir leur liberté.

Dans les temps modernes, les Milanais, à la mort de leur duc Philippe Visconti, se trouvaient en guerre contre les Vénitiens ; ils prirent à leur solde Francesco Sforza : celui-ci, ayant vaincu les ennemis à Carravaggio, s'unit avec eux pour opprimer ces mêmes Milanais qui le tenaient à leur solde.

Le père de ce même Sforza, étant au service de la reine Jeanne de Naples, l'avait laissée tout à coup sans troupes ; de sorte que, pour ne pas perdre son royaume, cette princesse avait été obligée de se jeter dans les bras du roi d'Aragon.

Si les Vénitiens et les Florentins, en employant de telles troupes, accrurent néanmoins leurs États, et si les commandants, au lieu de les subjuguer, les défendirent, je réponds, pour ce qui regarde les Florentins, qu'ils en furent redevables à leur bonne fortune, qui fit que, de tous les généraux habiles qu'ils avaient et qu'ils pouvaient craindre, les uns ne furent point victorieux ; d'autres rencontrèrent des obstacles ; d'autres encore tournèrent ailleurs leur ambition.

L'un des premiers fut Giovanni Acuto, dont la fidélité, par cela même qu'il n'avait pas vaincu, ne fut point mise à l'épreuve ; mais on doit avouer que, s'il avait remporté la victoire, les Florentins seraient demeurés à sa discrétion.

Sforza fut contrarié par la rivalité des Braccio ; rivalité qui faisait qu'ils se contenaient les uns les autres.

Enfin Francesco Sforza et Braccio tournèrent leurs vues ambitieuses, l'un sur la Lombardie, l'autre sur l'Église et sur le royaume de Naples.

Mais voyons ce qui est arrivé il y a peu de temps.

Les Florentins avaient pris pour leur général Paolo

Vitelli, homme rempli de capacité, et qui, de l'état de simple particulier, s'était élevé à une très haute réputation. Or, si ce général avait réussi à se rendre maître de Pise, on est forcé d'avouer qu'ils se seraient trouvés sous sa dépendance ; car s'il passait à la solde de leurs ennemis, il ne leur restait plus de ressource ; et s'ils continuaient de le garder à leur service, ils étaient contraints de se soumettre à ses volontés.

Quant aux Vénitiens, si l'on considère attentivement leurs progrès, on verra qu'ils agirent heureusement et glorieusement tant qu'ils firent la guerre par eux-mêmes, c'est-à-dire avant qu'ils eussent tourné leurs entreprises vers la terre ferme. Dans ces premiers temps, c'étaient les gentilshommes et les citoyens armés qui combattaient ; mais, aussitôt qu'ils eurent commencé à porter leurs armes sur la terre ferme, ils dégénérèrent de cette ancienne vertu, et ils suivirent les usages de l'Italie. D'abord, et dans le principe de leur agrandissement, leur domaine étant peu étendu, et leur réputation très grande, il eurent peu à craindre de leurs commandants ; mais, à mesure que leur État s'accrut, ils éprouvèrent bientôt l'effet de l'erreur commune : ce fut sous Carmignuola. Ayant connu sa grande valeur par les victoires remportées sous son commandement sur le duc de Milan, mais voyant, d'un autre côté, qu'il ne faisait plus que très froidement la guerre, ils jugèrent qu'ils ne pourraient plus vaincre, tant qu'il vivrait ; car ils ne voulaient ni ne pouvaient le licencier, de peur de perdre ce qu'ils avaient conquis, et en conséquence ils furent obligés, pour leur sûreté, de le faire périr.

Dans la suite, ils eurent pour commandant Bartolommeo de Bergame, Roberto da San Severino, le comte de Pittigliano, et autres capitaines semblables. Mais tous donnèrent bien moins lieu d'appréhender de leurs victoires, que de craindre des défaites semblables à celle de

Vailà, qui, dans une seule journée, fit perdre aux Vénitiens le fruit de huit cents ans de travaux ; car, avec les troupes dont il s'agit, les progrès sont lents, tardifs et faibles, les pertes sont subites et prodigieuses.

Mais, puisque j'en suis venu à citer des exemples pris dans l'Italie, où le système des troupes mercenaires a prévalu depuis bien des années, je veux reprendre les choses de plus haut, afin qu'instruit de l'origine et des progrès de ce système, on puisse mieux y porter remède.

Il faut donc savoir que lorsque, dans les derniers temps, l'empire eut commencé à être repoussé de l'Italie, et que le pape eut acquis plus de crédit, quant au temporel, elle se divisa en un grand nombre d'États. Plusieurs grandes villes, en effet, prirent les armes contre leurs nobles, qui, à l'ombre de l'autorité impériale, les tenaient sous l'oppression, et elles se rendirent indépendantes, favorisées en cela par l'Église, qui cherchait à accroître le crédit qu'elle avait gagné. Dans plusieurs autres villes, le pouvoir suprême fut usurpé ou obtenu par quelque citoyen qui s'y établit prince. De là s'ensuivit que la plus grande partie de l'Italie se trouva sous la dépendance, et en quelque sorte sous la domination de l'Église ou de quelque république ; et comme des prêtres, des citoyens paisibles, ne connaissaient nullement le maniement des armes, on commença à solder des étrangers. Le premier qui mit ce genre de milice en honneur fut Alberigo da Como, natif de la Romagne : c'est sous sa discipline que se formèrent, entre autres, Braccio et Sforza, qui furent, de leur temps, les arbitres de l'Italie, et après lesquels ou a eu successivement tous ceux qui, jusqu'à nos jours, ont tenu dans leurs mains le commandement de ses armées ; et tout le fruit que cette malheureuse contrée a recueilli de la valeur de tous ces guerriers, a été de se voir prise à la course par Charles VIII, ravagée par Louis XII, subjuguée par Ferdinand, et insultée par les Suisses.

La marche qu'ils ont suivie pour se mettre en réputation a été de décrier l'infanterie. C'est que, d'un côté, un petit nombre de fantassins ne leur aurait point acquis une grande considération, et que, de l'autre, ne possédant point d'état, et ne subsistant que de leur industrie, ils n'avaient pas les moyens d'en entretenir beaucoup. Ils s'étaient donc bornés à avoir de la cavalerie, dont une médiocre quantité suffisait pour qu'ils fussent bien soldés et honorés : par là, les choses en étaient venues au point que, sur une armée de vingt mille hommes, il n'y en avait pas deux mille d'infanterie.

De plus, ils employaient toutes sortes de moyens pour s'épargner à eux-mêmes, ainsi qu'à leurs soldats, toute fatigue et tout danger : ils ne se tuaient point les uns les autres dans les combats, et se bornaient à faire des prisonniers qu'ils renvoyaient sans rançon ; s'ils assiégeaient une place, ils ne faisaient aucune attaque de nuit ; et les assiégés, de leur côté, ne profitaient pas des ténèbres pour faire des sorties ; ils ne faisaient autour de leur camp ni fossés, ni palissades enfin ils ne tenaient jamais la campagne durant l'hiver. Tout cela était dans l'ordre de leur discipline militaire ; ordre qu'ils avaient imaginé tout exprès pour éviter les périls et les travaux, mais par où aussi ils ont conduit l'Italie à l'esclavage et à l'avilissement.

CHAPITRE XIII

DE MILITIBUS AUXILIARIIS, MIXTIS ET PROPRIIS

DES TROUPES AUXILIAIRES, MIXTES ET PROPRES

Les armes auxiliaires que nous avons dit être également inutiles, sont celles de quelque État puissant qu'un autre État appelle à son secours et à sa défense. C'est ainsi que, dans ces derniers temps, le pape Jules II ayant fait, dans son entreprise contre Ferrare, la triste expérience des armes mercenaires, eut recours aux auxiliaires et traita avec Ferdinand, roi d'Espagne, pour que celui-ci l'aidât de ses troupes.

Les armes de ce genre peuvent être bonnes en elles-mêmes mais elles sont toujours dommageables à celui qui les appelle ; car si elles sont vaincues, il se trouve lui-même défait, et si elles sont victorieuses, il demeure dans leur dépendance.

On en voit de nombreux exemples dans l'histoire ancienne ; mais arrêtons-nous un moment à celui de Jules II, qui est tout récent.

Ce fut sans doute une résolution bien peu réfléchie que celle qu'il prit de se livrer aux mains d'un étranger pour avoir Ferrare. S'il n'en éprouva point toutes les funestes conséquences, il en fut redevable à son heureuse étoile, qui l'en préserva par un accident qu'elle fit naître : c'est que ses auxiliaires furent vaincus à Ravenne, et qu'ensuite survinrent les Suisses, qui, contre toute attente, chassèrent les vainqueurs ; de sorte qu'il ne demeura prisonnier ni de ceux-ci, qui étaient ses ennemis, ni de ses auxiliaires, qui enfin ne se trouvèrent victorieux que par les armes d'autrui.

Les Florentins, se trouvant désarmés, prirent à leur solde dix mille Français qu'ils conduisirent à Pise, dont ils voulaient se rendre maîtres ; et par là ils s'exposèrent à plus de dangers qu'ils n'en avaient couru dans le temps de leurs plus grandes adversités.

Pour résister à ses ennemis, l'empereur de Constantinople introduisit dans la Grèce dix mille Turcs, qui, lorsque la guerre fut terminée, ne voulurent plus se retirer. Ce fut cette mesure funeste qui commença à courber les Grecs sous le joug des infidèles.

Voulez-vous donc vous mettre dans l'impuissance de vaincre : employez des troupes auxiliaires, beaucoup plus dangereuses encore que les mercenaires. Avec les premières, en effet, votre ruine est toute préparée ; car ces troupes sont toutes unies et toutes formées à obéir à un autre que vous ; au lieu que, quant aux mercenaires, pour qu'elles puissent agir contre vous, et vous nuire après avoir vaincu, il leur faut et plus de temps et une occasion plus favorable : elles ne forment point un seul corps ; c'est vous qui les avez rassemblées, c'est par vous qu'elles sont payées. Quel que soit donc le chef que vous leur ayez donné, il n'est pas possible qu'il prenne à l'instant sur elles une telle autorité qu'il puisse s'en servir contre vous-même. En un mot, ce qu'on doit craindre des troupes mercenaires, c'est leur lâcheté ; avec des troupes auxiliaires, c'est leur valeur. Aussi les princes sages ont-ils toujours répugné à employer ces deux sortes de troupes, et ont-ils préféré leurs propres forces, aimant mieux être battus avec celles-ci que victorieux avec celles d'autrui ; et ne regardant point comme une vraie victoire celle dont ils peuvent être redevables à des forces étrangères.

Ici, je n'hésiterai point à citer encore César Borgia et sa manière d'agir. Ce duc entra dans la Romagne avec des forces auxiliaires composées uniquement de troupes françaises, avec lesquelles il s'empara d'Imola et de Forli ; mais jugeant bientôt que de telles forces n'étaient pas bien sûres, il recourut aux mercenaires, dans lesquelles il voyait moins de péril ; et, en conséquence, il prit à sa solde les Orsini et les Vitelli. Trouvant néanmoins, en les employant, que celles-ci étaient incertaines, infidèles et dangereuses, il embrassa le parti de les détruire et de ne plus recourir qu'aux siennes propres.

La différence entre ces divers genres d'armes fut bien démontrée par la différence entre la réputation qu'avait le duc lorsqu'il se servait des Orsini et des Vitelli, et celle dont il jouit quand il ne compta plus que sur lui-même et sur ses propres soldats : celle-ci alla toujours croissant, et jamais il ne fut plus considéré que lorsque tout le monde le vit maître absolu de ses armes.

Je voulais m'en tenir aux exemples récents fournis par l'Italie ; mais je ne puis passer sous silence celui d'Hiéron de Syracuse, dont j'ai déjà parlé. Celui-ci, mis par les Syracusains à la tête de leur armée, reconnut bientôt l'inutilité des troupes mercenaires qu'ils soldaient, et dont les chefs ressemblaient en tout aux condottieri que nous avons eus en Italie. Convaincu d'ailleurs qu'il ne pouvait sûrement ni conserver ces chefs, ni les licencier, il prit le parti de les faire tailler en pièces ; après, il fit la guerre avec ses propres armes, et non avec celles d'autrui.

Qu'il me soit permis de rappeler encore ici un trait que l'on trouve dans l'Ancien Testament, et que l'on peut regarder comme une figure sur ce sujet. David s'étant proposé pour aller combattre le Philistin Goliath, qui défiait les Israélites, Saül, afin de l'encourager, le revêtit de ses propres armes ; mais David, après les avoir essayées, les refusa, en disant qu'elles gêneraient l'usage de ses forces personnelles, et qu'il voulait n'affronter l'ennemi qu'avec sa fronde et son coutelas. En effet, les armes d'autrui, ou sont trop larges pour bien tenir sur votre corps, ou le fatiguent de leur poids, ou le serrent et en gênent les mouvements.

Charles VII, père de Louis XI, ayant par sa fortune et par sa valeur délivré la France des Anglais, reconnut la nécessité d'avoir des forces à soi, et forma dans son royaume des compagnies réglées de gendarmes et de fantassins. Dans la suite, Louis, son fils, supprima l'infanterie et commença de prendre des Suisses à sa solde ; mais cette erreur, qui en entraîna d'autres, a été cause, comme nous le voyons, des dangers courus par la France. En effet, en mettant ainsi les Suisses en honneur, Louis a en quelque sorte anéanti toutes ses propres troupes : d'abord il a totalement détruit l'infanterie ; et quant à la gendarmerie, il l'a rendue dépendante des armes d'autrui, en l'accoutumant tellement à ne combattre que conjointement avec les Suisses, qu'elle ne croit plus pouvoir vaincre sans eux. De là vient aussi que les Français ne peuvent tenir contre les Suisses, et que sans les Suisses ils ne tiennent point contre d'autres troupes. Ainsi les armées françaises sont actuellement mixtes, c'est-à-dire composées en partie de troupes mercenaires, et en partie de troupes nationales ; composition qui les rend sans doute beaucoup meilleures que des armées formées en entier de mercenaires ou d'auxiliaires, mais très inférieures à celles où il n'y aurait que des corps nationaux.

Si l'ordre établi par Charles VII avait été conservé et amélioré, la France serait devenue invincible. Mais la faible prudence humaine se laisse séduire par l'apparente bonté qui, dans bien des choses, couvre le venin qu'elles renferment, et qu'on ne reconnaît que dans la suite, comme dans ces fièvres d'étisie dont j'ai précédemment parlé.

Cependant le prince qui ne sait voir le mal que lorsqu'il se montre à tous les yeux, n'est pas doué de cette habileté qui n'est donnée qu'à un petit nombre d'hommes.

Si l'on recherche la principale source de la ruine de l'empire romain, on la trouvera dans l'introduction de l'usage de prendre des Goths à sa solde : par là, en effet, on commença à énerver les troupes nationales, de telle sorte que toute la valeur qu'elles perdaient tournait à l'avantage des barbares.

Je conclus donc qu'aucun prince n'est en sûreté s'il n'a des forces qui lui soient propres : se trouvant sans défense contre l'adversité, son sort dépend en entier de la fortune. Or les hommes éclairés ont toujours pensé et dit qu'il n'y a rien d'aussi frêle et d'aussi fugitif qu'un crédit qui n'est pas fondé sur notre propre puissance.

J'appelle, au surplus, forces propres, celles qui sont composées de citoyens, de sujets, de créatures du prince. Toutes les autres sont ou mercenaires ou auxiliaires.

Et quant aux moyens et à la manière d'avoir ces forces propres, on les trouvera aisément, si l'on réfléchit sur les établissements dont j'ai eu l'occasion de parler. On verra comment Philippe, père d'Alexandre le Grand, comment une foule d'autres princes et de républiques, avaient su se donner des troupes nationales et les organiser. Je m'en rapporte à l'instruction qu'on peut tirer de ces exemples.

CHAPITRE XIV

QUOD PRINCIPEM DECEAT CIRCA MILITIAM

*DES FONCTIONS QUI APPARTIENNENT AU
PRINCE, PAR RAPPORT À LA MILICE*

La guerre, les institutions et les règles qui la concernent sont le seul objet auquel un prince doive donner ses pensées et son application, et dont il lui convienne de faire son métier : c'est là la vraie profession de quiconque gouverne ; et par elle, non seulement ceux qui sont nés princes peuvent se maintenir, mais encore ceux qui sont nés simples particuliers peuvent souvent devenir princes. C'est pour avoir négligé les armes, et leur avoir préféré les douceurs de la mollesse, qu'on a vu des souverains perdre leurs États. Mépriser l'art de la guerre, c'est faire le premier pas vers sa ruine ; le posséder parfaitement, c'est le moyen de s'élever au pouvoir. Ce fut par le continuel maniement des armes que Francesco Sforza parvint de l'état de simple particulier au rang de duc de Milan ; et ce fut parce qu'ils en avaient craint les dégoûts et la fatigue que ses enfants tombèrent du rang de ducs à l'état de simples particuliers.

Une des fâcheuses conséquences, pour un prince, de la négligence des armes, c'est qu'on vient à le mépriser ; abjection de laquelle il doit sur toute chose se préserver, comme je le dirai ci-après. En effet, entre un homme armé et un homme désarmé la disproportion est immense. Il n'est pas naturel non plus que le dernier obéisse volontiers à l'autre ; et un maître sans armes ne peut jamais être en sûreté parmi des serviteurs qui en ont ; ceux-ci sont en proie au dépit, l'autre l'est aux soupçons et des hommes qu'animent de tels sentiments ne peuvent pas bien vivre ensemble. Un prince qui n'entend rien à l'art de la guerre peut-il se faire estimer de ses soldats et avoir confiance en eux ? Il doit donc s'appliquer constamment à cet art, et s'en occuper principalement durant la paix, ce qu'il peut faire de deux manières, c'est-à-dire en y exerçant également son corps et son esprit. Il exercera son corps, d'abord en bien faisant manœuvrer ses troupes, et, en second lieu, en s'adonnant à la chasse, qui l'endurcira à la fatigue, et qui lui apprendra en même temps à connaître l'assiette des lieux, l'élévation des montagnes, la direction des vallées, le gisement des plaines, la nature des rivières et des marais, toutes choses auxquelles il doit donner la plus grande attention.

Il trouvera en cela deux avantages : le premier est que, connaissant bien son pays, il saura beaucoup mieux le défendre ; le second est que la connaissance d'un pays rend beaucoup plus facile celle d'un autre qu'il peut être nécessaire d'étudier ; car, par exemple, les montagnes, les vallées, les plaines, les rivières de la Toscane ont une grande ressemblance avec celles des autres contrées. Cette connaissance est d'ailleurs très importante, et le prince qui ne l'a point manque d'une des premières qualités que doit avoir un capitaine ; car c'est par elle qu'il sait découvrir l'ennemi, prendre ses logements, diriger la marche de ses troupes, faire ses dispositions pour une bataille, assiéger les places avec avantage.

Parmi les éloges qu'on a faits de Philopœmen, chef des Achéens, les historiens le louent surtout de ce qu'il ne pensait jamais qu'à l'art de la guerre ; de sorte que, lorsqu'il parcourait la campagne avec ses amis, il s'arrêtait souvent pour résoudre des questions qu'il leur proposait, telles que les suivantes : « Si l'ennemi était sur cette colline, et nous ici, qui serait posté plus avantageusement ? Comment pourrions nous aller à lui avec sûreté et sans mettre le désordre dans nos rangs ? Si nous avions à battre en retraite, comment nous y prendrions-nous ? S'il se retirait lui-même, comment pourrions-nous le poursuivre ? » C'est ainsi que, tout en allant, il s'instruisait avec eux des divers accidents de guerre qui peuvent survenir ; qu'il recueillait leurs opinions ; qu'il exposait la sienne, et qu'il l'appuyait sur divers raisonnements. Il était résulté aussi de cette continuelle attention, que, dans la conduite des armées, il ne pouvait se présenter aucun accident auquel il ne sût remédier sur-le-champ.

Quant à l'exercice de l'esprit, le prince doit lire les historiens, y considérer les actions des hommes illustres, examiner leur conduite dans la guerre, rechercher les causes de leurs victoires et celles de leurs défaites, et étudier ainsi ce qu'il doit imiter et ce qu'il doit fuir. Il doit faire surtout ce qu'ont fait plusieurs grands hommes, qui, prenant pour modèle quelque ancien héros bien célèbre, avaient sans cesse sous leurs yeux ses actions et toute sa conduite, et les prenaient pour règles. C'est ainsi qu'on dit qu'Alexandre le Grand imitait Achille, que César imitait Alexandre, et que Scipion prenait Cyrus pour modèle. En effet, quiconque aura lu la vie de Cyrus dans Xénophon trouvera dans celle de Scipion combien l'imitation qu'il s'était proposée contribua à sa gloire, et combien, quant à la chasteté, l'affabilité, l'humanité, la libéralité, il se conformait à tout ce qui avait été dit de son modèle par Xénophon dans sa Cyropédie[1].

Voilà ce que doit faire un prince sage, et comment, durant la paix, loin de rester oisif, il peut se prémunir contre les accidents de la fortune, en sorte que, si elle lui devient contraire, il se trouve en état de résister à ses coups.

---

[1] *Cyropædia, biographie du roi perse Cyrius II (en partie fictive) et rédigée vers –370 par Xénophon (N.d.E).*

CHAPITRE XV

DE HIS REBUS QUIBUS HOMINES ET PRAESERTIM PRINCIPES LAUDANTUR AUT VITUPERANTUR

DES CHOSES POUR LESQUELLES TOUS LES HOMMES, ET SURTOUT LES PRINCES, SONT LOUÉS OU BLÂMÉS

Il reste à examiner comment un prince doit en user et se conduire, soit envers ses sujets, soit envers ses amis. Tant d'écrivains en ont parlé, que peut-être on me taxera de présomption si j'en parle encore ; d'autant plus qu'en traitant cette matière je vais m'écarter de la route commune. Mais, dans le dessein que j'ai d'écrire des choses utiles pour celui qui me lira, il m'a paru qu'il valait mieux m'arrêter à la réalité des choses que de me livrer à de vaines spéculations.

Bien des gens ont imaginé des républiques et des principautés telles qu'on n'en a jamais vues ni connues. Mais à quoi servent ces imaginations ? Il y a si loin de la manière dont on vit à celle dont on devrait vivre, qu'en n'étudiant que cette dernière on apprend plutôt à se ruiner qu'à se conserver ; et celui qui veut en tout et partout se montrer homme de bien ne peut manquer de périr au milieu de tant de méchants.

Il faut donc qu'un prince qui veut se maintenir apprenne à ne pas être toujours bon, et en user bien ou mal, selon la nécessité.

Laissant, par conséquent, tout ce qu'on a pu imaginer

touchant les devoirs des princes, et m'en tenant à la réalité, je dis qu'on attribue à tous les hommes, quand on en parle, et surtout aux princes, qui sont plus en vue, quelqu'une des qualités suivantes, qu'on cite comme un trait caractéristique, et pour laquelle on les loue ou on les blâme. Ainsi l'un est réputé généreux et un autre misérable (je me sers ici d'une expression toscane, car, dans notre langue, l'avare est celui qui est avide et enclin à la rapine, et nous appelons misérable (*misero*) celui qui s'abstient trop d'user de son bien ; l'un est bienfaisant, et un autre avide ; l'un cruel, et un autre compatissant ; l'un sans foi, et un autre fidèle à sa parole ; l'un efféminé et craintif, et un autre ferme et courageux ; l'un débonnaire, et un autre orgueilleux ; l'un dissolu, et un autre chaste ; l'un franc, et un autre rusé ; l'un dur,. et un autre facile ; l'un grave, et un autre léger ; l'un religieux, et un autre incrédule, etc.

Il serait très beau, sans doute, et chacun en conviendra, que toutes les bonnes qualités que je viens d'énoncer se trouvassent réunies dans un prince. Mais, comme cela n'est guère possible, et que la condition humaine ne le comporte point, il faut qu'il ait au moins la prudence de fuir ces vices honteux qui lui feraient perdre ses États. Quant aux autres vices, je lui conseille de s'en préserver, s'il le peut ; mais s'il ne le peut pas, il n'y aura pas un grand inconvénient à ce qu'il s'y laisse aller avec moins de retenue ; il ne doit pas même craindre d'encourir l'imputation de certains défauts sans lesquels il lui serait difficile de se maintenir ; car, à bien examiner les choses, on trouve que, comme il y a certaines qualités qui semblent être des vertus et qui feraient la ruine du prince, de même il en est d'autres qui paraissent être des vices, et dont peuvent résulter néanmoins sa conservation et son bien-être.

CHAPITRE XVI

DE LIBERALITATE ET PARSIMONIA

DE LA LIBÉRALITÉ ET DE LA PARCINOMIE

Commençant par les deux premières qualités énoncées ci-dessus, je dis qu'il serait bon pour un prince d'être réputé libéral ; cependant la libéralité peut être exercée de telle manière qu'elle ne fasse que lui nuire sans aucun profit ; car si elle l'est avec distinction, et selon les règles de la sagesse, elle sera peu connue, elle fera peu de bruit, et elle ne le garantira même point de l'imputation de la qualité contraire.

Si un prince veut se faire dans le monde la réputation de libéral, il faut nécessairement qu'il n'épargne aucune sorte de somptuosité ; ce qui l'obligera à épuiser son trésor par ce genre de dépenses ; d'où il s'ensuivra que, pour conserver la réputation qu'il s'est acquise, il se verra enfin contraint à grever son peuple de charges extraordinaires, à devenir fiscal, et à faire, en un mot, tout ce qu'on peut faire pour avoir de l'argent. Aussi commencera-t-il bientôt à être odieux à ses sujets, et à mesure qu'il s'appauvrira, il sera bien moins considéré. Ainsi, ayant, par sa libéralité, gratifié bien peu d'individus, et déplu à un très grand nombre, le moindre embarras sera considérable pour lui, et le plus léger revers le mettra en danger : que si, connaissant son erreur, il veut s'en retirer, il verra aussitôt rejaillir sur lui la honte attachée au nom d'avare.

Le prince, ne pouvant donc, sans fâcheuse conséquence, exercer la libéralité de telle manière qu'elle soit bien connue, doit, s'il a quelque prudence, ne pas trop appréhender le renom d'avare, d'autant plus qu'avec le temps il acquerra de jour en jour celui de libéral. En voyant, en effet, qu'au moyen de son économie ses revenus lui suffisent, et qu'elle le met en état, soit de se défendre contre ses ennemis, soit d'exécuter des entreprises utiles, sans surcharger son peuple, il sera réputé libéral par tous ceux, en nombre infini, auxquels il ne prendra rien ; et le reproche d'avarice ne lui sera fait que par ce peu de personnes qui ne participent point à ses dons.

De notre temps, nous n'avons vu exécuter de grandes choses que par les princes qui passaient pour avares ; tous les autres sont demeurés dans l'obscurité. Le pape Jules II s'était bien fait, pour parvenir au pontificat, la réputation de libéralité ; mais il ne pensa nullement ensuite à la consolider, ne songeant qu'à pouvoir faire la guerre au roi de France ; guerre qu'il fit, ainsi que plusieurs autres, sans mettre aucune imposition extraordinaire ; car sa constante économie fournissait à toutes les dépenses. Si le roi d'Espagne actuel avait passé pour libéral, il n'aurait ni formé, ni exécuté autant d'entreprises.

Un prince qui veut n'avoir pas à dépouiller ses sujets pour pouvoir se défendre, et ne pas se rendre pauvre et méprisé, de peur de devenir rapace, doit craindre peu qu'on le taxe d'avarice, puisque c'est là une de ces mauvaises qualités qui le font régner.

Si l'on dit que César s'éleva à l'empire par sa libéralité, et que la réputation de libéral a fait parvenir bien des gens aux rangs les plus élevés, je réponds : ou vous êtes déjà effectivement prince, ou vous êtes en voie de le devenir. Dans le premier cas, la libéralité vous est dommageable ; dans le second, il faut nécessairement que vous en ayez la réputation : or c'est dans ce second cas que se trouvait César, qui aspirait au pouvoir souverain dans Rome. Mais si, après y être parvenu, il eût encore vécu longtemps et n'eût point modéré ses dépenses, il aurait renversé lui-même son empire.

Si l'on insiste, et que l'on dise encore que plusieurs princes ont régné et exécuté de grandes choses avec leurs armées, et quoiqu'ils eussent cependant la réputation d'être très libéraux, je répliquerai : le prince dépense ou de son propre bien et de celui de ses sujets, ou du bien d'autrui : dans le premier cas il doit être économe ; dans le second il ne saurait être trop libéral.

Pour le prince, en effet, qui va conquérant avec ses armées, vivant de dépouilles, de pillage, de contributions, et usant du bien d'autrui, la libéralité lui est nécessaire, car sans elle il ne serait point suivi par ses soldats. Rien ne l'empêche aussi d'être distributeur généreux, ainsi que le furent Cyrus, César et Alexandre, de ce qui n'appartient ni à lui-même ni à ses sujets. En prodiguant le bien d'autrui, il n'a point à craindre de diminuer son crédit ; il ne peut, au contraire, que l'accroître : c'est la prodigalité de son propre bien qui pourrait seule lui nuire.

Enfin la libéralité, plus que toute autre chose, se dévore elle-même ; car, à mesure qu'on l'exerce, on perd la faculté de l'exercer encore : on devient pauvre, méprisé, ou bien rapace et odieux. Le mépris et la haine sont sans doute les écueils dont il importe le plus aux princes de se préserver. Or la libéralité conduit infailliblement à l'un et à l'autre. Il est donc plus sage de se résoudre à être appelé avare, qualité qui n'attire que du mépris sans haine, que de se mettre, pour éviter ce nom, dans la nécessité d'encourir la qualification de rapace, qui engendre le mépris et la haine tout ensemble.

CHAPITRE XVII

DE CRUDELITATE ET PIETATE; ET AN SIT
MELIUS AMARI QUAM TIMERI, VEL E CONTRA

*DE LA CRUAUTÉ ET DE LA CLÉMENCE,
ET S'IL VAUT MIEUX ÊTRE AIMÉ QUE CRAINT.*

Continuant à suivre les autres qualités précédemment énoncées, je dis que tout prince doit désirer d'être réputé clément et non cruel. Il faut pourtant bien prendre garde de ne point user mal à propos de la clémence. César Borgia passait pour cruel, mais sa cruauté rétablit l'ordre et l'union dans la Romagne ; elle y ramena la tranquillité de l'obéissance. On peut dire aussi, en considérant bien les choses, qu'il fut plus clément que le peuple florentin, qui, pour éviter le reproche de cruauté, laissa détruire la ville de Pistoie.

Un prince ne doit donc point s'effrayer de ce reproche, quand il s'agit de contenir ses sujets dans l'union et la fidélité. En faisant un petit nombre d'exemples de rigueur, vous serez plus clément que ceux qui, par trop de pitié, laissent s'élever des désordres d'où s'ensuivent les meurtres et les rapines ; car ces désordres blessent la société tout entière, au lieu que les rigueurs ordonnées par le prince ne tombent que sur des particuliers.

Mais c'est surtout à un prince nouveau qu'il est impossible de faire le reproche de cruauté, parce que, dans les États nouveaux, les dangers sont très multipliés. C'est cette raison aussi que Virgile met dans la bouche de Didon, lorsqu'il lui fait dire, pour excuser la rigueur de son gouvernement :

> *Res dura et regni novitas me talia cogunt*
> *Moliri, et late fines custode tueri.*

Virgile, Aeneid., lib. I.

> *La dure réalité et la nouveauté de mon pouvoir me*
> *contraignent à faire des choses de ce genre :*
>
> *Bâtir et veiller largement sur les frontières au*
> *moyen d'une garde protectrice[1].*

Il doit toutefois ne croire et n'agir qu'avec une grande maturité, ne point s'effrayer lui-même, et suivre en tout les conseils de la prudence, tempérés par ceux de l'humanité ; en sorte qu'il ne soit point imprévoyant par trop de confiance, et qu'une défiance excessive ne le rende point intolérable.

Sur cela s'est élevée la question de savoir s'il vaut mieux être aimé que craint, ou être craint qu'aimé ?

On peut répondre que le meilleur serait d'être l'un et l'autre. Mais, comme il est très difficile que les deux choses existent ensemble, je dis que, si l'une doit manquer, il est plus sûr d'être craint que d'être aimé. On peut, en effet, dire généralement des hommes qu'ils sont ingrats, inconstants, dissimulés, tremblants devant les dangers et avides de gain ; que, tant que vous leur faites du bien, ils sont à vous, qu'ils vous offrent leur sang, leurs biens, leur vie, leurs

---

[1] *Traduction par Eouda Pintruber, professeur de lettres anciennes et auteur de « l'Anthologie de Virgile ».*

enfants, tant, comme je l'ai déjà dit, que le péril ne s'offre que dans l'éloignement ; mais que, lorsqu'il s'approche, ils se détournent bien vite. Le prince qui se serait entièrement reposé sur leur parole, et qui, dans cette confiance, n'aurait point pris d'autres mesures, serait bientôt perdu ; car toutes ces amitiés, achetées par des largesses, et non accordées par générosité et grandeur d'âme, sont quelquefois, il est vrai, bien méritées, mais on ne les possède pas effectivement ; et, au moment de les employer, elles manquent toujours. Ajoutons qu'on appréhende beaucoup moins d'offenser celui qui se fait aimer que celui qui se fait craindre ; car l'amour tient par un lien de reconnaissance bien faible pour la perversité humaine, et qui cède au moindre motif d'intérêt personnel ; au lieu que la crainte résulte de la menace du châtiment, et cette peur ne s'évanouit jamais.

Cependant le prince qui veut se faire craindre doit s'y prendre de telle manière que, s'il ne gagne point l'affection, il ne s'attire pas non plus la haine ; ce qui, du reste, n'est point impossible ; car on peut fort bien tout à la fois être craint et n'être pas haï ; et c'est à quoi aussi il parviendra sûrement, en s'abstenant d'attenter, soit aux biens de ses sujets, soit à l'honneur de leurs femmes. S'il faut qu'il en fasse périr quelqu'un, il ne doit s'y décider que quand il y en aura une raison manifeste, et que cet acte de rigueur paraîtra bien justifié. Mais il doit surtout se garder, avec d'autant plus de soin, d'attenter aux biens, que les hommes oublient plutôt la mort d'un père même que la perte de leur patrimoine, et que d'ailleurs il en aura des occasions plus fréquentes. Le prince qui s'est une fois livré à la rapine trouve toujours, pour s'emparer du bien de ses sujets, des raisons et des moyens qu'il n'a que plus rarement pour répandre leur sang.

C'est lorsque le prince est à la tête de ses troupes, et qu'il commande à une multitude de soldats, qu'il doit moins que jamais appréhender d'être réputé cruel ; car, sans ce renom, on ne tient point une armée dans l'ordre et disposée à toute entreprise.

Entre les actions admirables d'Annibal, on a remarqué particulièrement que, quoique son armée fût très nombreuse, et composée d'un mélange de plusieurs espèces d'hommes très différents, faisant la guerre sur le territoire d'autrui, il ne s'y éleva, ni dans la bonne ni dans la mauvaise fortune, aucune dissension entre les troupes, aucun mouvement de révolte contre le général. D'où cela vient-il ? si ce n'est de cette cruauté excessive qui, jointe aux autres grandes qualités d'Annibal, le rendit tout à la fois la vénération et la terreur de ses soldats, et sans laquelle toutes ses autres qualités auraient été insuffisantes. Ils avaient donc bien peu réfléchi, ces écrivains, qui, en célébrant d'un côté les actions de cet homme illustre, ont blâmé de l'autre ce qui en avait été la principale cause.

Pour se convaincre que les autres qualités d'Annibal ne lui auraient pas suffi, il n'y a qu'à considérer ce qui arriva à Scipion, homme tel qu'on n'en trouve presque point de semblable, soit dans nos temps modernes, soit même dans l'histoire de tous les temps connus. Les troupes qu'il commandait en Espagne se soulevèrent contre lui, et cette révolte ne put être attribuée qu'à sa clémence excessive, qui avait laissé prendre aux soldats beaucoup plus de licence que n'en comportait la discipline militaire. C'est aussi ce que Fabius Maximus lui reprocha en plein sénat, où il lui donna la qualification de corrupteur de la milice romaine.

De plus, les Locriens, tourmentés et ruinés par un de ses lieutenants, ne purent obtenir de lui aucune vengeance, et l'insolence du lieutenant ne fut point réprimée ; autre effet de son naturel facile. Sur quoi quelqu'un, voulant l'accuser dans le sénat, dit : « Qu'il y avait des hommes qui savaient mieux ne point commettre de fautes que corriger celles des autres. » On peut croire aussi que cette extrême douceur aurait enfin terni la gloire et la renommée de Scipion, s'il avait exercé durant quelque temps le pouvoir suprême ; mais heureusement il était lui-même soumis aux ordres du sénat, de sorte que cette qualité, nuisible de sa nature, demeura en quelque sorte cachée, et fut même encore pour lui un sujet d'éloges.

Revenant donc à la question dont il s'agit, je conclus que les hommes, aimant à leur gré, et craignant au gré du prince, celui-ci doit plutôt compter sur ce qui dépend de lui, que sur ce qui dépend des autres : il faut seulement que, comme je l'ai dit, il tâche avec soin de ne pas s'attirer la haine.

CHAPITRE XVIII

*COMMENT LES PRINCES DOIVENT TENIR LEUR
PAROLE*

Chacun comprend combien il est louable pour un prince d'être fidèle à sa parole et d'agir toujours franchement et sans artifice. De notre temps, néanmoins, nous avons vu de grandes choses exécutées par des princes qui faisaient peu de cas de cette fidélité et qui savaient en imposer aux hommes par la ruse. Nous avons vu ces princes l'emporter enfin sur ceux qui prenaient la loyauté pour base de toute leur conduite.

On peut combattre de deux manières : ou avec les lois, ou avec la force. La première est propre à l'homme, la seconde est celle des bêtes ; mais comme souvent celle-là ne suffit point, on est obligé de recourir à l'autre : il faut donc qu'un prince sache agir à propos, et en bête et en homme. C'est ce que les anciens écrivains ont enseigné allégoriquement, en racontant qu'Achille et plusieurs autres héros de l'antiquité avaient été confiés au centaure Chiron, pour qu'il les nourrît et les élevât.

Par là, en effet, et par cet instituteur moitié homme et moitié bête, ils ont voulu signifier qu'un prince doit avoir en quelque sorte ces deux natures, et que l'une a besoin d'être soutenue par l'autre. Le prince devant donc agir en bête, tâchera d'être tout à la fois renard et lion : car, s'il n'est que lion, il n'apercevra point les pièges ; s'il n'est que renard, il ne se défendra point contre les loups ; et il a également besoin d'être renard pour connaître les pièges, et lion pour épouvanter les loups. Ceux qui s'en tiennent tout simplement à être lions sont très malhabiles.

Un prince bien avisé ne doit point accomplir sa promesse lorsque cet accomplissement lui serait nuisible, et que les raisons qui l'ont déterminé à promettre n'existent plus : tel est le précepte à donner. Il ne serait pas bon sans doute, si les hommes étaient tous gens de bien ; mais comme ils sont méchants, et qu'assurément ils ne vous tiendraient point leur parole, pourquoi devriez-vous leur tenir la vôtre ? Et d'ailleurs, un prince peut-il manquer de raisons légitimes pour colorer l'inexécution de ce qu'il a promis ?

À ce propos on peut citer une infinité d'exemples modernes, et alléguer un très grand nombre de traités de paix, d'accords de toute espèce, devenus vains et inutiles par l'infidélité des princes qui les avaient conclus. On peut faire voir que ceux qui ont su le mieux agir en renard sont ceux qui ont le plus prospéré.

Mais pour cela, ce qui est absolument nécessaire, c'est de savoir bien déguiser cette nature de renard, et de posséder parfaitement l'art et de simuler et de dissimuler. Les hommes sont si aveugles, si entraînés par le besoin du moment, qu'un trompeur trouve toujours quelqu'un qui se laisse tromper.

Parmi les exemples récents, il en est un que je ne veux point passer sous silence.

Alexandre VI ne fit jamais que tromper ; il ne pensait pas à autre chose, et il en eut toujours l'occasion et le moyen. Il n'y eut jamais d'homme qui affirmât une chose avec plus d'assurance, qui appuyât sa parole sur plus de serments, et qui les tint avec moins de scrupule : ses tromperies cependant lui réussirent toujours, parce qu'il en connaissait parfaitement l'art.

Ainsi donc, pour en revenir aux bonnes qualités énoncées ci-dessus, il n'est pas bien nécessaire qu'un prince les possède toutes ; mais il l'est qu'il paraisse les avoir. J'ose même dire que s'il les avait effectivement, et s'il les montrait toujours dans sa conduite, elles pourraient lui nuire, au lieu qu'il lui est toujours utile d'en avoir l'apparence. Il lui est toujours bon, par exemple, de paraître clément, fidèle, humain, religieux, sincère ; il l'est même d'être tout cela en réalité : mais il faut en même temps qu'il soit assez maître de lui pour pouvoir et savoir au besoin montrer les qualités opposées.

On doit bien comprendre qu'il n'est pas possible à un prince, et surtout à un prince nouveau, d'observer dans sa conduite tout ce qui fait que les hommes sont réputés gens de bien, et qu'il est souvent obligé, pour maintenir l'État, d'agir contre l'humanité, contre la charité, contre la religion même. Il faut donc qu'il ait l'esprit assez flexible pour se tourner à toutes choses, selon que le vent et les accidents de la fortune le commandent ; il faut, comme je l'ai dit, que tant qu'il le peut il ne s'écarte pas de la voie du bien, mais qu'au besoin il sache entrer dans celle du mal.

Il doit aussi prendre grand soin de ne pas laisser échapper une seule parole qui ne respire les cinq qualités que je viens de nommer ; en sorte qu'à le voir et à l'entendre on le croie tout plein de douceur, de sincérité, d'humanité, d'honneur, et principalement de religion, qui est encore ce dont il importe le plus d'avoir l'apparence : car les hommes, en général, jugent plus par leurs yeux que par leurs mains, tous étant à portée de voir, et peu de toucher. Tout le monde voit ce que vous paraissez ; peu connaissent à fond ce que vous êtes, et ce petit nombre n'osera point s'élever contre l'opinion de la majorité, soutenue encore par la majesté du pouvoir souverain.

Au surplus, dans les actions des hommes, et surtout des princes, qui ne peuvent être scrutées devant un tribunal, ce que l'on considère, c'est le résultat. Que le prince songe donc uniquement à conserver sa vie et son État : s'il y réussit, tous les moyens qu'il aura pris seront jugés honorables et loués par tout le monde. Le vulgaire est toujours séduit par l'apparence et par l'événement : et le vulgaire ne fait-il pas le monde ? Le petit nombre n'est écouté que lorsque le plus grand ne sait quel parti prendre ni sur quoi asseoir son jugement.

De notre temps, nous avons vu un prince [1] qu'il ne convient pas de nommer, qui jamais ne prêcha que paix et bonne foi, mais qui, s'il avait toujours respecté l'une et l'autre, n'aurait pas sans doute conservé ses États et sa réputation.

---

[1] *Ferdinand le Catholique, roi d'Aragon.*

CHAPITRE XIX

DE CONTEMPTU ET ODIO FUGIENDO

QU'IL FAUT ÉVITER D'ÊTRE MÉPRISÉ ET HAÏ

Après avoir traité spécialement, parmi les qualités que j'avais d'abord énoncées, celles que je regarde comme les principales, je parlerai plus brièvement des autres, me bornant à cette généralité, que le prince doit éviter avec soin toutes les choses qui le rendraient odieux et méprisable, moyennant quoi il aura fait tout ce qu'il avait à faire, et il ne trouvera plus de danger dans les autres reproches qu'il pourrait encourir.

Ce qui le rendrait surtout odieux, ce serait, comme je l'ai dit, d'être rapace, et d'attenter, soit au bien de ses sujets soit à l'honneur de leurs femmes. Pourvu que ces deux choses, c'est-à-dire les biens et l'honneur, soient respectées, le commun des hommes est content, et l'on n'a plus à lutter que contre l'ambition d'un petit nombre d'individus, qu'il est aisé et qu'on a mille moyens de réprimer.

Ce qui peut faire mépriser, c'est de paraître inconstant, léger, efféminé, pusillanime, irrésolu, toutes choses dont le prince doit se tenir loin comme d'un écueil, faisant en sorte que dans toutes ses actions on trouve de la grandeur, du courage, de la gravité, de la fermeté ; que l'on soit convaincu, quant aux affaires particulières de ses sujets, que ses décisions sont irrévocables, et que cette conviction s'établisse de telle manière dans leur esprit, que personne n'ose penser ni à le tromper ni à le circonvenir.

Le prince qui a donné de lui cette idée est très considéré, et il est difficile que l'on conspire contre celui qui jouit d'une telle considération ; il l'est même qu'on l'attaque quand on sait qu'il a de grandes qualités et qu'il est respecté par les siens.

Deux craintes doivent occuper un prince : l'intérieur de ses États et la conduite de ses sujets sont l'objet de l'une ; le dehors et les desseins des puissances environnantes sont celui de l'autre. Pour celle-ci, le moyen de se prémunir est d'avoir de bonnes armes et de bons amis ; et l'on aura toujours de bons amis quand on aura de bonnes armes : d'ailleurs, tant que le prince sera en sûreté et tranquille au dehors, il le sera aussi au dedans, à moins qu'il n'eût été déjà troublé par quelque conjuration ; et si même au dehors quelque entreprise est formée contre lui, il trouvera dans l'intérieur, comme j'ai déjà dit que Nabis, tyran de Sparte, les trouva, les moyens de résister à toute attaque, pourvu toutefois qu'il se soit conduit et qu'il ait gouverné conformément à ce que j'ai observé, et que de plus il ne perde point courage.

Pour ce qui est des sujets, ce que le prince peut en craindre, lorsqu'il est tranquille au dehors, c'est qu'ils ne conspirent secrètement contre lui ; mais, à cet égard, il est déjà bien garanti quand il a évité d'être haï et méprisé, et qu'il a fait en sorte que le peuple soit content de lui ; chose dont il est absolument nécessaire de venir à bout, ainsi que je l'ai établi. C'est là, en effet, la plus sûre garantie contre les conjurations ; car celui qui conjure croit toujours que la mort du prince sera agréable au peuple : s'il pensait qu'elle l'affligeât, il se garderait bien de concevoir un pareil dessein, qui présente de très grandes et de très nombreuses difficultés.

On sait par l'expérience que beaucoup de conjurations ont été formées, mais qu'il n'y en a que bien peu qui aient eu une heureuse issue. Un homme ne peut pas conjurer tout seul : il faut qu'il ait des associés ; et il ne peut en chercher que parmi ceux qu'il croit mécontents. Or, en confiant un projet de cette nature à un mécontent, on lui fournit le moyen de mettre un terme à son mécontentement ; car il peut compter qu'en révélant le secret, il sera amplement récompensé - et comme il voit là un profit assuré, tandis que la conjuration ne lui présente qu'incertitude et péril, il faut qu'il ait, pour ne point trahir, ou une amitié bien vive pour le conspirateur, on une haine bien obstinée pour le prince. En peu de mots, le conspirateur est toujours troublé par le soupçon, la jalousie, la frayeur du châtiment ; au lieu que le prince a pour lui la majesté de l'empire, l'autorité des lois, l'appui de ses amis, et tout ce qui fait la défense de l'État ; et si à tout cela se joint la bienveillance du peuple, il est impossible qu'il se trouve quelqu'un d'assez téméraire pour conjurer ; car, en ce cas, le conspirateur n'a pas seulement à craindre les dangers qui précèdent l'exécution, il doit encore redouter ceux qui suivront, et contre lesquels, ayant le peuple pour ennemi, il ne lui restera aucun refuge.

Sur cela on pourrait citer une infinité d'exemples, mais je me borne à un seul dont nos pères ont été les témoins.

Messire Annibal Bentivogli, aïeul de messire Annibal actuellement vivant, étant prince de Bologne, fut assassiné par les Canneschi, à la suite d'une conspiration qu'ils avaient tramée contre lui : il ne resta de sa famille que messire Giovanni, jeune enfant encore au berceau. Mais l'affection que le peuple bolonais avait en ce temps-là pour la maison Bentivogli fut cause qu'aussitôt après le meurtre il se souleva, et massacra tous les Canneschi. Cette affection alla même encore plus loin : comme après la mort de messire Annibal, il n'était resté personne qui pût gouverner l'État, et les Bolonais ayant su qu'il y avait un homme né de la famille Bentivogli qui vivait à Florence, où il passait pour le fils d'un artisan, ils allèrent le chercher, et lui confièrent le gouvernement, qu'il garda en effet jusqu'à ce que messire Giovanni fût en âge de tenir lui-même les rênes de l'État.

Encore une fois donc, un prince qui est aimé de son peuple a peu à craindre les conjurations ; mais s'il en est haï, tout, choses et hommes, est pour lui à redouter. Aussi les gouvernements bien réglés et les princes sages prennent-ils toujours très grand soin de satisfaire le peuple et de le tenir content sans trop chagriner les grands : c'est un des objets de la plus haute importance.

Parmi les royaumes bien organisés de notre temps, on peut citer la France, où il y a un grand nombre de bonnes institutions propres à maintenir l'indépendance et la sûreté du roi ; institutions entre lesquelles celle du parlement et de son autorité tient le premier rang. En effet, celui qui organisa ainsi la France, voyant, d'un côté, l'ambition et l'insolent orgueil des grands, et combien il était nécessaire de les réprimer ; considérant, de l'autre, la haine générale qu'on leur portait, haine enfantée par la crainte qu'ils inspiraient, et voulant en conséquence qu'il fût aussi pourvu à leur sûreté, pensa qu'il était à propos de n'en pas laisser le soin spécialement au roi, pour qu'il n'eût pas à encourir la haine des grands en favorisant le peuple, et celle du peuple en favorisant les grands. C'est pourquoi il trouva bon d'établir la tierce autorité d'un tribunal qui pût, sans aucune fâcheuse conséquence pour le roi, abaisser les grands et protéger les petits. Une telle institution était sans doute ce qu'on pouvait faire de mieux, de plus sage et de plus convenable pour la sûreté du prince et du royaume.

De là aussi on peut tirer une autre remarque : c'est que le prince doit se décharger sur d'autres des parties de l'administration qui peuvent être odieuses, et se réserver exclusivement celles des grâces ; en un mot, je le répète, il doit avoir des égards pour les grands, mais éviter d'être haï par le peuple.

En considérant la vie et la mort de plusieurs empereurs romains, on croira peut-être y voir des exemples contraires à ce que je viens de dire, car on en trouvera quelques-uns qui, s'étant toujours conduits avec sagesse, et ayant montré de grandes qualités, ne laissèrent pas de perdre l'empire, ou même de périr victimes de conjurations formées contre eux.

Pour répondre à cette objection, je vais examiner le caractère et la conduite de quelques-uns de ces empereurs, et faire voir que les causes de leur ruine ne présentent rien qui ne s'accorde avec ce que j'ai établi. Je ferai d'ailleurs quelques réflexions sur ce que les événements de ces temps-là peuvent offrir de remarquable à ceux qui lisent l'histoire. Je me bornerai cependant aux empereurs qui se succédèrent depuis Marc-Aurèle, jusqu'à Maximin, et qui sont : Marc-Aurèle, Commode son fils, Pertinax, Didius Julianus, Septime-Sévère, Antonin-Caracalla, son fils, Macrin, Hélio-gabale, Alexandre-Sévère et Maximin.

La première observation à faire est que, tandis que dans les autres États le prince n'a à lutter que contre l'ambition des grands et l'insolence des peuples, les empereurs romains avaient encore à surmonter une troisième difficulté, celle de se défendre contre la cruauté et l'avarice des soldats ; difficulté telle, qu'elle fut la cause de la ruine de plusieurs de ces princes. Il est très difficile, en effet, de contenter tout à la fois les soldats et les peuples ; car les peuples aiment le repos, et par conséquent, un prince modéré : les soldats, au contraire, demandent qu'il soit d'humeur guerrière, insolent, avide et cruel ; ils veulent même qu'il se montre tel envers le peuple, afin d'avoir une double paye, et d'assouvir leur avarice et leur cruauté. De là vint aussi la ruine de tous ceux des empereurs qui n'avaient point, soit par leurs qualités naturelles, soit par leurs qualités acquises, l'ascendant nécessaire pour contenir à la fois et les peuples et les gens de guerre. De là vint encore que la plupart, et ceux surtout qui étaient des princes nouveaux, voyant la difficulté de satisfaire des humeurs si opposées, prirent le parti de contenter les soldats, sans s'inquiéter de l'oppression du peuple.

Ce parti, au reste, était nécessaire à prendre ; car les princes, qui ne peuvent éviter d'être haïs par quelqu'un, doivent d'abord chercher à ne pas l'être par la multitude ; et, s'ils ne peuvent y réussir, ils doivent faire tous leurs efforts pour ne pas l'être au moins par la classe la plus puissante. C'est pour cela aussi que les empereurs, qui, comme princes nouveaux, avaient besoin d'appuis extraordinaires, s'attachaient bien plus volontiers aux soldats qu'au peuple ; ce qui pourtant ne leur était utile qu'autant qu'ils savaient conserver sur eux leur ascendant.

C'est en conséquence de tout ce que je viens de dire, que des trois empereurs Marc-Aurèle, Pertinax et Alexandre-Sévère, qui vécurent avec sagesse et modération, qui furent amis de la justice, ennemis de la cruauté, humains et bienfaisants, il n'y eut que le premier qui ne finit point malheureusement. Mais s'il vécut et mourut toujours honoré, c'est qu'ayant hérité de l'empire par droit de succession, il n'en fut redevable ni aux gens de guerre ni au peuple, et que d'ailleurs ses grandes et nombreuses vertus le firent tellement respecter, qu'il put toujours contenir tous les ordres de l'État dans les bornes du devoir, sans être ni haï ni méprisé.

Quand à Pertinax, les soldats, contre le gré de qui il avait été nommé empereur, ne purent supporter la discipline qu'il voulait rétablir après la licence dans laquelle ils avaient vécu sous Commode : il en fut donc haï. À cette haine se joignit le mépris qu'inspirait sa vieillesse, et il périt presque aussitôt qu'il eut commencé à régner. Sur quoi il y a lieu d'observer que la haine est autant le fruit des bonnes actions que des mauvaises ; d'où il suit, comme je l'ai dit, qu'un prince qui veut se maintenir est souvent obligé de n'être pas bon ; car lorsque la classe de sujets dont il croit avoir besoin, soit peuple, soit soldats, soit grands, est corrompue, il faut à tout prix la satisfaire pour ne l'avoir point contre soi ; et alors les bonnes actions nuisent plutôt qu'elles ne servent.

Enfin, pour ce qui concerne Alexandre-Sévère, sa bonté était telle, que, parmi les éloges qu'on en a faits, on a remarqué que, pendant les quatorze ans que dura son règne, personne ne fut mis à mort sans un jugement régulier. Mais, comme il en était venu à passer pour un homme efféminé, qui se laissait gouverner par sa mère, et que par là il était tombé dans le mépris, son armée conspira contre lui et le massacra.

Si nous venons maintenant aux empereurs qui montrèrent des qualités bien opposées, c'est-à-dire à Commode, Septime-Sévère, Antonin-Caracalla et Maximin, nous verrons qu'ils furent très cruels et d'une insatiable avidité ; que, pour satisfaire les soldats, ils n'épargnèrent au peuple aucune sorte d'oppression et d'injure, et qu'ils eurent tous une fin malheureuse, à l'exception seulement de Sévère, qui, par la grandeur de son courage et d'autres qualités éminentes, put, en se conservant l'affection des soldats, et bien qu'il accablât le peuple d'impôts, régner toujours heureusement ; car cette grandeur le faisait admirer des uns et des autres, de telle manière que les peuples demeuraient frappés comme d'étonnement et de stupeur, et que les soldats étaient respectueux et satisfaits. Sévère, au surplus, se conduisit très habilement comme prince nouveau : c'est pourquoi je m'arrêterai un moment à faire voir comment il sut bien agir en renard et en lion, deux animaux dont, comme je l'ai dit, un prince doit savoir revêtir les caractères.

Connaissant la lâcheté de Didius Julianus, qui venait de se faire proclamer empereur, il persuada aux troupes à la tête desquelles il se trouvait alors en Pannonie, qu'il était digne d'elles d'aller à Rome pour venger la mort de Pertinax, que la garde impériale avait égorgé ; et, sans découvrir les vues secrètes qu'il avait sur l'empire, il saisit ce prétexte, se hâta de marcher vers Rome avec son armée, et parut en Italie avant qu'on eût appris son départ. Arrivé à Rome, il fut proclamé empereur par le sénat épouvanté, et Julianus fut massacré. Ce premier pas fait, il lui restait, pour parvenir à être maître de tout l'État, deux obstacles à vaincre : l'un en Orient, où Niger s'était fait proclamer empereur par les armées d'Asie qu'il commandait ; l'autre en Occident, où Albin aspirait également à l'empire. Comme il voyait trop de danger à se déclarer en même temps contre ces deux compétiteurs, il se proposa d'attaquer Niger et de tromper Albin. En conséquence, il écrivit à ce dernier que, nommé empereur par le sénat, son intention était de partager avec lui la dignité impériale : il lui envoya donc le titre de César et se le fit adjoindre comme collègue, par un décret du sénat. Albin se laissa séduire par ces démonstrations, qu'il crut sincères. Mais lorsque Sévère eut fait mourir Niger, après l'avoir vaincu et que les troubles de l'Orient furent apaisés, il revint à Rome et se plaignit dans le sénat de la conduite d'Albin, l'accusa d'avoir montré peu de reconnaissance de tous les bienfaits dont il l'avait comblé, et d'avoir tenté secrètement de l'assassiner ; et il conclut en disant qu'il ne pouvait éviter de marcher contre lui pour le punir de son ingratitude. Il alla soudain l'attaquer dans les Gaules, où il lui ôta l'empire et la vie.

Telle fut la conduite de ce prince. Si l'on en suit pas à pas toutes les actions, on y verra partout éclater et l'audace du lion et la finesse du renard ; on le verra craint et révéré de ses sujets, et chéri même de ses soldats : on ne sera par conséquent point étonné de ce que, quoique homme nouveau, il pût se maintenir dans un si vaste empire ; car sa haute réputation le défendit toujours contre la haine que ses continuelles exactions auraient pu allumer dans le cœur de ses peuples.

Antonin-Caracalla, son fils, eut aussi comme lui d'éminentes qualités qui le faisaient admirer du peuple et chérir par les soldats. Son habileté dans l'art de la guerre, son mépris pour une nourriture recherchée et les délices de la mollesse, lui conciliaient l'affection des troupes ; mais sa cruauté, sa férocité inouïe, les meurtres nombreux et journaliers dont il frappa une partie des citoyens de Rome, le massacre général des habitants d'Alexandrie, le rendirent l'objet de l'exécration universelle : ceux qui l'entouraient eurent bientôt à trembler pour eux-mêmes ; et un centurion le tua au milieu de son armée.

Une observation importante résulte de ce fait : c'est qu'un prince ne peut éviter la mort lorsqu'un homme ferme et endurci dans sa vengeance a résolu de le faire périr ; car quiconque méprise sa vie est maître de celle des autres. Mais comme ces dangers sont rares, ils sont, par conséquent, moins à appréhender. Tout ce que le prince peut et doit faire à cet égard, c'est d'être attentif à n'offenser grièvement aucun de ceux qu'il emploie et qu'il a autour de lui pour son service ; attention que n'eut point Caracalla, qui avait fait mourir injustement un frère du centurion, par lequel il fut tué, qui le menaçait journellement lui-même, et qui néanmoins le conservait dans sa garde. C'était là sans doute une témérité qui ne pouvait qu'occasionner sa ruine, comme l'événement le prouva.

Pour ce qui est de Commode, fils et héritier de Marc-Aurèle, il avait certes toute facilité de se maintenir dans l'empire : il n'avait qu'à suivre les traces de son père pour contenter le peuple et les soldats. Mais, s'abandonnant à son caractère cruel et féroce, il voulut impunément écraser le peuple par ses rapines ; il prit le parti de caresser les troupes et de les laisser vivre dans la licence. D'ailleurs, oubliant tout le soin de sa dignité, on le voyait souvent descendre dans l'arène pour combattre avec les gladiateurs, et se livrer aux turpitudes les plus indignes de la majesté impériale. Il se rendit vil aux yeux mêmes de ses soldats. Ainsi, devenu tout à la fois l'objet de la haine des uns et du mépris des autres, on conspira contre lui, et il fut égorgé.

Il ne me reste plus qu'à parler de Maximin. Il possédait toutes les qualités qui font l'homme de guerre. Après la mort d'Alexandre-Sévère, dont j'ai parlé tout à l'heure, les armées, dégoûtées de la faiblesse de ce dernier prince, élevèrent Maximin à l'empire ; mais il ne le conserva pas longtemps. Deux choses contribuèrent à le faire mépriser et haïr. La première fut la bassesse de son premier état : gardien de troupeaux dans la Thrace, cette extraction, connue de tout le monde, le rendait vil à tous les yeux. La seconde fut la réputation de cruauté qu'il se fit aussitôt ; car, sans aller à Rome pour prendre possession du trône impérial, il y fit commettre par ses lieutenants, ainsi que dans toutes les parties de l'empire, des actes multipliés de rigueur. D'un côté, l'État, indigné de la bassesse de son origine, et, de l'autre, excité par la crainte qu'inspiraient ses barbaries, se souleva contre lui. Le signal fut donné par l'Afrique. Aussitôt le sénat et le peuple suivirent cet exemple, qui ne tarda pas à être imité par le reste de l'Italie. Bientôt à cette conspiration générale se joignit celle de ses troupes : elles assiégeaient Aquilée ; mais, rebutées par les difficultés du siège, lassées de ses cruautés, et commençant à le moins craindre depuis qu'elles le voyaient en butte à une multitude d'ennemis, elles se déterminèrent à le massacrer.

Je ne m'arrêterai maintenant à parler ni d'Héliogabale, ni de Macrin, ni de Didius Julianus, hommes si vils qu'ils ne firent que paraître sur le trône. Mais, venant immédiatement à la conclusion de mon discours, je dis que les princes modernes trouvent dans leur administration une difficulté de moins : c'est celle de satisfaire extraordinairement les gens de guerre. En effet, ils doivent bien, sans doute, avoir pour eux quelque considération ; mais il n'y a en cela nul grand embarras, car aucun de ces princes n'a les grands corps de troupes toujours subsistants, et amalgamés en quelque sorte par le temps avec le gouvernement et l'administration des provinces, comme l'étaient les armées romaines. Les empereurs étaient obligés de contenter les soldats plutôt que les peuples, parce que les soldats étaient les plus puissants ; mais aujourd'hui ce sont les peuples que les princes ont surtout à satisfaire. Il ne faut excepter à cet égard que le Grand Seigneur des Turcs et le Soudan.

J'excepte le Grand Seigneur, parce qu'il a toujours autour de lui un corps de douze mille hommes d'infanterie et de quinze mille de cavalerie ; que ces corps font sa sûreté et sa force, et qu'en conséquence il doit sur toutes choses, et sans songer au peuple, ménager et conserver leur affection.

J'excepte le Soudan, parce que ses États étant entièrement entre les mains des gens de guerre, il faut bien qu'il se concilie leur amitié, sans s'embarrasser du peuple.

Remarquons, à ce propos, que l'État du Soudan diffère de tous les autres, et qu'il ne ressemble guère qu'au pontificat des chrétiens, qu'on ne peut appeler ni principauté héréditaire, ni principauté nouvelle. En effet, à la mort du prince, ce ne sont point ses enfants qui héritent et règnent après lui ; mais son successeur est élu par ceux à qui appartient cette élection ; et du reste, comme cet ordre de choses est consacré par son ancienneté, il ne présente point les difficultés des principautés nouvelles : le prince, à la vérité, est nouveau, mais les institutions sont anciennes, ce qui le fait recevoir tout comme s'il était prince héréditaire. Revenons à notre sujet.

Quiconque réfléchira sur tout ce que je viens de dire, verra qu'en effet la ruine des empereurs dont j'ai parlé eut pour cause la haine ou le mépris, et il comprendra en même temps pourquoi les uns agissant d'une certaine manière, et les autres d'une manière toute différente, un seul, de chaque côté, a fini heureusement, tandis que tous les autres ont terminé leurs jours d'une façon misérable. Il concevra que ce fut une chose inutile et même funeste pour Pertinax et pour Alexandre-Sévère, princes nouveaux, de vouloir imiter Marc-Aurèle, prince héréditaire ; et que, pareillement, Caracalla, Commode et Maximin se nuisirent en voulant imiter Sévère, parce qu'ils n'avaient pas les grandes qualités nécessaires pour pouvoir suivre ses traces.

Je dis aussi qu'un prince nouveau peut et doit, non pas imiter, soit Marc-Aurèle, soit Sévère, mais bien prendre, dans l'exemple de Sévère, ce qui lui est nécessaire pour établir son pouvoir, et dans celui de Marc-Aurèle ce qui peut lui servir à maintenir la stabilité et la gloire d'un empire établi et consolidé depuis longtemps.

CHAPITRE XX

*SI LES FORTERESSES, ET PLUSIEURS AUTRES
CHOSES QUE FONT SOUVENT LES PRINCES,
LEUR SONT UTILES OU INUTILES*

Les princes ont employé différents moyens pour maintenir sûrement leurs États. Quelques-uns ont désarmé leurs sujets ; quelques autres ont entretenu, dans les pays qui leur étaient soumis, la division des partis : il en est qui ont aimé à fomenter des inimitiés contre eux-mêmes ; il y en a aussi qui se sont appliqués à gagner ceux qui, au commencement de leur règne, leur avaient paru suspects ; enfin quelques-uns ont construit des forteresses, et d'autres les ont démolies. Il est impossible de se former, sur ces divers moyens, une opinion bien déterminée, sans entrer dans l'examen des circonstances particulières de l'État auquel il serait question d'en appliquer quelqu'un. Je vais néanmoins en parler généralement et comme le sujet le comporte.

Il n'est jamais arrivé qu'un prince nouveau ait désarmé ses sujets ; bien au contraire, celui qui les a trouvés sans armes leur en a donné, car il a pensé que ces armes seraient à lui ; qu'en les donnant, il rendrait fidèles ceux qui étaient suspects ; que les autres se maintiendraient dans leur fidélité, et que tous, enfin, deviendraient ses partisans. À la vérité, tous les sujets ne peuvent pas porter les armes ; mais le prince ne doit pas craindre, en récompensant ceux qui les auront prises, d'indisposer les autres de manière qu'il ait quelque lieu de s'en inquiéter : les premiers, en effet, lui sauront gré de la récompense ; et les derniers trouveront à propos qu'il traite mieux ceux qui auront plus servi et se seront exposés à plus de dangers.

Le prince qui désarmerait ses sujets commencerait à les offenser, en leur montrant qu'il se défie de leur fidélité ; et cette défiance, quel qu'en fût l'objet, inspirerait de la haine contre lui. D'ailleurs, ne pouvant pas rester sans armes, il serait forcé de recourir à une milice mercenaire ; et j'ai déjà dit ce que c'est que cette milice, qui, lors même qu'elle serait bonne, ne pourrait jamais être assez considérable pour le défendre contre des ennemis puissants et des sujets irrités. Aussi, comme je l'ai déjà dit, tout prince nouveau dans une principauté nouvelle n'a jamais manqué d'y organiser une force armée. L'histoire en présente de nombreux exemples.

C'est quand un prince a acquis un État nouveau, qu'il adjoint à celui dont il était déjà possesseur, qu'il lui importe de désarmer les sujets du nouvel État, à l'exception toutefois de ceux qui se sont déclarés pour lui au moment de l'acquisition : encore convient-il qu'il leur donne la facilité de s'abandonner à la mollesse et de s'efféminer, et qu'il organise les choses de manière qu'il n'y ait plus d'armée que ses soldats propres, vivant dans son ancien État et auprès de sa personne.

Nos ancêtres, et particulièrement ceux qui passaient pour sages, disaient communément qu'il fallait contenir Pistoie au moyen des partis, et Pise par celui des forteresses. Ils prenaient soin aussi d'entretenir la division dans quelques-uns des pays qui leur étaient soumis, afin de les maintenir plus aisément. Cela pouvait être bon dans le temps où il y avait une sorte d'équilibre en Italie ; mais il me semble qu'on ne pourrait plus la conseiller aujourd'hui ; car je ne pense pas que les divisions pussent être bonnes à quelque chose. Il me paraît même que, quand l'ennemi approche, les pays divisés sont infailliblement et bientôt perdus ; car le parti faible se joindra aux forces extérieures, et l'autre ne pourra plus résister. Les Vénitiens, qui, je crois, pensaient à cet égard comme nos ancêtres, entretenaient les partis guelfe et gibelin dans les villes soumises à leur domination. À la vérité, ils ne laissaient pas aller les choses jusqu'à l'effusion du sang, mais ils fomentaient assez la division et les querelles pour que les habitants en fussent tellement occupés qu'ils ne songeassent point à sortir de l'obéissance. Cependant ils s'en trouvèrent mal ; et quand ils eurent perdu la bataille de Vailà, ces mêmes villes devinrent aussitôt audacieuses, et secouèrent le joug de l'autorité vénitienne.

Le prince qui emploie de pareils moyens décèle sa faiblesse et un gouvernement fort ne tolérera jamais les divisions : si elles sont de quelque utilité durant la paix, en donnant quelques facilités pour contenir les sujets, dès que la guerre s'allume, elles ne sont que funestes.

Les princes deviennent plus grands, sans doute, lorsqu'ils surmontent tous les obstacles qui s'opposaient à leur élévation. Aussi, quand la fortune veut agrandir un prince nouveau, qui a plus besoin qu'un prince héréditaire d'acquérir de la réputation, elle suscite autour de lui une foule d'ennemis contre lesquels elle le pousse, afin de lui fournir l'occasion d'en triompher, et lui donne ainsi l'occasion de s'élever au moyen d'une échelle que ses ennemis eux-mêmes lui fournissent. C'est pourquoi plusieurs personnes ont pensé qu'un prince sage doit, s'il le peut, entretenir avec adresse quelque inimitié, pour qu'en la surmontant il accroisse sa propre grandeur.

Les princes, et particulièrement les princes nouveaux, ont éprouvé que les hommes qui, au moment de l'établissement de leur puissance, leur avaient paru suspects, leur étaient plus fidèles et plus utiles que ceux qui d'abord s'étaient montrés dévoués. Pandolfo Petrucci, prince de Sienne, employait de préférence dans son gouvernement ceux que d'abord il avait suspectés.

Il serait difficile, sur cet objet, de donner des règles générales, et tout dépend des circonstances particulières. Aussi me bornerai-je à dire que, pour les hommes qui, au commencement d'une principauté nouvelle, étaient ennemis, et qui se trouvent dans une position telle, qu'ils ont besoin d'appui pour se maintenir, le prince pourra toujours très aisément les gagner, et que, de leur côté, ils seront forcés de le servir avec d'autant plus de zèle et de fidélité, qu'ils sentiront qu'ils ont à effacer, par leurs services, la mauvaise idée qu'ils lui avaient donné lieu de prendre d'eux. Ils lui seront par conséquent plus utiles que ceux qui, n'ayant ni les mêmes motifs ni la même crainte, peuvent s'occuper avec négligence de ses intérêts.

Et, puisque mon sujet m'y amène, je ferai encore observer à tout prince nouveau, qui s'est emparé de la principauté au moyen d'intelligences au dedans, qu'il doit bien considérer par quels motifs ont été déterminés ceux qui ont agi en sa faveur ; car, s'ils ne l'ont pas été par une affection naturelle, mais seulement par la raison qu'ils étaient mécontents de son gouvernement actuel, le nouveau prince aura une peine extrême à conserver leur amitié, car il lui sera impossible de les contenter.

En réfléchissant sur les exemples que les temps anciens et les modernes nous offrent à cet égard, on verra qu'il est beaucoup plus facile au prince nouveau de gagner ceux qui d'abord furent ses ennemis, parce qu'ils étaient satisfaits de l'ancien état des choses, que ceux qui se firent ses amis et le favorisèrent, parce qu'ils étaient mécontents.

Les princes ont été généralement dans l'usage, pour se maintenir, de construire des forteresses, soit afin d'empêcher les révoltes, soit afin d'avoir un lieu sûr de refuge contre une première attaque. J'approuve ce système, parce qu'il fut suivi par les anciens. De nos jours, cependant, nous avons vu Niccolo Vitelli démolir deux forteresses à Città di Castello, afin de se maintenir en possession de ce pays. Pareillement, le duc d'Urbin Guido Ubaldo, rentré dans son duché, d'où il avait été expulsé par César Borgia, détruisit jusqu'aux fondements toutes les citadelles qui s'y trouvaient, pensant qu'au moyen de cette mesure il risquerait moins d'être dépouillé une seconde fois. Enfin les Bentivogli, rétablis dans Bologne, en usèrent de même. Les forteresses sont donc utiles ou non, selon les circonstances, et même, si elles servent dans un temps, elles nuisent dans un autre. Sur quoi voici ce qu'on peut dire :

Le prince qui a plus de peur de ses sujets que des étrangers doit construire des forteresses ; mais il ne doit point en avoir s'il craint plus les étrangers que ses sujets : le château de Milan, construit par Francesco Sforza, a plus fait de tort à la maison de ce prince qu'aucun désordre survenu dans ses États. La meilleure forteresse qu'un prince puisse avoir est l'affection de ses peuples - s'il est haï, toutes les forteresses qu'il pourra avoir ne le sauveront pas ; car si ses peuples prennent une fois les armes, ils trouveront toujours des étrangers pour les soutenir.

De notre temps, nous n'avons vu que la comtesse de Forli tirer avantage d'une forteresse, où, après le meurtre de son mari, le comte de Girolamo, elle put trouver un refuge contre le soulèvement du peuple, et attendre qu'on lui eût envoyé de Milan le secours au moyen duquel elle reprit ses États. Mais, pour lors, les circonstances étaient telles, qu'aucun étranger ne put soutenir le peuple. D'ailleurs, cette même forteresse lui fut peu utile dans la suite, lorsqu'elle fut attaquée par César Borgia, et que le peuple, qui la détestait, put se joindre à cet ennemi. Dans cette dernière occasion, comme dans la première, il lui eût beaucoup mieux valu de n'être point haïe que d'avoir des forteresses.

D'après tout cela, j'approuve également ceux qui construiront des forteresses et ceux qui n'en construiront point ; mais je blâmerai toujours quiconque, comptant sur cette défense, ne craindra point d'encourir la haine des peuples.

CHAPITRE XXI

*COMMENT DOIT SE CONDUIRE UN PRINCE
POUR ACQUÉRIR DE LA RÉPUTATION*

Faire de grandes entreprises, donner par ses actions de rares exemples, c'est ce qui illustre le plus un prince. Nous pouvons, de notre temps, citer comme un prince ainsi illustré Ferdinand d'Aragon, actuellement roi d'Espagne, et qu'on peut appeler en quelque sorte un prince nouveau, parce que, n'étant d'abord qu'un roi bien peu puissant, la renommée et la gloire en ont fait le premier roi de la chrétienté.

Si l'on examine ses actions, on les trouvera toutes empreintes d'un caractère de grandeur, et quelques-unes paraîtront même sortir de la route ordinaire. Dès le commencement de son règne, il attaqua le royaume de Grenade ; et cette entreprise devint la base de sa grandeur. D'abord il la fit étant en pleine paix avec tous les autres États, et sans crainte, par conséquent, d'aucune diversion : elle lui fournit d'ailleurs le moyen d'occuper l'ambition des grands de la Castille, qui, entièrement absorbés dans cette guerre, ne pensèrent point à innover ; tandis que lui, de son côté, acquérait sur eux, par sa renommée, un ascendant dont ils ne s'aperçurent pas. De plus, l'argent que l'Église lui fournit et celui qu'il leva sur les peuples le mirent en état d'entretenir des armées qui, formées par cette longue suite de guerres, le firent tant respecter par la suite. Après cette entreprise, et se couvrant toujours du manteau de la religion pour en venir à de plus grandes, il s'appliqua avec une pieuse cruauté à persécuter les Maures et à en purger son royaume : exemple admirable, et qu'on ne saurait trop méditer. Enfin, sous ce même prétexte de la religion, il attaqua l'Afrique ; puis il porta ses armes dans l'Italie ; et, en dernier lieu, il fit la guerre à la France : de sorte qu'il ne cessa de former et d'exécuter de grands desseins, tenant toujours les esprits de ses sujets dans l'admiration et dans l'attente des événements. Toutes ces actions, au surplus, se succédèrent et furent liées les unes aux autres, de telle manière qu'elles ne laissaient ni le temps de respirer, ni le moyen d'en interrompre le cours.

Ce qui peut servir encore à illustrer un prince, c'est d'offrir, comme fit messire Barnabo Visconti, duc de Milan, dans son administration intérieure, et quand l'occasion s'en présente, des exemples singuliers, et qui donnent beaucoup à parler, quant à la manière de punir ou de récompenser ceux qui, dans la vie civile, ont commis de grands crimes ou rendu de grands services ; c'est d'agir, en toute circonstance, de telle façon qu'on soit forcé de le regarder comme supérieur au commun des hommes.

On estime aussi un prince qui se montre franchement ami ou ennemi, c'est-à-dire qui sait se déclarer ouvertement et sans réserve pour ou contre quelqu'un ; ce qui est toujours un parti plus utile à prendre que de demeurer neutre.

En effet, quand deux puissances qui vous sont voisines en viennent aux mains, il arrive de deux choses l'une : elles sont ou elles ne sont pas telles que vous ayez quelque chose à craindre de la part de celle qui demeurera victorieuse. Or, dans l'une et l'autre hypothèse, il vous sera utile de vous être déclaré ouvertement et d'avoir fait franchement la guerre. En voici les raisons.

Dans le premier cas : ne vous êtes-vous point déclaré, vous demeurez la proie de la puissance victorieuse, et cela à la satisfaction et au contentement de la puissance vaincue, qui ne sera engagée par aucun motif à vous défendre ni même à vous donner asile. La première, effectivement, ne peut pas vouloir d'un ami suspect, qui ne sait pas l'aider au besoin ; et, quant à la seconde, pourquoi vous accueillerait-elle, vous qui aviez refusé de prendre les armes en sa faveur et de courir sa fortune ?

Antiochus étant venu dans la Grèce, où l'appelaient les Étoliens, dans la vue d'en chasser les Romains, envoya des orateurs aux Achéens, alliés de ce dernier peuple, pour les inviter à demeurer neutres. Les Romains leur en envoyèrent aussi pour les engager au contraire à prendre les armes en leur faveur. L'affaire étant mise en discussion dans le conseil des Achéens, et les envoyés d'Antiochus insistant pour la neutralité, ceux des Romains répondirent, en s'adressant aux Achéens : « Quant au conseil qu'on vous donne de ne prendre aucune part dans notre guerre, et qu'on vous présente comme le meilleur et le plus utile pour votre pays, il n'y en a point qui pût vous être plus funeste ; car si vous le suivez, vous demeurez le prix du vainqueur sans vous être acquis la moindre gloire, et sans qu'on vous ait la moindre obligation. »

Un gouvernement doit compter que toujours celle des deux parties belligérantes qui n'est point son amie lui demandera qu'il demeure neutre, et que celle qui est amie voudra qu'il se déclare en prenant les armes.

Ce parti de la neutralité est celui qu'embrassent le plus souvent les princes irrésolus, qu'effrayent les dangers présents, et c'est celui qui, le plus souvent aussi, les conduit à leur ruine.

Vous êtes-vous montré résolument et vigoureusement pour une des deux parties, elle ne sera point à craindre pour vous si elle demeure victorieuse, alors même qu'elle serait assez puissante pour que vous vous trouvassiez à sa discrétion ; car elle vous sera obligée : elle aura contracté avec vous quelque lien d'amitié ; et les hommes ne sont jamais tellement dépourvus de tout sentiment d'honneur, qu'ils veuillent accabler ceux avec qui ils ont de tels rapports, et donner ainsi l'exemple de la plus noire ingratitude. D'ailleurs, les victoires ne sont jamais si complètes que le vainqueur puisse se croire affranchi de tout égard, et surtout de toute justice. Mais si cette partie belligérante, pour laquelle vous vous êtes déclaré, se trouve vaincue, du moins vous pouvez compter d'en être aidé autant qu'il lui sera possible, et d'être associé à une fortune qui peut se rétablir.

Dans la seconde hypothèse, c'est-à-dire quand les deux puissances rivales ne sont point telles que vous ayez à craindre quelque chose de la part de celle qui demeurera victorieuse, la prudence vous conseille encore plus de vous déclarer pour l'une des deux. Que s'ensuivra-t-il, en effet ? C'est que vous aurez ruiné une de ces puissances par le moyen et avec le secours d'une autre qui, si elle eût été sage, aurait dû la soutenir, et qui se trouvera à votre discrétion après la victoire que votre appui doit infailliblement lui faire obtenir.

Sur cela, au reste, j'observe qu'un prince ne doit jamais, ainsi que je l'ai déjà dit, s'associer à un autre plus puissant que lui pour en attaquer un troisième, à moins qu'il n'y soit contraint par la nécessité, car la victoire le mettrait à la discrétion de cet autre plus puissant ; et les princes doivent, sur toutes choses, éviter de se trouver à la discrétion d'autrui. Les Vénitiens s'associèrent avec la France contre le duc de Milan ; et de cette association, qu'ils pouvaient éviter, résulta leur ruine.

Que si une pareille association est inévitable, comme elle le fut pour les Florentins, lorsque le pape et l'Espagne firent marcher leurs troupes contre la Lombardie, il faut bien alors qu'on s'y détermine, quoi qu'il en puisse arriver.

Au surplus, un gouvernement ne doit point compter qu'il ne prendra jamais que des partis bien sûrs : on doit penser, au contraire, qu'il n'en est point où il ne se trouve quelque incertitude. Tel est effectivement l'ordre des choses, qu'on ne cherche jamais à fuir un inconvénient sans tomber dans un autre ; et la prudence ne consiste qu'à examiner, à juger les inconvénients et à prendre comme bon ce qui est le moins mauvais.

Un prince doit encore se montrer amateur des talents, et honorer ceux qui se distinguent dans leur profession. Il doit encourager ses sujets, et les mettre à portée d'exercer tranquillement leur industrie, soit dans le commerce, soit dans l'agriculture, soit dans tous les autres genres de travaux auxquels les hommes se livrent ; en sorte qu'il n'y en ait aucun qui s'abstienne ou d'améliorer ses possessions, dans la crainte qu'elles ne lui soient enlevées, ou d'entreprendre quelque négoce de peur d'avoir à souffrir des exactions. Il doit faire espérer des récompenses à ceux qui forment de telles entreprises, ainsi qu'à tous ceux qui songent à accroître la richesse et la grandeur de l'État. Il doit de plus, à certaines époques convenables de l'année, amuser le peuple par des fêtes, des spectacles ; et, comme tous les citoyens d'un État sont partagés en communautés d'arts ou en tribus, il ne saurait avoir trop d'égards pour ces corporations ; il paraîtra quelquefois dans leurs assemblées, et montrera toujours de l'humanité et de la magnificence, sans jamais compromettre néanmoins la majesté de son rang, majesté qui ne doit l'abandonner dans aucune circonstance.

CHAPITRE XXII

DES SECRÉTAIRES DES PRINCES

Ce n'est pas une chose de peu d'importance pour un prince que le choix de ses ministres, qui sont bons ou mauvais selon qu'il est plus ou moins sage lui-même. Aussi, quand on veut apprécier sa capacité, c'est d'abord par les personnes qui l'entourent que l'on en juge. Si elles sont habiles et fidèles, on présume toujours qu'il est sage lui-même, puisqu'il a su discerner leur habileté et s'assurer de leur fidélité ; mais on en pense tout autrement si ces personnes ne sont point telles ; et le choix qu'il en a fait ayant dû être sa première opération, l'erreur qu'il y a commise est d'un très fâcheux augure. Tous ceux qui apprenaient que Pandolfo Petrucci, prince de Sienne, avait choisi messire Antonio da Venafro pour son ministre, jugeaient par là même que Pandolfo était un prince très sage et très éclairé.

On peut distinguer trois ordres d'esprit, savoir : ceux qui comprennent par eux-mêmes, ceux qui comprennent lorsque d'autres leur démontrent, et ceux enfin qui ne comprennent ni par eux-mêmes, ni par le secours d'autrui. Les premiers sont les esprits supérieurs, les seconds les bons esprits, les troisièmes les esprits nuls. Si Pandollo n'était pas du premier ordre, certainement il devait être au moins du second, et cela suffisait ; car un prince qui est en état, sinon d'imaginer, du moins de juger de ce qu'un autre fait et dit de bien et de mal, sait discerner les opérations bonnes ou mauvaises de son ministre, favoriser les unes, réprimer les autres, ne laisser aucune espérance de pouvoir le tromper, et contenir ainsi le ministre lui-même dans son devoir.

Du reste, si un prince veut une règle certaine pour connaître ses ministres, on peut lui donner celle-ci : Voyez-vous un ministre songer plus à lui-même qu'à vous, et rechercher son propre intérêt dans toutes ses actions, jugez aussitôt qu'il n'est pas tel qu'il doit être, et qu'il ne peut mériter votre confiance ; car l'homme qui a l'administration d'un État dans les mains doit ne jamais penser à lui mais doit toujours penser au prince, et ne l'entretenir que de ce qui tient à l'intérêt de l'État.

Mais il faut aussi que, de son côté, le prince pense à son ministre, s'il veut le conserver toujours fidèle ; il faut qu'il l'environne de considération, qu'il le comble de richesses, qu'il le fasse entrer en partage de tous les honneurs et de toutes les dignités, pour qu'il n'ait pas lieu d'en souhaiter davantage ; que, monté au comble de la faveur, il redoute le moindre changement, et qu'il soit bien convaincu qu'il ne pourrait se soutenir sans l'appui du prince.

Quand le prince et le ministre sont tels que je le dis, ils peuvent se livrer l'un à l'autre avec confiance : s'ils ne le sont point, la fin sera également fâcheuse pour tous les deux.

CHAPITRE XXIII

QUOMODO ADULATORES SINT FUGIENDI

COMMENT ON DOIT FUIR LES FLATTEURS

Je ne négligerai point de parler d'un article important, et d'une erreur dont il est très difficile aux princes de se défendre, s'ils ne sont doués d'une grande prudence, et s'ils n'ont l'art de faire de bons choix ; il s'agit des flatteurs, dont les cours sont toujours remplies.

Si, d'un côté, les princes aveuglés par l'amour-propre ont peine à ne pas se laisser corrompre par cette peste, de l'autre, ils courent un danger en la fuyant : c'est celui de tomber dans le mépris. Ils n'ont effectivement qu'un bon moyen de se prémunir contre la flatterie, c'est de faire bien comprendre qu'on ne peut leur déplaire en leur disant la vérité : or, si toute personne peut dire librement à un prince ce qu'elle croit vrai, il cesse bientôt d'être respecté.

Quel parti peut-il donc prendre pour éviter tout inconvénient ? Il doit, s'il est prudent, faire choix dans ses États de quelques hommes sages, et leur donner, mais à eux seuls, liberté entière de lui dire la vérité, se bornant toutefois encore aux choses sur lesquelles il les interrogera. Il doit, du reste, les consulter sur tout, écouter leurs avis, résoudre ensuite par lui-même ; il doit encore se conduire, soit envers tous les conseillers ensemble, soit envers chacun d'eux en particulier, de manière à les persuader qu'ils lui agréent d'autant plus qu'ils parlent avec plus de franchise ; il doit enfin ne vouloir entendre aucune autre personne, agir selon la détermination prise, et s'y tenir avec fermeté.

Le prince qui en use autrement est ruiné par les flatteurs, ou il est sujet à varier sans cesse, entraîné par la diversité des conseils ; ce qui diminue beaucoup sa considération. Sur quoi je citerai un exemple récent. Le prêtre Lucas, agent de Maximilien, actuellement empereur, disait de ce prince « qu'il ne prenait jamais conseil de personne, et qu'il ne faisait jamais rien d'après sa volonté ». Maximilien, en effet, est un homme fort secret, qui ne se confie à qui que ce soit, et ne demande aucun avis ; mais ses desseins venant à être connus à mesure qu'ils sont mis à exécution, ils sont aussitôt contredits par ceux qui l'entourent, et par faiblesse il s'en laisse détourner : de là vient que ce qu'il fait un jour, il le défait le lendemain ; qu'on ne sait jamais ce qu'il désire ni ce qu'il se propose, et qu'on ne peut compter sur aucune de ses déterminations.

Un prince doit donc toujours prendre conseil, mais il doit le faire quand il veut, et non quand d'autres le veulent ; il faut même qu'il ne laisse à personne la hardiesse de lui donner son avis sur quoi que ce soit, à moins qu'il ne le demande ; mais il faut aussi qu'il ne soit pas trop réservé dans ses questions, qu'il écoute patiemment la vérité, et que lorsque quelqu'un est retenu, par certains égards, de la lui dire, il en témoigne du déplaisir.

Ceux qui prétendent que tel ou tel prince qui paraît sage ne l'est point effectivement, parce que la sagesse qu'il montre ne vient pas de lui-même, mais des bons conseils qu'il reçoit, avancent une grande erreur ; car c'est une règle générale, et qui ne trompe jamais, qu'un prince qui n'est point sage par lui-même ne peut pas être bien conseillé, à moins que le hasard ne l'ait mis entièrement entre les mains de quelque homme très habile, qui seul le maîtrise et le gouverne ; auquel cas, du reste, il peut, à la vérité, être bien conduit, mais pour peu de temps, car le conducteur ne tardera pas à s'emparer du pouvoir. Mais hors de là, et lorsqu'il sera obligé d'avoir plusieurs conseillers, le prince qui manque de sagesse les trouvera toujours divisés entre eux, et ne saura point les réunir. Chacun de ces conseillers ne pensera qu'à son intérêt propre, et il ne sera en état ni de les reprendre, ni même de les juger : d'où il s'ensuivra qu'il n'en aura jamais que de mauvais, car ils ne seront point forcés par la nécessité à devenir bons. En un mot, les bons conseils, de quelque part qu'ils viennent, sont le fruit de la sagesse du prince, et cette sagesse n'est point le fruit des bons conseils.

CHAPITRE XXIV

CUR ITALIAE PRINCIPES REGNUM AMISERUNT

POURQUOI LES PRINCES D'ITALIE ONT PERDU LEURS ÉTATS

Le prince nouveau qui conformera sa conduite à tout ce que nous avons remarqué sera regardé comme ancien, et bientôt même il sera plus sûrement et plus solidement établi que si son pouvoir avait été consacré par le temps. En effet, les actions d'un prince nouveau sont beaucoup plus examinées que celles d'un prince ancien ; et quand elles sont jugées vertueuses, elles lui gagnent et lui attachent bien plus les cœurs que ne pourrait faire l'ancienneté de la race ; car les hommes sont bien plus touchés du présent que du passé ; et quand leur situation actuelle les satisfait, ils en jouissent sans penser à autre chose ; ils sont même très disposés à maintenir et à défendre le prince, pourvu que d'ailleurs il ne se manque point à lui-même.

Le prince aura donc une double gloire, celle d'avoir fondé un État nouveau, et celle de l'avoir orné, consolidé par de bonnes lois, de bonnes armes, de bons alliés et de bons exemples ; tandis qu'au contraire, il y aura une double honte pour celui qui, né sur le trône, l'aura laissé perdre par son peu de sagesse.

Si l'on considère la conduite des divers princes d'Italie qui, de notre temps, ont perdu leurs États, tels que le roi de Naples, le duc de Milan et autres, on trouvera d'abord une faute commune à leur reprocher, c'est celle qui concerne les forces militaires, et dont il a été parlé au long ci-dessus. En second lieu, on reconnaîtra qu'ils s'étaient attirés la haine du peuple, ou qu'en possédant son amitié, ils n'ont pas su s'assurer des grands. Sans de telles fautes, on ne perd point des États assez puissants pour mettre une armée en campagne.

Philippe de Macédoine, non pas le père d'Alexandre le Grand, mais celui qui fut vaincu par T. Quintus Flaminius, ne possédait qu'un petit État en comparaison de la grandeur de la république romaine et de la Grèce, par qui il fut attaqué ; néanmoins, comme c'était un habile capitaine, et qu'il avait su s'attacher le peuple et s'assurer des grands, il se trouva en état de soutenir la guerre durant plusieurs années ; et si, à la fin, il dut perdre quelques villes, du moins il conserva son royaume.

Que ceux de nos princes qui, après une longue possession, ont été dépouillés de leurs États, n'en accusent donc point la fortune, mais qu'ils s'en prennent à leur propre lâcheté. N'ayant jamais pensé, dans les temps de tranquillité, que les choses pouvaient changer, semblables en cela au commun des hommes qui, durant le calme, ne s'inquiètent point de la tempête, ils ont songé, quand l'adversité s'est montrée, non à se défendre, mais à s'enfuir, espérant être rappelés par leurs peuples, que l'insolence du vainqueur aurait fatigués. Un tel parti peut être bon à prendre quand on n'en a pas d'autre ; mais il est bien honteux de s'y réduire : on ne se laisse pas tomber, dans l'espoir d'être relevé par quelqu'un. D'ailleurs, il n'est pas certain qu'en ce cas un prince soit ainsi rappelé ; et, s'il l'est, ce ne sera pas avec une grande sûreté pour lui, car un tel genre de défense l'avilit et ne dépend pas de sa personne. Or il n'y a pour un prince de défense bonne, certaine, et durable, que celle qui dépend de lui-même et de sa propre valeur.

CHAPITRE XXV

QUANTUM FORTUNA IN REBUS HUMANIS POSSIT, ET QUOMODO ILLI SIT OCCURRENDUM

COMBIEN, DANS LES CHOSES HUMAINES, LA FORTUNE A DE POUVOIR, ET COMMENT ON PEUT Y RÉSISTER

Je n'ignore point que bien des gens ont pensé et pensent encore que Dieu et la fortune régissent les choses de ce monde de telle manière que toute la prudence humaine ne peut en arrêter ni en régler le cours : d'où l'on peut conclure qu'il est inutile de s'en occuper avec tant de peine, et qu'il n'y a qu'à se soumettre et à laisser tout conduire par le sort. Cette opinion s'est surtout propagée de notre temps par une conséquence de cette variété de grands événements que nous avons cités, dont nous sommes encore témoins, et qu'il ne nous était pas possible de prévoir - aussi suis-je assez enclin à la partager.

Néanmoins, ne pouvant admettre que notre libre arbitre soit réduit à rien, j'imagine qu'il peut être vrai que la fortune dispose de la moitié de nos actions, mais qu'elle en laisse à peu près l'autre moitié en notre pouvoir. Je la compare à un fleuve impétueux qui, lorsqu'il déborde, inonde les plaines, renverse les arbres et les édifices, enlève les terres d'un côté et les emporte vers un autre : tout fuit devant ses ravages, tout cède à sa fureur ; rien n'y peut mettre obstacle. Cependant, et quelque redoutable qu'il soit, les hommes ne laissent pas, lorsque l'orage a cessé, de chercher à pouvoir s'en garantir par des digues, des chaussées et autres travaux ; en sorte que, de nouvelles crues survenant, les eaux se trouvent contenues dans un canal, et ne puissent plus se répandre avec autant de liberté et causer d'aussi grands ravages. Il en est de même de la fortune, qui montre surtout son pouvoir là où aucune résistance n'a été préparée, et porte ses fureurs là où elle sait qu'il n'y a point d'obstacle disposé pour l'arrêter.

Si l'on considère l'Italie, qui est le théâtre et la source des grands changements que nous avons vus et que nous voyons s'opérer, on trouvera qu'elle ressemble à une vaste campagne qui n'est garantie par aucune sorte de défense. Que si elle avait été prémunie, comme l'Allemagne, l'Espagne et la France, contre le torrent, elle n'en aurait pas été inondée, ou du moins elle n'en aurait pas autant souffert.

Me bornant à ces idées générales sur la résistance qu'on peut opposer à la fortune, et venant à des observations plus particularisées, je remarque d'abord qu'il n'est pas extraordinaire de voir un prince prospérer un jour et déchoir le lendemain, sans néanmoins qu'il ait changé, soit de caractère, soit de conduite. Cela vient, ce me semble, de ce que j'ai déjà assez longuement établi, qu'un prince qui s'appuie entièrement sur la fortune tombe à mesure qu'elle varie. Il me semble encore qu'un prince est heureux ou malheureux, selon que sa conduite se trouve ou ne se trouve pas conforme au temps où il règne. Tous les hommes ont en vue un même but : la gloire et les richesses ; mais, dans tout ce qui a pour objet de parvenir à ce but, ils n'agissent pas tous de la même manière : les uns procèdent avec circonspection, les autres avec impétuosité ; ceux-ci emploient la violence, ceux-là usent d'artifice ; il en est qui sont patients, il en est aussi qui ne le sont pas du tout : ces diverses façons d'agir quoique très différentes, peuvent également réussir. On voit d'ailleurs que de deux hommes qui suivent la même marche, l'un arrive et l'autre n'arrive pas ; tandis qu'au contraire deux autres qui marchent très différemment, et, par exemple, l'un avec circonspection et l'autre avec impétuosité, parviennent néanmoins pareillement à leur terme : or d'où cela vient-il, si ce n'est de ce que les manières de procéder sont ou ne sont pas conformes aux temps ? C'est ce qui fait que deux actions différentes produisent un même effet, et que deux actions pareilles ont des résultats opposés. C'est pour cela encore que ce qui est bien ne l'est pas toujours. Ainsi, par exemple, un prince gouverne-t-il avec circonspection et patience : si la nature et les circonstances des temps sont telles que cette manière de gouverner soit bonne, il prospérera ; mais il décherra, au contraire, si, la nature et les circonstances des temps changeant, il ne change pas lui-même de système.

Changer ainsi à propos, c'est ce que les hommes, même les plus prudents ne savent point faire, soit parce qu'on ne peut agir contre son caractère, soit parce que, lorsqu'on a longtemps prospéré en suivant une certaine route, on ne peut se persuader qu'il soit bon d'en prendre une autre. Ainsi l'homme circonspect, ne sachant point être impétueux quand il le faudrait, est lui-même l'artisan de sa propre ruine. Si nous pouvions changer de caractère selon le temps et les circonstances, la fortune ne changerait jamais.

Le pape Jules II fit toutes ses actions avec impétuosité ; et cette manière d'agir se trouva tellement conforme aux temps et aux circonstances, que le résultat en fut toujours heureux. Considérez sa première entreprise, celle qu'il fit sur Bologne, du vivant de messire Giovanni Bentivogli : les Vénitiens la voyaient de mauvais œil, et elle était un sujet de discussion pour l'Espagne et la France ; néanmoins, Jules s'y précipita avec sa résolution et son impétuosité naturelles, conduisant lui-même en personne l'expédition ; et, par cette hardiesse, il tint les Vénitiens et l'Espagne en respect, de telle manière que personne ne bougea : les Vénitiens, parce qu'ils craignaient, et l'Espagne, parce qu'elle désirait recouvrer le royaume de Naples en entier. D'ailleurs, il entraîna le roi de France à son aide ; car ce monarque, voyant que le pape s'était mis en marche, et souhaitant gagner son amitié, dont il avait besoin pour abaisser les Vénitiens, jugea qu'il ne pouvait lui refuser le secours de ses troupes sans lui faire une offense manifeste. Jules obtint donc, par son impétuosité, ce qu'un autre n'aurait pas obtenu avec toute la prudence humaine ; car s'il avait attendu, pour partir de Rome, comme tout autre pape aurait fait, que tout eût été convenu, arrêté, préparé, certainement il n'aurait pas réussi. Le roi de France, en effet, aurait trouvé mille moyens de s'excuser auprès de lui, et les autres puissances en auraient eu tout autant de l'effrayer.

Je ne parlerai point ici des autres opérations de ce pontife, qui, toutes conduites de la même manière, eurent pareillement un heureux succès. Du reste, la brièveté de sa vie ne lui a pas permis de connaître les revers qu'il eût probablement essuyés s'il était survenu dans un temps où il eût fallu se conduire avec circonspection ; car il n'aurait jamais pu se départir du système de violence auquel ne le portait que trop son caractère.

Je conclus donc que, la fortune changeant, et les hommes s'obstinant dans la même manière d'agir, ils sont heureux tant que cette manière se trouve d'accord avec la fortune ; mais qu'aussitôt que cet accord cesse, ils deviennent malheureux.

Je pense, au surplus, qu'il vaut mieux être impétueux que circonspect ; car la fortune est femme : pour la tenir soumise, il faut la traiter avec rudesse ; elle cède plutôt aux hommes qui usent de violence qu'à ceux qui agissent froidement : aussi est-elle toujours amie des jeunes gens, qui sont moins réservés, plus emportés, et qui commandent avec plus d'audace.

CHAPITRE XXVI

EXHORTATIO AD CAPESSENDAM ITALIAM IN LIBERTATEMQUE A BARBARIS VINDICANDAM

EXHORTATION À DÉLIVRER L'ITALIE DES BARBARES

En réfléchissant sur tout ce que j'ai exposé ci-dessus, et en examinant en moi-même si aujourd'hui les temps seraient tels en Italie, qu'un prince nouveau pût s'y rendre illustre, et si un homme prudent et courageux trouverait l'occasion et le moyen de donner à ce pays une nouvelle forme, telle qu'il en résultât de la gloire pour lui et de l'utilité pour la généralité des habitants, il me semble que tant de circonstances concourent en faveur d'un pareil dessein, que je ne sais s'il y eut jamais un temps plus propice que celui-ci pour ces grands changements.

Et si, comme je l'ai dit, il fallait que le peuple d'Israël fût esclave des Égyptiens, pour connaître la vertu de Moïse ; si la grandeur d'âme de Cyrus ne pouvait éclater qu'autant que les Perses seraient opprimés par les Mèdes ; si enfin, pour apprécier toute la valeur de Thésée, il était nécessaire que les Athéniens fussent désunis : de même, en ces jours, pour que quelque génie pût s'illustrer, il était nécessaire que l'Italie fût réduite au terme où nous la voyons parvenue ; qu'elle fût plus opprimée que les Hébreux, plus esclave que les Perses, plus désunie que les Athéniens, sans chefs, sans institutions, battue, déchirée, envahie, et accablée de toute espèce de désastres.

Jusqu'à présent, quelques lueurs ont bien paru lui annoncer de temps en temps un homme choisi de Dieu pour sa délivrance ; mais bientôt elle a vu cet homme arrêté par la fortune dans sa brillante carrière, et elle en est toujours à attendre, presque mourante, celui qui pourra fermer ses blessures, faire cesser les pillages et les saccagements que souffre la Lombardie, mettre un terme aux exactions et aux vexations qui accablent le royaume de Naples et la Toscane, et guérir enfin ses plaies si invétérées qu'elles sont devenues fistuleuses.

On la voit aussi priant sans cesse le ciel de daigner lui envoyer quelqu'un qui la délivre de la cruauté et de l'insolence des barbares. On la voit d'ailleurs toute disposée, toute prête à se ranger sous le premier étendard qu'on osera déployer devant ses yeux. Mais où peut-elle mieux placer ses espérances qu'en votre illustre maison, qui, par ses vertus héréditaires, par sa fortune, par la faveur de Dieu et par celle de l'Église, dont elle occupe actuellement le trône, peut véritablement conduire et opérer cette heureuse délivrance.

Elle ne sera point difficile, si vous avez sous les yeux la vie et les actions de ces héros que je viens de nommer. C'étaient, il est vrai, des hommes rares et merveilleux ; mais enfin c'étaient des hommes ; et les occasions dont ils profitèrent étaient moins favorables que celle qui se présente. Leurs entreprises ne furent pas plus justes que celle-ci, et ils n'eurent pas plus que vous ne l'avez, la protection du ciel. C'est ici que la justice brille dans tout son jour, car la guerre est toujours juste lorsqu'elle est nécessaire, et les armes sont sacrées lorsqu'elles sont l'unique ressource des opprimés. Ici, tous les vœux du peuple vous appellent ; et, au milieu de cette disposition unanime, le succès ne peut être incertain : il suffit que vous preniez exemple sur ceux que je vous ai proposés pour modèles.

Bien plus, Dieu manifeste sa volonté par des signes éclatants : la mer s'est entrouverte, une nue lumineuse a indiqué le chemin, le rocher a fait jaillir des eaux de son sein, la manne est tombée dans le désert ; tout favorise ainsi votre grandeur. Que le reste soit votre ouvrage : Dieu ne veut pas tout faire, pour ne pas nous laisser sans mérite et sans cette portion de gloire qu'il nous permet d'acquérir.

Qu'aucun des Italiens dont j'ai parlé n'ait pu faire ce qu'on attend de votre illustre maison ; que, même au milieu de tant de révolutions que l'Italie a éprouvées, et de tant de guerres dont elle a été le théâtre, il ait semblé que toute valeur militaire y fût éteinte, c'est de quoi l'on ne doit point s'étonner : cela est venu de ce que les anciennes institutions étaient mauvaises, et qu'il n'y a eu personne qui sût en trouver de nouvelles. Il n'est rien cependant qui fasse plus d'honneur à un homme qui commence à s'élever que d'avoir su introduire de nouvelles lois et de nouvelles institutions : si ces lois, si ces institutions posent sur une base solide, et si elles présentent de la grandeur, elles le font admirer et respecter de tous les hommes.

L'Italie, au surplus, offre une matière susceptible des réformes les plus universelles. C'est là que le courage éclatera dans chaque individu, pourvu que les chefs n'en manquent pas eux-mêmes. Voyez dans les duels et les combats entre un petit nombre d'adversaires combien les Italiens sont supérieurs en force, en adresse, en intelligence. Mais faut-il qu'ils combattent réunis en armée, toute leur valeur s'évanouit. Il faut en accuser la faiblesse des chefs ; car, d'une part, ceux qui savent ne sont point obéissants, et chacun croit savoir ; de l'autre, il ne s'est trouvé aucun chef assez élevé, soit par son mérite personnel, soit par la fortune, au-dessus des autres, pour que tous reconnussent sa supériorité et lui fussent soumis. Il est résulté de là que, pendant si longtemps, et durant tant de guerres qui ont eu lieu depuis vingt années, toute armée uniquement composée d'Italiens n'a éprouvé que des revers, témoins d'abord le Taro, puis Alexandrie, Capoue, Gênes, Vailà, Cologne et Mestri.

Si votre illustre maison veut imiter les grands hommes qui, en divers temps, délivrèrent leur pays, ce qu'elle doit faire avant toutes choses, et ce qui doit être la base de son entre prise, c'est de se pourvoir de forces nationales, car ce sont les plus solides, les plus fidèles, les meilleures qu'on puisse posséder : chacun des soldats qui les composent étant bon personnellement, deviendra encore meilleur lorsque tous réunis se verront commandés, honorés, entretenus par leur prince. C'est avec de telles armes que la valeur italienne pourra repousser les étrangers.

L'infanterie suisse et l'infanterie espagnole passent pour être terribles ; mais il y a dans l'une et dans l'autre un défaut tel, qu'il est possible d'en former une troisième, capable non seulement de leur résister, mais encore de les vaincre. En effet, l'infanterie espagnole ne peut se soutenir contre la cavalerie, et l'infanterie suisse doit craindre toute autre troupe de même nature qui combattra avec la même obstination qu'elle. On a vu aussi, et l'on verra encore, la cavalerie française défaire l'infanterie espagnole, et celle-ci détruire l'infanterie suisse ; de quoi il a été fait, sinon une expérience complète, au moins un essai dans la bataille de Ravenne, où l'infanterie espagnole se trouva aux prises avec les bataillons allemands, qui observent la même discipline que les Suisses : on vit les Espagnols, favorisés par leur agilité et couverts de leurs petits boucliers, pénétrer par-dessous les lances dans les rangs de leurs adversaires, les frapper sans risque et sans que les Allemands puissent les en empêcher ; et ils les auraient détruits jusqu'au dernier, si la cavalerie n'était venue les charger eux-mêmes à leur tour.

Maintenant que l'on connaît le défaut de l'une et de

l'autre de ces deux infanteries, on peut en organiser une nouvelle qui sache résister à la cavalerie et ne point craindre d'autres fantassins. Il n'est pas nécessaire pour cela de créer un nouveau genre de troupe ; il suffit de trouver une nouvelle organisation, une nouvelle manière de combattre ; et c'est par de telles inventions qu'un prince nouveau acquiert de la réputation et parvient à s'agrandir.

Ne laissons donc point échapper l'occasion présente. Que l'Italie, après une si longue attente, voie enfin paraître son libérateur ! Je ne puis trouver de termes pour exprimer avec quel amour, avec quelle soif de vengeance, avec quelle fidélité inébranlable, avec quelle vénération et quelles larmes de joie il serait reçu dans toutes les provinces qui ont tant souffert de ces inondations d'étrangers ! Quelles portes pourraient rester fermées devant lui ? Quels peuples refuseraient de lui obéir ? Quelle jalousie s'opposerait à ses succès ? Quel Italien ne l'entourerait de ses respects ? Y a-t-il quelqu'un dont la domination des barbares ne fasse bondir le cœur ?

Que votre illustre maison prenne donc sur elle ce noble fardeau avec ce courage et cet espoir du succès qu'inspire une entreprise juste et légitime ; que, sous sa bannière, la commune patrie ressaisisse son ancienne splendeur, et que, sous ses auspices, ces vers de Pétrarque puissent enfin se vérifier !

Virtù contra furore
Prenderà l'arme, e fia'l combatter corto ;
Che l'antico valore
Negl'italici cor non è ancor morto.

Petrarca, Canz. XVI, V. 93-96

Contre la Fureur, la Vertu
Prendra les armes et le combat tournera court ;
Car dans les cœurs italiques,
Point n'est morte encore l'antique valeur [1].

---

[1] *Trad. H.w.D*

L'Art de la Guerre

(Dell'arte della guerra)

Traduction de
Toussaint Guiraudet

———

1521

À Lorenzo Strozzi [1], *gentilhomme florentin.*

On a soutenu, Lorenzo, et l'on soutient encore tous les jours qu'il n'y a rien qui ait moins de rapport, rien qui diffère autant l'un de l'autre que la vie civile de la vie militaire. Aussi, quelqu'un embrasse-t-il le parti des armes, il quitte aussitôt avec l'habit, les mœurs les habitudes, la voix même et le maintien de la ville. Cet extérieur, en effet, ne peut convenir à quiconque veut être rapide et prêt à commettre toute espèce de violence ; on ne saurait garder des usages, des formes que l'on juge être efféminés, peu favorables à ses nouvelles occupations ; et peut-il être convenable de conserver l'extérieur et le langage ordinaire à celui qui, avec des blasphèmes et de la barbe, veut faire peur aux autres hommes ! Ce qui a lieu de nos jours rend cette opinion très vraie et cette conduite très conséquente.

Mais si l'on considère le système politique des Anciens, l'on verra qu'il n'y avait point de conditions plus unies que ces deux-là, plus conformes et plus rapprochées par un mutuel sentiment de bienveillance. Et, en effet, tous les établissements créés pour l'avantage commun de la société, toutes les institutions formées pour inspirer la crainte de Dieu et des lois seraient vaines si une force publique n'était destinée à les faire respecter ; et lorsque

---

[1] *Lorenzo di Filippo Strozzi : puissant banquier, allié des Médicis.*

celle-ci est bien organisée, elle supplée aux vices mêmes de la constitution. Sans ce secours, l'État le mieux constitué finit par se dissoudre : semblable à ces palais magnifiques qui, brillants dans l'intérieur d'or et de pierreries, manquent d'un toit qui les défende des injures du temps.

Chez les Anciens, dans les républiques comme dans les monarchies, s'il y avait quelque classe de citoyens à qui on cherchât à inspirer de préférence la fidélité aux lois, l'amour de la paix et le respect des dieux, c'était surtout aux citoyens soldats. De qui, en effet, la patrie doit-elle attendre plus de fidélité que de celui qui a promis de mourir pour elle ? Qui doit plus chérir la paix que celui qui peut le plus souffrir de la guerre ? Qui doit enfin plus respecter Dieu que celui qui, en s'exposant chaque jour à une foule de dangers, a le plus besoin des secours du ciel ? Ces vérités avaient été bien senties de leurs législateurs et de leurs généraux ; Aussi, chacun se plaisait à célébrer et s'efforçait de suivre les mœurs austères et pures des camps. Mais la discipline militaire s'étant tout à fait corrompue et entièrement écartée des règles anciennes, il en est résulté ces funestes opinions qui répandent partout la haine pour les militaires et l'aversion pour leur commerce.

Quant à moi, après avoir réfléchi sur ce que j'ai vu et lu, il me semble qu'il ne serait pas impossible de rappeler l'état militaire à sa première institution, et de lui rendre quelque chose de son ancienne vertu. J'ai donc résolu, afin de ne pas passer dans l'inaction ce temps de mon loisir, d'écrire pour les partisans de l'Antiquité, ce que je ne puis savoir de *L'Art de la guerre*. Je n'ignore pas qu'il est téméraire d'écrire sur un métier que l'on n'a jamais exercé ; je ne crois pas cependant que l'on puisse le faire de grands reproches d'oser occuper, sur le papier seulement, un poste de général, dont beaucoup d'autres se sont chargés en réalité avec une plus forte présomption encore. Les erreurs où je puis tomber en écrivant peuvent être rectifiées, et n'auront nui à personne ; mais les fautes de ceux-là ne sont aperçues que par la ruine des empires.

C'est à vous, Lorenzo, à apprécier mon travail ; vous jugerez qu'il mérite la louange ou le blâme. Je vous l'offre comme un trop faible gage de la reconnaissance que je vous dois pour tous vos bienfaits. Il est d'usage de dédier ces sortes d'ouvrages aux hommes distingués par leur naissance, leurs richesses, leurs talents et leur générosité. Il n'y a pas beaucoup d'hommes qui puissent vous être comparés pour la naissance ou la fortune, bien peu pour les talents et aucun pour les qualités libérales.

NM.

LIVRE PREMIER

Persuadé qu'il est permis de louer un homme qui, n'est plus, puisque la mort écarte de nous tout motif, tout soupçons même de flatterie, je ne craindrais pas de payer ici un juste tribut d'éloges à mon ami *Cosimo Rucellai* [1], dont je ne puis me rappeler le nom sans verser des larmes. Il possédait toutes les qualités qu'un ami désire dans son ami et que la patrie réclame dans ses enfants. Il n'est aucun bien, je crois, qu'il n'eût volontiers sacrifié pour ses amis ; et il n'est point d'entreprise si hardie dont il eût pu s'effrayer s'il y eût vu attaché quelque avantage pour sa patrie. Je déclare que, parmi tous les hommes que j'ai connus et fréquentés, je n'en ai pas rencontré de plus susceptible de s'enflammer au récit des grandes et belles actions. Le seul regret qu'au lit de mort il exprimait à ses amis, c'était de mourir au milieu de ses foyers, jeune et dépourvu de gloire, sans qu'aucun important service eût pu signaler sa carrière. Il sentait qu'il n'y avait rien à dire de lui, sinon qu'il avait été fidèle à l'amitié. Mais à défaut de ses actions, je puis, avec quelques-uns de ceux qui l'ont également connu, rendre un juste témoignage à ses brillantes qualités. Ce n'est pas que la fortune lui ait été tellement contraire, qu'il n'ai pu nous transmettre quelques souvenirs de la délicatesse de son esprit : il a laissé plusieurs écrits et, entre autres, un recueil de vers

---

[1] *Cosimo Rucellai (mort en 1519) appartenait à une riche famille florentine. Son grand-père, Bernardo (1448-1514), homme politique et humaniste, avait fondé dans ses jardins (Orti Oricellari) un cénacle littéraire.*

érotiques, auxquels il s'exerça dans sa jeunesse, sans avoir aucun objet réel d'amour, mais seulement pour occuper son temps jusqu'à ce que la fortune eût pu tourner son esprit vers de plus hautes pensées. On peut voir par ces écrits avec que succès il savait exprimer ses pensées et quel nom illustre il se serait acquis dans la poésie s'il en eût fait l'unique objet de ses études.

La mort m'ayant donc enlevé cet ami si cher, je ne puis autant qu'il est en moi, remédier à sa perte qu'en m'occupant de sa mémoire, et en me rappelant ces différents traits qui marquent ou la pénétration de son esprit ou la sagesse de sa raison ; et, à cet égard, je ne puis citer rien de plus récent que l'entretien qu'il eut dans ses jardins avec *Fabrizio Colonna* [1] où celui-ci parla avec tant d'étendue sur l'art de la guerre, et où *Cosimo* se fit remarquer par des questions si heureuses et si sensées. J'étais présent à cette conversation, ainsi que quelques-uns de nos amis ; et je me suis déterminé à l'écriture pour que ceux des amis de *Cosimo*, qui en ont été comme moi les témoins, se rappellent de nouveau et son talent et ses vertus. Ses autres amis regretteront de n'avoir pu s'y trouver, et pourront retirer quelque utilité des sages leçons qu'y donna non seulement sur l'art militaire, mais même sur la vie civile, un des hommes les plus éclairés de ce siècle.

---

[1] *Fabrice Colonna, principal interlocuteur de ces dialogues, était un capitaine fort expérimenté, aussi habile pour le conseil, et qui, comme la plupart de ces petits princes, chefs de troupes ou condottieri, se vendaient au plus offrant. Il avait d'abord suivi le parti des Français, et avait reçu de Charles VIII de grands biens dans le royaume de Naples ; mais quand il vit que les affaires des Français déclinaient en Italie, il s'attacha au parti des Espagnols. Il reçut de Charles Quint la charge de connétable de Naples et mourut en 1520.*

Fabrizio Colonna, à son retour de la Lombardie, où il avait longtemps combattu avec gloire pour le roi d'Espagne, passa par Florence, s'y arrêta quelques jours pour visiter le grand-duc [1], et revoir quelques gentilshommes avec lesquels il avait été lié autrefois. *Cosimo* résolut de l'inviter dans ses jardins, non pas tant pour faire éclater sa magnificence que pour être à portée de discourir longtemps avec lui. Il crut ne pas devoir laisser échapper l'occasion de recueillir, sur les importantes questions qui faisaient l'objet de ses pensées habituelles, les divers renseignements qu'il devait naturellement attendre d'un tel homme. Fabrizio accepta cette invitation. Plusieurs des amis de Cosimo s'y trouvaient également réunis, entre autres *Zanobi Bundelmonti*, *Battista Della Palla* et *Luigi Alamanni*, tous jeunes gens fort aimés de Cosimo, passionnés des mêmes objets d'études que lui. Je ne retracerai pas ici ni leur mérite ni leurs rares qualités ; ils nous en donnent tous les jours les preuves les plus brillantes. Fabrizio fut reçu avec toutes les distinctions convenables au lieu, aux personnes et aux circonstances.

Lorsque le repas fut achevé, qu'on eut levé les tables et que les convives eurent joui de tous les plaisirs de la fête, sorte de distraction à laquelle les grands hommes occupés de plus hautes pensées n'accordent d'ordinaire que peu de temps, Cosimo, toujours attentif au principal objet qu'il s'était proposé, prit occasion de l'excès de la chaleur (on était alors aux plus longs jours de l'été) pour conduire la compagnie dans la partie la plus retirés et sous les ombrages les plus épais de ses jardins. Arrivés là, les uns s'assirent sur l'herbe, les autres sur des sièges placés sous des arbres touffus. Fabrizio trouva cet endroit

---

[1] *Laurent de Médicis (1492-1519), père de Catherine de Médicis, reçut le duché d'Urbin en 1515. Il est le dédicataire du Prince.*

enchanté ; il considéra particulièrement quelques-uns de ces arbres qu'il avait peine à reconnaître ; *Cosimo* s'en aperçut : « Une partie de ces arbres vous est peut-être inconnue, lui dit-il ; il ne faut pas s'en étonner, car la plupart étaient plus recherchés des Anciens qu'ils ne le sont parmi nous. » Il lui en dit les noms, et lui raconta comme son grand-père *Bernardo* [1] s'était singulièrement occupé de cette culture. « J'avais déjà pensé à ce que vous dites, répliqua Fabrizio ; ce goût de votre grand-père et ce lieu me rappellent quelques princes du royaume de Naples qui ont les mêmes goûts et se plaisent à ce genre de culture. » Alors il s'arrêta quelques instants comme indécis s'il devait poursuivre : « Si je ne craignais à cet égard... que craindre après tout ; je parle à des amis ; et ce que je vais dire est uniquement par forme de conversation et non pour offenser qui que ce soit. Oh ! combien il vaudrait mieux, ce me semble, imiter les anciens dans leur mâle vigueur et leur austérité que dans leur luxe et leur mollesse ; dans ce qu'ils pratiquaient aux ardeurs du soleil que dans ce qu'ils faisaient à l'ombre ! C'est à l'Antiquité, dans sa source pure et avant qu'elle fût corrompue, qu'il faut aller puiser pour en prendre les mœurs. Ce fut lorsque de semblables goûts s'emparèrent des Romains que ma patrie fut perdue. » Cosimo lui répondit. (Mais pour éviter l'ennui de répéter si souvent : celui-ci dit, celui-là répliqua, je dirai seulement, sans rien ajouter, les noms des interlocuteurs.)

COSIMO. Vous avez ouvert un entretien e-tel que je le désirais. Je vous conjure de me parler avec une entière liberté, car c'est ainsi que je me permettrai de vous interroger ; et si, dans mes questions ou mes réponses, j'excuse ou je condamne quelqu'un, ce sera sans aucune

---

intention de ma part ou d'excuser ou d'accuser, mais seulement pour apprendre de vous la vérité.

FABRIZIO. Je serai charmé de vous dire tout ce que je saurai sur les diverses questions que vous pourrez me faire. Vous jugerez si je vous dis vrai ou non. Au reste, j'entendrai vos questions avec grand plaisir : elles me seront aussi utiles que pourront vous l'être mes réponses. L'homme qui sait interroger nous découvre des points de vue et nous offre une foule d'idées qui, sans cela, ne se seraient jamais présentées à notre esprit.

COS. Je reviens à e que vous me disiez d'abord, que mon grand-père et vos princes napolitains eussent mieux fait d'imiter les Anciens dans leur mâle vigueur que dans leur mollesse. Ici, je veux excuser mon grand-père ; quant aux autres, je vous en laisse le soin. Je ne crois pas qu'il y ait eu de son temps un homme qui détestait plus que lu la mollesse, et qui aimât davantage cette austérité dont vous venez de faire l'éloge ; mais il sentait qu'il ne pouvait exercer lui-même cette vertu, ni la faire pratique à ses enfants, dans un siècle tellement corrompu que celui qui s'aviserait de s'écarter des usages accoutumés serait ridiculisé de chacun. Qu'un homme, à l'exemple de Diogène [1], au milieu de l'été, à la plus grande ardeur du soleil, se roule nu sur le sable, ou sur la neige pendant les glaces d'hiver, il serait traité de fou : qu'un autre élève ses enfants à la campagne, comme des Spartiates, qu'il les fasse dormir en plein air, marcher la tête et les pieds nus, et baigner dans l'eau froide en hiver, pour les endurcir à la douleur, pour affaiblir en eux l'amour de la vie et leur inspirer le mépris de la mort, non seulement il sera ridiculisé, mais il sera regardé moins comme un homme

---

[1] *Diogène le Cynique ; voir Diogène Laërce, Vies des philosophes, VI 2.*

que comme une bête féroce. Si quelqu'un aujourd'hui ne vivait que de légumes, comme Fabricius [1], et méprisait les richesses, il ne serait loué que du petit nombre, et imité de personne. Aussi mon grand-père, effrayé de l'ascendant des mœurs actuelles, n'osa pas embrasser les mœurs antiques et se contenta d'imiter les Anciens dans ce qui ne pouvait exciter un bien grand scandale.

FABR. Vous avez, à cet égard, parfaitement excusé votre grand-père, et vus avez raison sans doute ; mais ce que je proposais de rappeler parmi nous, c'était moins ces mœurs dures et austères que des usages plus faciles, plus conformes à notre lanière d'être actuelle, et que chaque citoyen revêtu de quelque autorité pourrait sans peine introduire dans sa patrie. Je citerai encore les Romains ; il en faut toujours revenir à eux. Si l'on examine avec attention leurs institutions et leurs mœurs, on y remarquera beaucoup de choses qu'on pourrait faire revivre aisément dans une société qui ne serait pas tout à fait corrompue.

COS. Puis-je vous demander en quoi il serait bon de les imiter ?

FABR. Il faudrait, comme eux, honorer e récompenser la vertu, ne point mépriser la pauvreté ; estimer les instructions et la discipline militaires ; engager les citoyens à se chérir mutuellement, à fuir les factions, à référer l'avantage commun à leur bien particulier ; et pratiquer enfin d'autres vertus semblables, qui sont très compatibles avec ces sentiments si, après y avoir fortement pensé, l'on s'attachait aux véritables moyens d'exécution. Ils sont si frappants de vérité qu'ils seraient à la portée des esprits les

---

[1] *Fabricius Luccinus, consul romain réputé pour sa simplicité et son désintéressement.*

plus communs. Celui qui obtiendrait un pareil succès aurait planté des arbres à l'ombre desquels il passerait des plus heureux jours encore que ceux-ci.

Cos. Je ne veux rien répliquer à ce que vous avez dit ; c'est à ceux qui sont en état d'avoir une opinion à cet égard à prononcer. Mais, pour mieux éclaircir mes doutes, je m'adresserai à vous-même qui accusez si vivement ceux de vos contemporains qui, dans les circonstances importantes de la vie, négligent d'imiter les Anciens, et je vous demanderai pourquoi, si vous croyez que cette négligence nous fasse dévier de la véritable route, vous n'avez point cherché à appliquer quelques usages de ces mêmes Anciens à l'art de la guerre qui est votre métier et qui vous a acquis une si grande réputation.

FABR. Nous voilà arrivés où je vous attendais. Ce que j'ai dit jusqu'ici fait que pour m'attirer cette question ; c'est tout ce que je désirais. J'aurais une excuse pour vous échapper ; mais, puisque le temps le permet, je veux pour votre satisfaction et la mienne propre traiter plus à fond ce sujet. Les hommes qui méditent quelque entreprise doivent d'abord s'y disposer par tous leurs moyens pour être en état d'agir à la première occasion. Et comme ces dispositions faites avec prudence doivent être ignorées, ils ne peuvent être accusés de négligence si l'occasion ne se présente pas à eux. Si elle arrive enfin, et qu'ils n'en ont fait aucune ; et comme, à mon égard, l'occasion ne s'est jamais offerte de faire connaître les dispositions que j'ai préparées pour ramener les armées à leur antique institution, personne ne peut m'accuser de n'avoir rien fait. Il me semble que cette excuse suffirait pour répondre à votre reproche.

Cos. Oui, si j'étais sûr que l'occasion ne s'est jamais présentée.

FABR. Comme, en effet, vous pouvez douter qu'elle se soit offerte à moi ou non, je veux vous entretenir au long, puisque vous avez la bonté de m'entendre, des dispositions préparatoires qu'i faut prendre ; de l'espèce d'occasion qui doit se présenter ; des obstacles qui s'opposent au succès de ces dispositions et qui empêchent l'occasion de naître. Je veux vous expliquer enfin, quoique cela paraisse contradictoire, comment cette entreprise est à la fois très difficile et très aisée.

COS. Vous ne pouvez rien faire de plus agréable à mes amis et à moi ; et si vous ne vous fatiguez pas à parler, nous ne nous lasserons assurément pas de vous entendre. Mais, comme j'espère que cet entretien sera long, je vous demande la permission de m'aider de leur secours ; nous vous supplions d'avance de permettre que nous vous importunions de nos questions ; et si quelquefois nous osons vous interrompre…

FABR. Je serai charmé, Cosimo, des questions que vous me ferez, vous et vos jeunes amis ; votre jeunesse doit vous donner le goût de l'art militaire et plus de condescendance pour mes opinions. Les vieillards à la tête blanchie et au sang glacé, ou n'aiment point à entendre parler guerre, ou sont incorrigibles dans leurs préjugés. Ils s'imaginent que c'est la corruption des temps, et non les mauvaises institutions, qui nous réduisent à l'état où nous sommes. Ainsi, interrogez-moi sans crainte ; je vous le demande, pour avoir d'abord le temps de respirer un peu, et parce que j'aimerais à ne laisser aucun doute dans votre esprit.

Je reviens à ce que vous disiez, qu'à la guerre, *qui est mon métier*, je n'avais adopté aucun usage des Anciens. À cela je réponds que la guerre faite comme métier ne peut être honnêtement exercée par les particuliers, dans aucun temps ; la guerre doit être seulement le métier des gouvernements, républiques ou royaumes. Jamais un État bien constitué ne permit à ses citoyens ou à ses sujets de l'exercer pour eux-mêmes, et jamais enfin un homme de bien ne l'embrassa comme sa profession particulière. Puis-je, en effet, regarder comme un homme de bien celui qui se destine à une profession qui l'entraîne, s'il veut qu'elle lui soit constamment utile, à la violence, à la rapine, à la perfidie et à la foule d'autres vices qui en font nécessairement un malhonnête homme ! Or, dans ce métier, personne, grand ou petit, ne peut s'échapper à ce danger, puisqu'il ne les nourrit dans la paix, ni les uns ni les autres. Pour vivre, ils sont alors forcés d'agir comme s'il n'y avait point de paix, à moins qu'ils ne se soient engraissés pendant la guerre de manière à ne pas redouter la paix. Certes, ces deux moyens d'exister ne conviennent guère à un homme de bien. De là naissent les vols, les assassinats, les violences de toute espèce, que de semblables soldats se permettent sur leurs amis comme sur leurs ennemis. Leurs chefs ayant besoin d'éloigner la paix imaginent mille ruses pour faire durer la guerre, et si la première arrive enfin, forcés de renoncer à leur solde et à la licence de leurs habitudes, ils lèvent une bande d'aventuriers et saccagent sans pitié des provinces entières.

Ne vous rappelez-vous pas cette terrible époque pour l'Italie où, à la fin de la guerre ayant laissé une foule de soldats sans paie, ils se formèrent en compagnie et allaient, imposant les châteaux et ravageant le pays, sans que rien pût les arrêter ? Avez-vous oublié qu'après la première guerre punique, les soldats carthaginois s'étant réunis sous les ordres de Mathon et de Spendion, deux chefs créés tumultuairement par eux, ils firent à Carthage une guerre beaucoup plus dangereuse que celle qu'elle venait de soutenir contre les Romains [1] ? Et du temps de nos pères,

Francesco Sforza [1], pour conserver pendant la paix une honorable existence, non seulement battit les Milanais qui le tenaient à leur solde, mais il leur enleva encore leur liberté et s'établit leur souverain.

Telle a été la conduite de tous les autres soldats d'Italie qui ont fait de la guerre leur unique métier ; et si tous ne sont pas devenus des ducs de Milan, ils n'en sont que plus répréhensibles, puisqu'ils ont commis les mêmes crimes, sans avoir en vue d'aussi grands avantages. Sforza [2], le père de Francesco, força la reine Jeanne de se jeter dans les bras du roi d'Aragon, en l'abandonnant tout à coup et la laissant sans défense au milieu de ses ennemis. Il n'avait d'autre motif que d'assouvir son ambition, de lever chez elle de fortes contributions, ou même de lui enlever ses États. Braccio [3] chercha par les mêmes moyens à s'emparer du royaume de Naples ; il eût réussi s'il n'eût été vaincu et tué à Aquila. Tous ces désordres sont venus seulement de ce que tous ces hommes avaient fait de la guerre leur unique métier. N'avez-vous pas chez vous un proverbe qui vient à l'appui de mon opinion ? *La guerre fait les voleurs, et la paix les fait prendre.* Lorsqu'en effet un individu qui vivait uniquement de la guerre a perdu ce moyen de subsister, s'il n'a pas assez de vertu pour savoir se courber, en homme d'honneur, sous le joug de la nécessité, il est forcé par le besoin à courir les grands chemins, et la justice à le faire pendre.

Cos. Vous me faites presque mépriser ce métier des armes que je regardais comme le plus beau et le plus

---

[1] *Voir aussi P., 12, D., III, 32. L'exemple est emprunté à Polybe, I 65-68.*

[1] *Condottiere au service de Philippe marie Visconti, après la mort de celui-ci, il s'empara du duché de Milan (1450). Cf. P., 1, 7, 14*

[2] *Muzio Attendolo Sforza (1369-1424), condottiere. Cf. H. F. I, 33, 38, 39.*

[3] *Andrea Braccio de Montone, dit Fortebracci (1368-1424), condottiere.*

honorable qu'on peut exercer. Aussi je serai mécontent de vous si vous le relevez un peu dans mon esprit ; sans cela, je ne saurais plus comment justifier la gloire de César, de pompée, de Scipion, de Marcellus, et de tant d'autres généraux romains que la renommée a placés, pour ainsi dire, au rang des dieux.

FABR. Permettez-moi d'achever le développement de mes deux propositions : l'une, qu'un honnête homme ne peut embrasser, pour profession, le métier des armes ; l'autre, qu'une république ou des royaumes sagement constitués ne l'ont jamais permis à leurs citoyens ou à leurs sujets. Je n'ai plus rien à vous entretenir de la seconde.

Mais avant, je vais répondre à votre observation. Certes, ce n'est pas comme des guerriers habiles et intrépides que Pompée, César, et presque tous les généraux qui sont apparus après la dernière guerre punique, ont acquis une si grande renommée ; mais ceux qui les ont précédés ont mérité la gloire par leur vertu, comme par leur habileté. D'où vient cette différence ? C'est que ceux-ci ne faisaient pas de la guerre leur unique métier ; et que ceux-là, au contraire, s'y étaient exclusivement livrés. Tant que la république se maintint pure, jamais un citoyen puissant n'entreprit de se servir de la profession des armes pour maintenir pendant la paix son autorité ; renverser toutes les lois, dépouiller les provinces, tyranniser sa patrie et tout soumettre à sa volonté. Jamais un citoyen des dernières classes du peuple n'osa violer son serment militaire, attacher sa fortune à celle des particuliers, braver l'autorité du Sénat, et concourir à des attentats contre la liberté, afin de pouvoir vivre en tout temps de son métier des armes. Les généraux, dans ces premiers temps, satisfaits des honneurs du triomphe, retournaient avec plaisir à la vie privée. Les simples soldats déposaient leurs armes avec plus de plaisir encore qu'ils ne les avaient prises et reprenaient leurs occupations accoutumées, sans avoir jamais conçu le projet de vivre du produit des armes et des dépouilles de la guerre.

On peut en citer un grand et mémorable exemple dans Atilius Regulus, qui, en général des armées romaines en Afrique, ayant presque entièrement vaincu les Carthaginois, demanda au Sénat la permission de revenir cultiver ses terres que ses fermiers avaient ruinées. Il est bien évident par là que, s'il eût fait de la guerre son métier, s'il eût pensé à se la rendre utile à lui-même, il n'eût jamais demandé, ayant sous sa main tant de riches provinces, à revenir cultiver son champ ; car il aurait pu gagner chaque jour beaucoup plus que ne valait le fonds même de tout son héritage.

Mais ces hommes vertueux, qui ne faisaient pas de la guerre leur unique profession, n'en voulaient retirer que des fatigues, des périls et de la gloire ; et, une fois chargés de ce précieux butin, ils ne voulaient que retourner dans leurs foyers pour y vivre de leur profession accoutumée. La conduite des simples soldats paraît avoir été la même. Ils quittaient, reprenaient cet exercice sans peine. N'étaient-ils point sous les armes ? Ils s'enrôlaient volontiers. Étaient-ils engagés ? ils ne demandaient pas mieux que d'avoir leur congé.

Je pourrais appuyer cette vérité de mille exemples ; mais je ne citerai qu'un fait : c'est qu'un des plus grands privilèges que le peuple romain accordait à un citoyen était de n'être pas forcé de servir contre sa volonté. Aussi, pendant les beaux jours de Rome, qui durèrent jusqu'aux Gracques, jamais il n'y eut un soldat qui fît de la guerre son métier ; et cependant on ne compta dans leurs armées qu'un très petit nombre de mauvais sujets, qui tous étaient sévèrement punis. Un État bien constitué doit donc ordonner aux citoyens l'art de la guerre comme un exercice, un objet d'étude pendant la paix ; et, pendant la guerre, comme un objet de nécessité et une occasion d'acquérir de la gloire, mais c'est au gouvernement seul, ainsi que le pratiqua celui de Rome, à l'exercer comme métier. Tout particulier qui un autre but dans l'exercice de la guerre est un mauvais citoyen ; tout État mal gouverne par d'autres principes est un État mal constitué.

COS. Je suis pleinement satisfait de tout ce que vous venez de dire, et j'aime fort votre conclusion ; mais je crois qu'elle n'est vraie que pour les républiques. Il me semble qu'il serait difficile de l'appliquer aux monarchies. Je suis porté à croire qu'un roi doit aimer à s'environner d'hommes uniquement occupés de la guerre.

FABR. Non, sans doute. Une monarchie bien constituée doit au contraire éviter de toutes ses forces un pareil ordre de choses qui ne sert qu'à corrompre son roi et à ne créer que des agents de la tyrannie. Et ne me parlez pas des monarchies actuelles, car je vous répondrai qu'il n'y en a pas une de bien constituée. Une monarchie bien constituée ne donne pas à son roi une autorité sans bornes, sinon dans les armées. Là seulement, on a besoin de prendre son parti sur-le-champ, et il ne faut pour cela qu'une seule volonté. Mais, dans tout le reste, un roi ne doit rien faire sans un conseil ; u-et ce conseil qu'il l'y ait auprès du monarque une classe d'hommes qui, pendant la paix, désire constamment la guerre parce que sans la guerre, elle ne peut vivre.

Mais je veux un peu m'étendre à cet égard et raisonner, non pas d'après une monarchie parfaire, mais seulement d'après une de celles qui existent aujourd'hui ; et je soutiens que dans ce cas-là même, un roi doit redouter ceux qui n'ont d'autre métier que celui des armes. Il est hors de doute que la force d'une armée est dans l'infanterie ; et si un roi n'ordonne pas son armée de manière qu'en temps de paix l'infanterie ne désire pas de retourner dans ses foyers pour exercer ses professions respectives, ce roi est perdu. L'infanterie la plus dangereuse est celle qui n'a d'autre métier que la guerre ; car un roi qui s'en est une fois servi est forcé ou de faire toujours la guerre, ou de la payer toujours, ou de courir le risque de se voir dépouillé de ses États. Faire toujours la guerre est impossible ; la payer toujours ne l'est pas moins ; il reste que le danger de perdre ses États. Aussi mes Romains, tant qu'ils conservèrent leur sagesse et leur vertu, ne permirent jamais, comme je l'ai dit, que les citoyens fissent de la guerre leur unique métier. Ce n'est pas qu'ils ne pussent les payer en tout temps, car u-ils firent toujours la guerre ; c'est qu'ils redoutaient les dangers qui naissent de la continuelle profession des armes.

Quoique les circonstances ne changeassent pas, les hommes changeaient sans cesse ; ils avaient tellement réglé le temps du service militaire qu'en quinze ans leurs légions étaient tout à fait renouvelées. Ils ne voulaient que des hommes à la fleur de l'âge, depuis dix-huit ans jusqu'à trente-cinq ; à cette époque de la vie où les jambes, les bras et les yeux jouissent d'une égale vigueur ; et ils n'attendaient pas que le soldat perdit de ses forces et accrût d'insubordination, comme cela se pratiqua dans les temps corrompus de la république.

Auguste, et ensuite Tibère, plus jaloux de leur propre autorité que de ce qui pouvait être utile à la république, commencèrent les premiers à désarmer le peuple romain pour savoir plus aisément l'asservir, et à maintenir constamment les mêmes armées sur les frontières de l'Empire. Ne jugeant pas que ce moyen fût suffisant pour subjuguer le peuple et le Séant, ils créèrent une armée prétorienne toujours campée sous les murs de Rome, et qui la dominait comme une forte citadelle. La facilité qu'ils accordèrent aux citoyens envoyés aux armées de faire du métier des armes leur unique profession produisit l'insolence de la soldatesque, qui devint la terreur du Sénat, et qui fit tant de mal aux emprunteurs mêmes. Les légions en égorgèrent plusieurs, donnèrent l'Empire au gré de leurs caprices ; et l'on vit souvent à la fois plusieurs empereurs mêmes. Les légions en égorgèrent plusieurs, donnèrent l'Empire au gré de leurs caprices ; et l'on vit souvent à la fois plusieurs empereurs créés par des différentes armées. Et quel fut le résultat de tous ces désordres ? D'abord, le déchirement de l'Empire, et enfin sa ruine.

Les rois, jaloux de leur sécurité, doivent donc composer leur infanterie d'hommes qui, au moment de la guerre, se consacrent volontiers, par amour pour eux, au service des armées, mais qui à la paix s'en retournent plus volontiers encore dans leurs foyers. Il faut, pour cet effet, qu'ils emploient des hommes qui puissent vivre d'un autre métier que de celui des armes. Un roi doit vouloir qu'à la fin de la guerre ses grands vassaux retournent gouverner leurs sujets, ses gentilshommes cultiver leurs terres, son infanterie exercer ses diverses professions, et que chacun d'eux enfin laisse volontiers la guerre pour avoir la paix et ne cherche pas à troubler la paix pour avoir la guerre.

Cos. Votre raisonnement me paraît fort bien établi : cependant, comme il tend à renverser à cet égard toutes mes opinions passées, je vous avoue qu'il me reste encore quelques doutes. Je vois en effet un grand nombre de seigneurs, de gentilshommes et autres gens de votre qualité vivre, dans la paix, de leurs talents militaires et recevoir un traitement des princes et des républiques. Je vois aussi une très grande des soldats rester employés à la défense des villes et de forteresses ; il me semble donc que chacun trouve pendant la paix quelque moyens de subsister.

FABR. J'ai peine à croire que vous puissiez avoir une telle opinion ; car, en supposant qu'il n'y ait aucune observation à faire sur cet usage, le petit nombre de soldats employés dans ces lieux dont vous venez de parler suffirait pour vous réfuter. Quelle proportion y a-t-il en effet ente l'infanterie que demande l'état de guerre, et celle nécessaire pendant la paix ? D'abord, les garnisons ordinaires des villes et des forteresses sont doublées pendant la guerre ; et il faut y joindre les soldats que l'on tient en campagne ; toutes ces troupes forment un nombre très considérable, dont on est obligé de se débarrasser pendant la paix. Quant au petit nombre de troupes qui restent chargées de garder les États, votre république et le pape Jules [1] ont assez fait connaître ce qu'il y a à craindre d'hommes qui n'ont d'autre métier que la guerre. Leur insolence vous a forcé de les éloigner et de leur préférer les Suisses qui, nés sous le régime des lois, et choisis selon les vrais principes, par l'État lui-même, doivent inspirer plus de confiance. Ne dites donc plus que, dans la paix, tout militaire trouve les moyens de subsister.

Quant à la question de maintenir les gens d'armes pendant la paix avec leur solde, elle est plus difficile à résoudre. Mais, après y avoir bien réfléchi, on verra que cette habitude est funeste et contraire aux principes. Ce sont en effet des hommes qui font métier de la guerre, et qui produiraient dans un État les plus grands désordres,

---

[1] *Jules II, pape de 1503 à 1513. Il fut l'instigateur de la ligue de Cambrai : pour lutter, aux côtés des Français et de Maximilien, contre Venise, puis de la Sainte Ligue pour chasser les Français d'Italie.*

s'ils étaient en nombre suffisant ; mais trop peu nombreux pour former une armée, ils ne commettent pas tout le mal qu'on en devrait attendre. Ce n'est pas qu'ils ne soient quelquefois d'un très grand danger, comme le prouve ce que j'ai raconté de Francesco et Sforza, son père, et de Braccio de Pérouse. Je soutiens donc que cet usage de solder des gens d'armes est répréhensible, funeste et sujet aux plus grands abus.

Cos. Voudriez-vous vous en passer ? Ou, si vous les employiez de quelle manière croiriez-vous devoir les tenir ?

Fabr. Comme des troupes d'ordonnance ; non pas à la manière du roi de France, qui est aussi dangereuse que la nôtre, et qi sert autant à nourrir leur insolence, mais à la manière des Anciens, qui composaient leur cavalerie de leurs propres sujets qu'ils renvoyaient en temps de paix pour exercer leurs professions accoutumées. Mais, avant la fin de cet entretien, je m'expliquerai plus au long à cet égard. Je répète donc que si aujourd'hui cette partie des troupes vit du métier des armes, ce n'est que par la corruption de nos institutions militaires. Quant aux traitements que l'on nous conserve à nous autres généraux, je soutiens encore que c'est une mesure très pernicieuse. Une sage république n'en doit accorder à qui que ce soit, et n'avoir dans la guerre d'autres généraux que ses propres citoyens ; et elle doit, à la paix, les forcer de reprendre leur profession ordinaire.

Un roi prudent ne doit également accorder aucun traitement à ses généraux, à moins qu'il ne soit la récompense d'une grande action, ou le prix des services que ceux-ci lui rendent pendant la paix. Et, puisque vous m'avez cité un exemple, je me permettrai de parler de moi. Jamais la guerre n'a été mon métier ; mon métier à moi est de gouverner mes sujets et de les défendre ; pour cela, je dois aimer la paix et savoir faire la guerre ; les récompenses et l'estime de mon roi ne sont pas tant le prix de mes talents militaires que des conseils qu'il veut bien recevoir de moi pendant la paix. Tout roi sage et qui veut gouverner avec prudence ne doit vouloir auprès de lui que des hommes de cette espèce. Il est aussi dangereux pour lui que ceux qui l'environnent soient trop amis de la paix que trop amis de la guerre.

Je n'ai plus rien à ajouter à mes premières propositions ; si ce que j'ai dit ne vous suffit pas, ce n'est pas moi qui pourrai vous convaincre. Mais vous voyez déjà quelles difficultés se présentent pour ramener la discipline des Anciens dans nos armées ; combien de précautions à cet effet doit prendre un homme sage, et la nature des circonstances dont il peut espérer son succès. Vous saisirez plus aisément toutes ces vérités si vous pouvez entendre ses ennuis la comparaison que je vais faire des institutions anciennes avec celles de nos jours.

FABR. Puisque cela vous est agréable, je commencerai par traiter cette question en la prenant jusque dans son principe ; ces longs développements ne serviront qu'à l'éclairer davantage. Le but de tout gouvernement qui veut faire la guerre est de pouvoir tenir la campagne contre toute espèce d'ennemis et de vaincre le jour du combat. Il faut trouver des hommes, les distribuer, les exercer par petites ou fortes divisions, les camper et leur apprendre à résister à l'ennemi, ou en route, ou sur le champ de bataille. C'est dans ces diverses parties que consiste tout le talent de la guerre de campagne, la plus nécessaire et la plus honorable. Qui sait livrer une bataille se fait pardonner toutes les fautes qu'il peut avoir déjà commises dans sa conduite militaire ; mais celui à qui ce don a été refusé, quelque recommandable qu'il puisse être dans les autres parties, ne terminera jamais une guerre avec honneur. Une victoire détruit l'effet des plus mauvaises opérations, et une défaire fait avorter les plus sagement concertés.

La première chose nécessaire à la guerre étant de trouver des hommes, il faut d'abord s'occuper de ce que nous appelons le *recrutement*, et que j'appellerai *élite*, pour me servir d'un terme plus honorable, et consacré par les Anciens [1]. Ceux qui ont écrit sur la guerre veulent qu'on choisisse les soldats dans les pays tempérés, seul moyen, disent-ils, d'avoir des hommes sages et intrépides, parce que, dans les pays chauds, les hommes ont de la prudence sans courage et, dans les pays froids, du courage sans prudence. Ce conseil serait bon pour un prince qui serait maître du monde entier, et pourrait ainsi tirer ses soldats d'où il voudrait ; mais comme je veux établir ici des règles qui soient utiles à tous les gouvernements, je me borne à dire que tout État doit tirer ses troupes de son propre à dire que tout État doit tirer ses troupes de son propre pays ; qu'il soit froid, chaud ou tempéré, peu importe. Les anciens nous fournissent une foule d'exemples qui attestent qu'avec une bonne discipline on fait de bons soldats hors de son pays ne peut ne peut s'appeler *élite* ; ce mot suppose que l'on peut choisir dans une province les hommes les plus propres au service, ceux qui veulent marcher, comme ceux qui ne le veulent pas. Vous ne pouvez donc faire cette *élite* que dans les lieux qui vous sont soumis ; dans les pays qui ne sont point à vous, vous ne pouvez forcer personne ; il faut vous contenter des volontaires.

COS. Mais, parmi ces hommes de bonne volonté, vous

---

pouvez prendre les uns et laisser les autres. Ce mode de recrutement pourrait encore s'appeler *élite*.

FABR. Vous avez raison dans un sens ; mais si vous faites attention à tous les vices d'un pareil mode, vous verrez que réellement il n'y a point d'*élite*. D'abord, les étrangers qui s'enrôlent volontairement sous vos drapeaux, loin d'être les meilleurs, sont, au contraire, les plus mauvais sujets du pays. S'il y a quelque part des hommes déshonorés, fainéants, sans religion et sans frein, rebelles à l'autorité paternelle, perdus de débauche, livrés à la fureur du jeu et à tous les vices, ce sont ceux-là qui veulent prendre le métiers des armes ; et rien de plus contraire à de véritables et sages institutions militaires que de pareilles mœurs. Quand de tels hommes se présentent à vous en plus grand nombre que vous n'en avez besoin, vous pouvez choisir, en effet ; mais le fond étant mauvais, votre *élite* ne peut être bonne. Et si, au contraire, comme il arrive souvent, ils ne remplissent pas le nombre dont vous avez besoin, vous êtes obligé de les prendre tous ; et alors ce n'est plus faire une élite mais recruter des soldats. C'est de pareils hommes que se composent aujourd'hui les armées en Italie et partout ailleurs excepté en Allemagne ; parce que dans les autres pays ce n'est pas l'autorité de l'individu qui détermine les enrôlements. Or je vous demande si c'est dans une armée formée par de tels moyens qu'on peut introduire les disciplines des Anciens ?

COS. Quel parti faudrait-il donc prendre ?

FABR. Je vous l'ai dit ; les choisir, par l'autorité du souverain, parmi les sujets de l'État.

COS. Et vous croyez qu'il serait facile d'introduire parmi ces hommes l'ancienne discipline ?

Fabr. Sans doute si, dans une monarchie, ils étaient commandés par leur souverain ou même par un simple seigneur ; ou dans une république, par un citoyen revêtu du titre de général ; autrement il est difficile de faire quelque chose de bien.

Cos. Pourquoi ?

Fabr. Je vous le dirai à l'occasion : maintenant que cela vous suffise.

Cos. Puisqu'il ne faut faire cette *élite* que dans son propre pays, croyez-vous qu'il soit préférable de tirer ses soldats de la ville ou de la campagne ?

Fabr. Tous ceux qui ont écrit sur l'art militaire s'accordent à préférer les hommes des campagnes comme plus robustes, plus endurcis aux fatigues, plus habitués à vivre en plein air, à braver l'ardeur du soleil, à travailler le fer, à creuser un fossé et à porter des fardeaux ; plus éloignés enfin de toute espèce de vice. Voici quelle serait mon opinion à cet égard. Comme il y a des soldats à pied et à cheval, je voudrais qu'on choisît les premiers dans les campagnes et les autres dans les villes.

Cos. À quel âge les prendriez-vous ?

Fabr. Si j'avais à lever une armée entière, je les prendrais depuis dix-sept jusqu'à quarante ans ; et à dix-sept seulement, lorsqu'une fois formée, je n'aurais plus qu'à les renouveler.

Cos. Je n'entends pas bien cette distinction ?

FABR. Je vais vous l'expliquer. Ayant à former une armée dans un pays où il n'en existerait pas, je serais obligé de prendre r-tous les hommes d'un âge militaire, c'est-à-dire en état de recevoir les instructions dont je parlerai bientôt. Mais, dans un pays où cette armée serait déjà formée, je pourrais ne prendre pour la renouveler que des hommes de dix-sept ans, puisque les autres seraient déjà choisis et enrôlés.

COS. Je vois que vous feriez une milice comme celle qui est établie dans notre pays [1] ?

FABR. Il est vrai. Mais je l'armerais, je l'exercerais, je lui donnerais des chefs ; enfin, je l'organiserais d'une manière qui n'existe peut-être pas chez nous.

COS. Vous approuvez donc notre milice ?

FABR. Dire qu'un homme qui est éclairé blâme votre milice, c'est dire une chose contradictoire. Un tel homme peut être réputé éclairé, mais c'est une injustice qu'on lui fait.

COS. Le peu de succès qu'elle a toujours eu nous a donné d'elle cette mauvaise opinion.

FABR. Prenez garde ; ce n'est peut-être pas sa fate, mais la vôtre ; e j'espère vous le prouver avant la fin de cet entretien.

---

[1] *Machiavel, secrétaire de la chancellerie, avait réussi à convaincre le Conseil des Dix du danger que représentaient les armées mercenaires et à faire admettre l'idée d'une armée nationale. En 1506, il est chargé de la recruter dans les États de Florence, de la former, de l'exercer.*

Cos. Vous me ferez grand plaisir ; mais, avant, je veux vous dire de quoi on l'accuse, afin que vous puissiez plus complètement la justifier. Ou celle ne peut rendre aucun service, dit-on, et alors se confier en elle c'est causer la ruine de l'État ; si au contraire elle est en état de bien servir, elle peut être, entre les mains d'un chef accrédité, un moyen de tyrannie. On cite les Romains qui ont perdu leur liberté par leurs propres armées. On cite Venise et le roi de France. La première, pour ne point obéir à un de ses citoyens, emploie des troupes étrangères ; et le roi de France a désarmé son peuple afin de commander sans résistance. Mais c'est son inutilité qu'on craint davantage ; et on en donne deux raisons : son inexpérience et la contrainte du service. Jamais, à un certain âge, on ne peut s'habituer aux services militaires, et la contrainte n'a jamais produit de bons soldats.

FABR. Tous ceux qui donnent de pareilles raisons n'ont, à mon avis, que des vues courtes ; il sera facile de le prouver. Votre milice sera, dit-on, inutile ; mais je soutiens qu'il n'y a pas d'armée sur laquelle on doive plus compter que sur celle du pays même, et qu'il n'y a d'autre moyen de l'organiser que celui que je propose. Comme ceci n'est pas disputé, il serait inutile de s'y arrêter plus longtemps ; tous les faits tirés de l'histoire des peuples anciens démontrent cette vérité. On parle d'inexpérience et de contrainte : sans doute l'inexpérience donne peu de courage, et la contrainte fait des mécontents. Mais je ferai voir que si vos soldats sont bien armés, bien exercés et bien distribués, ils acquerront peu à peu de l'expérience et du courage. Quant à la contrainte, il faut que ceux qui vont à l'armée par l'autorité du souverain ne marchent pas tout à fait par force ; ni par l'effet seul de leur propre volonté. L'entière liberté offrirait les inconvénients dont j'ai déjà parlé ; il n'y aurait plus d'*élite*, et il pourrait arriver que peu d'hommes se présentassent. Un excès de contrainte produirait d'aussi mauvais effets. Il faut donc prendre un moyen terme, également éloigné de l'excès de contrainte et de l'excès de liberté. Il faut que le respect que le souverain inspire détermine le soldat ; il faut qu'il redoute plus son ressentiment que les inconvénients de la vie militaire. Il y aura par là un tel mélange de contrainte et de volonté qu'on n'aura nullement à craindre les suites du mécontentement.

Je ne dis pas que cette armée ne puisse être vaincue ; les armées romaines, celle même d'Annibal, l'ont bien été ; et peut-on tellement organiser une armée qu'on puisse pour toujours la préserver d'une défaite ? Vos hommes éclairés ne doivent donc pas assurer que votre milice est inutile, parce qu'elle a été battue quelquefois ; mais pouvant vaincre comme ils peuvent être vaincus, ils doivent chercher à remédier aux causes de leur défaite ; et ils verraient, après y avoir réfléchi, qu'il faut en accuser, non la milice par elle-même, mais l'imperfection de son organisation et, comme je l'ai dit, au lieu de blâmer la milice, ils devaient en corriger les défauts de la façon que je vous montrerai par la suite.

Quant à la crainte de voir une pareille institution fournir à un citoyen les moyens de renverser la liberté, je réponds que les armes fournies par les lois et la constitution aux citoyens et aux sujets n'ont jamais causé de dangers, mais les ont prévenus souvent ; que les républiques se conservent plus longtemps armées que sans armes. Rome a vécu libre quatre cents ans et elle était armée ; Sparte, huit cents ans. D'autres républiques, privées de ce secours, n'ont pu conserve leur liberté au-delà de quarante ans. Il faut des armes à une république ; quand elle n'en a point en propre, elle en loue d'étrangères, et ce sont celles-là qui sont les plus dangereuses pour le bien public, elles sont plus faciles à pervertir ; un citoyen puissant peut s'en emparer plus vite ; elles laissent à ses projets un champ plus libre, puisqu'il n'a à opprimer que des hommes désarmés. Deux ennemis d'ailleurs sont plus à craindre qu'un seul ; et toute république qui emploie des troupes du dehors craint à la fois et l'étranger qu'elle solde et ses propres citoyens. Si vous voulez juger de la réalité de ces craintes, rappelez-vous ce que je vous ai dit de Francesco Sforza. Celle, au contraire, qui n'emploie que ses propres armes n'a à craindre que ses citoyens. Sans alléguer d'autres raisons, il me suffira de dire que jamais personne n'a fondé de république ou de monarchie sans en confier la défense aux habitants du pays même.

Si les Vénitiens se fussent montrés sur ce point aussi sages que dans leurs autres institutions, ils auraient à leur tour conquis l'empire du monde ; ils sont d'autant plus répréhensibles que leurs premiers législateurs leur avaient mis les armes à la main. N'ayant d'abord aucune possession sur le continent, ils portèrent toutes leurs forces sur la mer où ils firent la guerre avec la plus grande vertu et accrurent avec leurs propres armes l'empire de leur patrie. Lorsque, obligés de défendre Vicence, ils furent dans le cas de combattre sur terre au lieu de confier le commandement de leurs troupes à un de leurs concitoyens, ils prirent à leur solde le marquis de Mantoue[1]. Cette funeste résolution les arrêta au milieu de leur course et les empêcha de s'élever à ce haut degré de puissance auquel ils pouvaient aspirer. Peut-être qu'alors leur habileté sur mer leur parut un obstacle à leurs succès dans la guerre de terre : si tel fi-ut le motif de leur conduite, il fut l'effet d'une défiance peu sage. Un général de mer, habitué à combattre et les vents et les flots et les hommes, deviendra beaucoup plus aisément un bon général de terre, où les

---

¹ *Jean-François Gonzague. Vicence fut soumise à Venise en 1404. Cf. HF., V, 10.*

hommes seuls font résistance, qu'un général de terre ne deviendra un bon général de mer. Mes Romains apprirent à combattre et sur mer et sur terre, et, lorsque arriva la première guerre contre les Carthaginois dont la puissance maritime était si redoutable, ils ne soldèrent ni des Grecs, ni des Espagnols exercés à la mer, ais ils confièrent la défense de la république aux mêmes citoyens qu'ils envoyaient combattre sur terre, et ils vainquirent. Sil le motif des Vénitiens fut d'empêcher un de leurs citoyens d'attenter à leur liberté, cette crainte était tout aussi mal fondée. Car, sans répéter ce que j'ai déjà dit à cet égard, il est évident que puisque jamais un de leurs citoyens, placé à la tête de leurs forces maritimes, n'avait usurpé la tyrannie dans une ville placée au milieu de la mer, ce danger était bien moins à craindre de leurs généraux de terre. Ils auraient dû juger que ce ne sont pas les armes remises entre les mains des citoyens qui leur inspirent des projets de tyrannie, heureux pour jouir d'un bon gouvernement, ils ne devaient rien craindre de leurs armes. Ce fut donc une résolution funeste à leur gloire et à leur véritable bonheur. Quant à l'autre exemple que vous avez cité, il est certain que c'est une grande erreur du roi de France de ne pas former ses peuples à la guerre. Il n'est personne qui, tout préjugé mis à part, ne reconnaisse que c'est là un des vices de cette monarchie et l'une des principales causes de sa faiblesse.

Pour m'être livré à une trop longue discussion, je me suis peut-être écarté de mon sujet ; mais je voulais répondre à vos observations, et vous prouver qu'un État ne peut fonder sa sécurité que sur ses propres armées ; que ces armées ne peuvent être bien organisées que par le mode des milices ; qu'il n'y a enfin que ce moyen d'établir une armée dans un pays, et de la former à la discipline militaire. Si vous avez réfléchi avec attention sur les institutions des premiers rois de Rome, et surtout de

Servius Tullius, vous verrez que l'institution des classes n'était qu'une milice qui offrait les moyens de mettre sur pied en un instant une armée pour la défense de l'État.

Mais pour revenir à notre *élite*, je répète qu'ayant à recruter une ancienne armée, je ne choisirais des soldats que dix-sept ans ; mais qu'obligé d'en créer une nouvelle, je les prendrais à tout âge, depuis dix-sept ans jusqu'à quarante ans, afin de pouvoir m'en servir sur-le-champ.

Cos. La différence de leurs anciens métiers influerait-elle sur le choix de vos recrues ?

Fabr. Les auteurs dont je vous ai parlé admettent des distinctions. Ils ne veulent ni oiseleurs, ni pêcheurs, ni cuisiniers, ni ceux qui s'adonnent à des métiers, ni cuisiniers infâmes, ni en général aucun homme employé aux arts de luxe : ils demandent outre des laboureurs, des forgerons, des maréchaux, des charpentiers, des bouchers, des chasseurs et autres gens de professions semblables. Quant à moi, je ne serais guère porté à juger, d'après son métier, de l'utilité d'un homme ; je me bornerais à examiner les services qu'il peut rendre personnellement. C'est pour cette raison que les gens des campagnes, habitués à travailler la terre, sont les plus utiles de tous ; il n'y a pas un métier auquel on ait plus recours à l'armée. Il serait ensuite très utile d'avoir un grand nombre de forgerons, de charpentiers, de maréchaux et de tailleurs de pierre. On a besoin de leurs métiers dans une foule de circonstances, et il n'y a rien de plus avantageux que d'avoir des soldats dont on tire un double service.

Cos. Comment distinguer les hommes qui sont propres ou non au service militaire ?

Fabr. Je ne parle ici que de la manière de choisir une

nouvelle milice pour en former ensuite une armée, mais je vous entretiendrai par la même occasion du mode d'*élite* pour le renouvellement d'une ancienne milice. On juge de la capacité d'un soldat, ou par expérience, s'il a déjà servi, ou par conjecture. On ne peut pas apprécier le mérite d'hommes nouveaux et qui n'ont jamais porté les armes ; et presque toutes les milices de nouvelle création sont dans ce cas. Au défaut de l'expérience, il faut recourir aux conjectures qui se forment d'après l'âge, la profession et le physique de l'individu. Nous avons parlé des deux premières qualités ; il nous reste à examiner la troisième. Certains militaires distingués, et entre autres Pyrrhus, veulent que le soldat soit d'une grande taille. L'agilité du corps suffit à d'autres : c'était l'opinion de César. On juge de cette agilité par la conformation et la bonne mine du soldat. Les yeux vifs et animés, le cou nerveux, la poitrine large, peu de ventre, les reins arrondis, les jambes et les pieds secs : telles sont les qualités que demandent encore ces auteurs. Elles sont propres à rendre le soldat agile et vigoureux, ce qui est le principal objet qu'on doit se proposer… Mais, par-dessus tout, on doit porter la plus grande attention aux mœurs du soldat. Il faut qu'il ait de l'honnêteté et de la vergogne ; sinon, il devient un instrument de désordres e un principe de corruption. Jamais, en effet, on ne peut attendre rien d'honnête, jamais il ne faut espérer de vertus d'un homme privé de toute éducation et abruti par le vice.

Pour mieux vous faire sentir l'importance de cette *élite*, je crois qu'il est nécessaire de vous expliquer d'abord de quelle manière les consuls romains, en entrant en charge, procédaient à la formation des légions romaines. Les guerres continuelles de Rome faisaient que ces légions étaient toujours composées d'anciens et de nouveaux soldats, ce qui laissait aux consuls les deux moyens dont nous avons parlé : l'expérience dans le choix des anciens soldats, et les conjectures dans le choix des nouveaux. Et ici il faut remarquer que ces levées ont lieu, ou pour les employer à l'instant même, ou pour les exercer et les employer à l'instant même, ou pour les exercer et les tenir prêtes à s'en servir dans l'occasion. Je n'ai parlé et je ne parlerai que de ces dernières ; tout mon but est de vous montrer comment on peut former une armée dans un lieu où il n'y a point de milice, et par conséquent point d'armée à mettre sur-le-champ en campagne. Car, dans les pays où l'on a coutume de former des armées sous l'autorité du souverain, les nouvelles levées peuvent être envoyées sur-le-champ à la guerre, comme on le pratiquait à Rome, comme on le pratique encore aujourd'hui dans sa Suisse. S'il se trouve dans ces levées beaucoup de nouveaux soldats, il y en a également une foule d'autres, formés aux exercices militaires ; et, mêlés ensemble, ils forment une excellente troupe. Ce ne fut qu'au temps où les empereurs commencèrent à maintenir constamment les armées dans les camps qu'ils établirent, comme on le voit dans la vie de Maxime, des maîtres d'exercices, pour les jeunes soldats qu'on appelait *Tirones*. Tant que Rome fut libre, ce ne fut pas dans les camps, mais au sein de la ville que ces exercices avaient lieu. Les jeunes gens qui s'en étaient longtemps occupés, habitués déjà à toutes les démonstrations d'une guerre véritable, quand il fallait abandonner leurs foyers. Ces exercices une fois abolis, les empereurs furent obligés de les remplacer par les moyens dont je vous ai déjà parlé. J'arrive enfin au mode des levées romaines.

Lorsque les consuls chargés de toutes les opérations militaires étaient entrés en fonctions, leur premier soin était de créer leurs armées. On leur donnait, à chacun, deux légions de citoyens romains qui en faisaient la véritable force. Pour former ces légions ils nommaient vingt-quatre tribuns militaires ; six pour chaque légion. Ceux-ci remplissaient à peu près les fonctions de nos chefs de bataillon. Ils faisaient rassembler ensuite tous les citoyens romains et état de porter les armes, et séparaient l'un de l'autre les tribuns de chaque légion. Ils tiraient ensuite au sort de la tribu [1] où ils devaient commencer l'*élite*. Dans cette tribu, ils choisissaient les quatre meilleurs soldats. De ces quatre soldats, un était choisi par les tribuns de la première légion ; des trois restants, un par les tribuns de la seconde ; des deux autres, un par les tribuns de la troisième ; et le dernier allait à la quatrième légion. Les consuls choisissaient ensuite quatre autres soldats. De ces quatre, un était choisi par les tribuns de la seconde légion ; des trois restants, un par les tribuns de la troisième ; des deux autres, un par les tribuns de la quatrième ; et le dernier allait à la première légion. Les consuls choisissaient encore quatre soldats. Le choix appartenait alors aux tribuns de la troisième légion, et cet ordre se suivait successivement jusqu'à ce que l'élection fût épuisée et les légions complètes. Ces levées, comme je l'ai déjà dit, pouvaient être employées sur-le-champ, puisqu'elle étaient composées, en grande partie, d'hommes accoutumés à la guerre véritable, et que tous avaient été exercés à la guerre simulée. Cette *élite* pouvait donc se faire par expérience et par conjecture ; mais, lorsqu'on a à organiser une nouvelle milice pour l'employer seulement à l'avenir, on ne peut choisir que d'après des conjectures sur l'âge et le physique des individus.

COS. Je reconnais la vérité de toutes vos propositions ; mais, avant d'aller plus loin, je veux vous poser une question à laquelle vous m'avez fait penser lorsque vous avez dit que votre *élite*, ne pouvant tomber sur des hommes

---

[1] *La tribu était une division territoriale du peuple romain ; cf. Polybe, VI 20.*

déjà exercés au service militaire, n'aurait lieu que par conjecture. Un des principaux reproches que j'aie entendu faire à notre milice, c'est son trop grand nombre. On prétend qu'il faudrait en former un corps moins nombreux, qui serait plus brave et mieux choisi. On fatiguerait moins les citoyens, et on pourrait leur donner une petite solde qui les satisferait et assurerait leur obéissance. Je voudrais connaître votre opinion à cet égard, et savoir si vous préférez le grand nombre au petit, et quel mode d'élection vous adopteriez dans l'un ou l'autre cas.

FABR. Le grand nombre est sans aucun doute plus sûr et plus utile que le petit ; et, pour mieux dire, il est impossible de former nulle part une bonne milice, si elle n'est pas très nombreuse. Il sera facile de détruire tout ce qu'on allègue contre cette opinion. Le petit nombre pris sur une grande multitude comme dans la Toscane, par exemple, ne fait pas du tout que vous ayez des soldats plus sûrs et mieux choisis. Si dans le choix vous voulez vous régler d'après l'expérience, il y en aura d'abord très peu qu'elle puisse vous faire juger. Très peu, en effet, auront été à la guerre de manière à mériter d'être préférés à tous les autres. Il faut donc dans un tel pays abandonner l'expérience et se borner aux conjectures. Réduit à de semblables moyens, je voudrais bien savoir, lorsqu'il m'arrive vingt jeunes gens de bonne mine, sur quel fondement je puis prendre les uns, et laisser les autres. Puisque je ne puis savoir lequel vaut le mieux, on conviendra, j'espère, que je serai moins sujet à me tromper si je les garde tous pour les armer et les exercer, et me réserver ensuite à en faire un choix plus sûr, lorsque après les avoir longtemps pratiqués et exercés, je connaîtrai quels sont ceux qui ont le plus de vivacité et de courage. C'est donc une grande erreur d'en choisir d'abord un petit nombre pour en être plus sûr.

Quant au reproche de fatiguer le pays et les citoyens, je soutiens que la milice, quelque imparfaite que soit son organisation, ne fatigue en rien les citoyens, puisqu'elle ne les arrache pas à leurs travaux, ne les éloigne en rien de leurs affaires et ne les oblige qu'à se rassembler les jours de fête pour les exercices. Cette habitude ne eut être préjudiciable ni au pays ni aux habitants ; elle serait même utile aux jeunes gens. Au lieu de passer dans une oisiveté honteuse les jours de fête au cabaret, ils se feraient un amusement de ces exercices militaires qui forment un beau spectacle toujours agréable à la jeunesse.

Il me reste à parler de la proposition de payer une milice peu nombreuse, et de s'assurer ainsi de sa bonne volonté et de sa prompte obéissance. Je prétends, à cet égard, que vous ne pouvez tellement réduire le nombre de votre milice que vous soyez en état de lui assurer constamment une solde qui la satisfasse. Si vous voulez former une milice de cinq mille hommes et lui accorder un traitement dont elle soit contente, vous ne pouvez lui accorder par mois moins de dix mille ducats. J'observe d'abord qu'un pareil nombre ne suffit pas pour former une armée, et qu'il n'y a pas d'État qui pût résister à une pareille dépense. D'un autre côté, cette solde ne pourrait satisfaire votre milice et l'obliger à se tenir prête en tout temps. Il n'en résulterait donc pour vous qu'un surcroît de dépenses, sans aucun nouveau de vous défendre ou de former quelque entreprise considérable. Si vous augmentez la dépense ou la milice, vous augmentez la difficulté du paiement ; si vous diminuez l'une ou l'autre, vous ne faites qu'accroître les mécontents, ou votre impuissance. Vouloir donc établir une milice payée en tout temps, c'est faire une proposition inutile ou impossible. Sans doute, il faut payer votre milice payée en tout temps, c'est faire une proposition inutile ou impossible. Sans doute, il faut payer votre milice, mais quand vous l'envoyez à la guerre. Enfin, en supposant qu'une pareille institution fût quelquefois gênante pendant la paix, pour les *conscrits*, ce que je ne prévois pas, l'État en serait amplement récompensé par tous les avantages qu'il en retirerait ; car sans cette milice il n'y a pour lui nulle sûreté.

Je conclus que vouloir cette troupe peu nombreuse pour pouvoir la payer, ou pour quelque autre des raisons dont vous m'avez déjà parlé, est une erreur très funeste ; et ce qui confirme encore mon opinion, c'est que chaque jour le nombre de votre milice diminuera par une foule d'empêchement qui surviendront à vos soldats : et vous la verrez se réduire presque à rien. Enfin, ayant une milice nombreuse, vous pouvez, au besoin, augmenter ou affaiblir votre armée active. Elle doit d'ailleurs vous servir et de ses forces réelles et de la réputation que lui donnent ses forces : or le nombre, assurément, contribue à cette réputation. J'ajoute, de plus, que l'objet de la milice étant de tenir les citoyens exercés, si vous n'en enrôlez qu'un petit nombre sur un pays étendu, ils seront si éloignés du lieu de l'exercice que vous ne pourrez les y réunir sans leur causer un véritable dommage ; si vous renoncez aux exercices, votre milice vous devient tout à fait inutile, comme je vous le prouverai.

Cos. Je suis très satisfait de la manière dont vous avez résolu ma question ; mais il me reste un autre doute que je vous prie d'éclaircir. Les détracteurs de la milice prétendent que cette foule d'hommes armés n'est pour un pays qu'une source de troubles et de désordres.

Fabr. Je vous prouverai que cette opinion n'est encore qu'une erreur. Ces citoyens armés ne peuvent causer de désordres que de deux manières : ou en s'attaquant les uns les autres, ou en attaquant le reste des citoyens ; mais il est facile de parer à ce danger quand l'institution elle-même n'en serait pas le premier remède. Quant à la crainte de les voir s'attaquer les uns les autres, je soutiens que leur donner des armes et des chefs, c'est éteindre les troubles, bien loin de les fomenter. En effet, si le pays où vous prétendez établir la milice est si peu aguerri que personne n'y porte des armes, et tellement uni qu'il n'y ait ni chef ni parti, cette institution l'aguerrira, le rendra plus redoutable à ses voisins sans y causer plus de désordres ; car de bonnes lois inspirent le respect de l'ordre aux hommes armés, comme à ceux qui ne le sont pas. Or, ce respect ne peut être altéré si vos chefs n'en sont la première cause ; et je dirai quels moyens il faut prendre pour éviter ce danger. Si le pays, au contraire, est aguerri et déchiré par les factions, cette institution seule peut y ramener la tranquillité. Les armes et les chefs n'y existaient que contre les citoyens ; celles-là étaient inutiles contre l'ennemi étranger ; ceux-ci ne servaient qu'à nourrir le désordre. Par notre institution, les armes deviennent utiles et les chefs ramènent l'ordre. Si quelque citoyen recevait quelque offense, il avait recours à son chef de parti, qui, pour maintenir son crédit, l'exhortait, non à la paix, mais à la vengeance. Les chefs que nous créons suivent une conduite tout opposée. Nous étouffons toute semence de divisions et préparons des moyens de concorde. Ainsi les pays où les habitants étaient unis, mais sans vigueur, perdent leur mollesse et se maintiennent en paix. Les États, au contraire, où régnaient la confusion et le désordre voient leurs citoyens se réunir et faire tourner à l'avantage commun cette férocité de mœurs qui n'avait jusqu'alors enfanté que des troubles.

Vous avez parlé d'un autre danger : c'est que les citoyens armés ne cherchent à opprimer ceux qui ne le sont pas. Mais ce mal ne eut arriver que par la volonté des chefs qui les gouvernent. Pour le prévenir, il faut empêcher que ces chefs n'acquièrent sur leurs troupes une trop grande autorité. Cette autorité s'obtient ou naturellement, ou bien par accident. Quant au premier cas, il faut établir que jamais un citoyen ne commandera les *conscrits* de la province où il est né ; quant au second, il faut que votre institution soit tellement organisée, que tous les ans les chefs passent d'un commandement à l'autre. Une autorité prolongée sur les mêmes hommes fait naître entre eux et leurs chefs une union intime qui ne peut être que préjudiciable aux intérêts du souverain. Si l'on se rappelle l'histoire des Assyriens et des Romains, on verra combien ces mutations sont utiles aux États qui les ont adoptées et funestes à ceux qui les ont négligées. Le premier de ces empires subsista mille ans sans troubles et sans guerre civile, et ne dut ce bonheur qu'aux mutations constantes qui, chaque année, envoyaient d'une province à l'autre les généraux des armées. D'un autre côté, la funeste habitude de tenir toujours dans les mêmes gouvernements les armées romaines et leurs chefs fut la seule cause, après l'extinction de la famille de César, de tant de guerres civiles entreprises, de tant de conspirations ourdies contre les empereurs par les généraux romains. Si quelques-uns de ces premiers empereurs, ou de ceux qui leur ont succédé avec tant de gloire, tels qu'Adrien, Marc Aurèle, Sévère et autre, eussent eu assez de prévoyance pour établir ces mutations dans l'Empire, ils l'auraient affermi, et ils en auraient prolongé la durée. Les généraux auraient eu moins d'occasions de révolte, et les empereurs moins de sujets de soupçons. A la mort de ceux-ci le Sénat aurait eu plus d'influence sur l'élection de leur successeur, et l'élection eût été meilleure. Mais ni les bons ni les mauvais exemples ne peuvent détruire les pernicieuses habitudes que l'ignorance ou le peu de soin ont introduites parmi les hommes.

Cos. Il me semble qu'avec toutes mes questions je vous ai bien fait sortir de votre sujet. Nous avons quitté le mode d'*élite* pour examiner d'autres propositions : si déjà je ne vous avais pas fait mes excuses, je mériterais des reproches.

FABR. Point du tout. Toute cette discussion était nécessaire. Puisque mon projet était de traiter des avantages de la milice que beaucoup de gens contestent, je devais commencer par réfuter toutes leurs objections, car la milice doit être la base de notre recrutement, autrement dit de notre *élite*. Mais, avant de traiter d'autres parties, je veux parler de l'*élite* des hommes à cheval. Les Anciens les prenaient parmi les plus riches, ayant à la fois égard à l'âge et à la qualité. Chaque légion en comptait trois cents ; de sorte que, dans chaque armée consulaire, la cavalerie romaine ne passait pas six cents hommes.

COS. Feriez-vous une milice de cavalerie, exercée pendant la paix et destinée à servir pendant la guerre ?

FABR. Oui, assurément, si l'État ne veut avoir que des soldats qui lui appartiennent, et non des hommes qui fassent de la guerre leur unique métier.

COS. Comment les choisiriez-vous ?

FABR. J'imiterais les Romains : je les prendrais parmi les riches ; je leur donnerais des chefs comme on le fait à présent, et j'aurais soin de les armer et de les exercer.

COS. Croyez-vous qu'il fût utile de leur donner une solde ?

FABR. Oui, mais seulement la somme nécessaire à chacun pour nourrir son cheval ; car il ne faut pas que les citoyens se plaignent d'un surcroît d'impôts. Il faut donc payer seulement le cheval et son entretien.

Cos. À quel nombre les porteriez-vous, et quelles armes voudriez-vous leur donner ?

Fabr. Vous passez à une autre question : je vous le dirai en son temps. Je dois vous expliquer avant comment il faut armer l'infanterie et l'exercer au combat.

LIVRE SECOND

FABRIZIO. Quand on a trouvé ses soldats, je crois qu'il est nécessaire de les armer. Pour cet effet, nous devons examiner les armes qu'employaient les Anciens, et de celle-ci prendre les meilleures. Les Romains partageaient leur infanterie en soldats pesamment armés, et en soldats armés à la légère, qui s'appelaient *vélites*. On comprenait, sous cette désignation, les frondeurs, les archers et ceux qui lançaient le javelot. La plupart de ces vélites avaient la tête couverte et le bras armé d'un petit bouclier rond ; c'étaient hors des rangs, et à quelque distance des soldats pesamment armés. Ceux-ci portaient un casque qui descendait jusqu'aux épaules, une cuirasse dont les bandes tombaient sur les genoux, des brassards et des jambières sur les bras et sur les jambes, et, au bras, un bouclier long de deux brasses [1] et large d'une. Ce bouclier était couvert d'un cercle de fer pour pouvoir résister aux coups, et doublé d'un autre cercle de même métal pour l'empêcher de s'user en le traînant à terre. Leurs armes offensives étaient une épée ceinte au côté gauche, longue d'une brasse et demie, un stylet au côté droit et, enfin, un dard à la main, qu'on appelait *pilum* [2], et qu'ils lançaient à l'ennemi au commencement du combat. Telles étaient les armes avec lesquelles les Romains conquirent le monde entier.

Je sais que quelques anciens écrivains mettent à la

---

[1]   *La brasse égalait environ 60 cm.*
[2]   *Ou javelot.*

main du soldat romain, outre les armes dont je viens de parler, une pique en forme d'épieu, mais je ne conçois pas comment une pique pesante peut être maniée par un homme qui tient déjà son bouclier ; car on ne peut s'en servir à deux mains avec le bouclier, et son poids ne permet pas de la manier d'une seule main. Cette arme, d'ailleurs, n'est d'aucun service dans les rangs ; il n'est possible de l'employer qu'à la première ligne, où l'on a la facilité de l'étendre tout entière ; ce qu'on ne peut faire dans les rangs. Il faut qu'un bataillon, comme je l'établirai en traitant des évolutions militaires, tende toujours à serrer ses rangs ; pratique qui, malgré quelques inconvénients, offre pourtant bien moins de danger que d'y laisser trop d'espace. Ainsi toutes les armes plus longues que deux brasses deviennent inutiles dans la mêlée. Si vous êtes en effet armé d'une pique, et que vous vouliez la manier à deux mains, en supposant que vous ne soyez pas empêché par votre bouclier, à quoi vous sert cette pique quand l'ennemi est sur vous ? Si, au contraire, vous la prenez avec une seule main pour vous servir du bouclier, vous ne pouvez la saisir que par le milieu, et alors la partie de la pique qui est derrière vous est si longue que le rang qui vous suit vous ôte toute faculté de la manier avec avantage. Pour vous persuader que les Romains n'avaient point de ces piques, ou du moins ne s'en servaient guère, vous n'avez qu'à faire attention à tous les récits de batailles dans *Tite-Live* ; il ne parle presque jamais de piques, il dit toujours qu'après avoir lancé leurs dards, les soldats mettent l'épée à la main. Je laisse donc là les piques, et m'en tiens à l'épée, quant aux armes offensives des Romains ; au bouclier, et aux autres armes dont j'ai parlé, quant à leurs armes défensives.

Les armes défensives des Grecs n'étaient point si pesantes que celles des Romains : pour les armes offensives, ils se confiaient plus à la pique qu'à l'épée ;

surtout les Macédoniens qui portaient des piques longues de dix brasses, nommées *sarisses*, avec lesquelles ils ouvraient les rangs des ennemis et maintenaient serrés les rangs de leur phalange. Quelques auteurs soutiennent qu'ils portaient aussi le bouclier ; mais je n'imagine pas, d'après les raisons que je viens de développer, comme ils pouvaient se servir de ces deux armes à la fois. Je ne me rappelle pas d'ailleurs que, dans le récit de la bataille de Paul Émile contre Persée, on fasse mention des boucliers ; on ne parle que des sarisses et des obstacles terribles qu'elles opposèrent aux Romains. Je conjecture que la phalange macédonienne était à peu près ce qu'est parmi nous un bataillon de Suisses dont la force consiste dans ses piques.

L'infanterie romaine était en outre ornée de panaches, qui lui donnaient un aspect à la fois plus important et plus terrible. Dans les premiers temps de Rome, la cavalerie portait un bouclier et un casque, le reste du corps était sans défense ; elle avait pour armes offensives une épée et une pique longue et mince, ferrée seulement à l'un des bouts. Cette pique l'empêchait de tenir ferme son bouclier désarmé et exposé à tous les coups. Mais cette cavalerie prit bientôt les armes de l'infanterie ; avec cette différence, que son bouclier était carré et plus court ; sa pique était plus solide et armée de fers aux deux bouts. Par là, lorsqu'elle venait à se briser, le tronçon qui restait au cavalier pouvait lui servir encore. C'est avec ces armes que mes Romains ont conquis le monde ; et l'on peut juger de leur supériorité par les succès qu'elles leur valurent. Tite-Live en fait souvent mention dans son histoire : lorsqu'il compare les deux armées ennemies, on le voit toujours terminer ainsi le parallèle. « Mais les Romains l'emportaient par leur vertu, l'espèce de leurs armes leur discipline [1]. » C'est pour cette raison que je me suis plus étendu sur les armes des vainqueurs que sur celles des vaincus.

Il me reste à parler maintenant des nôtres. L'infanterie a pour armes défensives une cuirasse de fer ; et pour offensives une lance longue de neuf brasses, qu'on appelle pique, et une épée au côté, dont le bout est plutôt rond que pointu. Voilà les armes ordinaires de l'infanterie aujourd'hui ; un petit nombre a le dos et les bras couverts, mais pas un la tête. Ceux qui sont armés ainsi portent, au lieu de pique, une hallebarde dont le fer a la forme d'une hache ; ils ont parmi eux des fusiliers qui, par leur feu, remplacent l'effet des frondes et des arbalètes des Anciens.

Ce sont les Allemands, et surtout les Suisses, qui les premiers ont armé ainsi leurs soldats. Ceux-ci, pauvres et jaloux de leur liberté, étaient et sont encore sans cesse obligés de résister à l'ambition des princes allemands qui pouvaient aisément entretenir une nombreuse cavalerie. Mais la pauvreté des Suisses leur refusait ce moyen de défense ; et, obligés de combattre à pied contre des ennemis à cheval, il leur fallut recourir au système militaire des Anciens qui peut seul, au jugement de tous les hommes éclairés, assurer les avantages de l'infanterie. Ils cherchèrent des armes capables de les défendre contre l'impétuosité de la cavalerie et prirent la pique qui peut, seule, avec succès, non seulement soutenir l'effort de la cavalerie, mais encore la mettre en déroute. La supériorité de ces armes et de cette discipline a inspiré aux Allemands tant d'assurance que quinze ou vingt mille hommes de cette nation ne craindraient pas d'attaquer la plus nombreuse des cavaleries ; et on en a eu bien souvent la preuve depuis vingt)cinq ans : enfin tous les avantages

---

[1]   *Tite-Live, IX 17, 19.*

qu'ils devaient à ces institutions se son manifestés par de si puissants exemples, que, depuis l'invasion de Charles VIII [1] en Italie, chaque nation s'est empressée de les imiter, et les armes espagnoles ont acquis par ce moyen une très grande réputation.

COS. Lesquels, à cet égard, préférez-vous des Allemands ou des Romains ?

FABR. Les Romains, sans aucun doute. Mais je vais vous développer les avantages et les inconvénients des deux systèmes. L'infanterie allemande peut arrêter et vaincre la cavalerie : n'étant point chargée d'armes, elle est plus leste en route, et se forme plus promptement en bataille ; mais d'un autre côté, sans armes défensives, elle est exposée de loin, comme de près, à tous les coups. Elle est inutile dans la guerre de sièges et dans tous les combats où l'ennemi est déterminé à se défendre avec vigueur. Les Romains savaient aussi bien que les Allemands soutenir et repousser la cavalerie ; et, tout couverts d'armes, ils étaient de loin, comme de près, à l'abri des coups : leur bouclier rendait leur choc plus rude, et les mettait en état d'arrêter plus aisément le choc de l'ennemi. Dans la mêlée, ils pouvaient se servir avec plus de succès de leur épée que les Allemands de leur pique ; et si ceux-ci, par hasard, sont armés d'une épée, n'ayant point de bouclier, elle leur devient alors presque inutile. Les Romains, ayant le corps couvert et pouvant se mettre à l'abri sous leur bouclier, attaquaient une place sans beaucoup de dangers. L'unique inconvénient de leurs armes, c'était leur poids et la fatigue de les porter ; mais ils le sentaient à peine, étant endurcis contre tous les maux, accoutumés de bonne heure aux

---

[1]	*En 1494, Charles VIII voulait reprendre le royaume de Naples qu'il revendiquait comme héritier de la Maison d'Anjou.*

travaux les plus rudes ; et l'habitude rend tut supportable.

N'oubliez pas d'ailleurs que l'infanterie peut avoir à combattre l'infanterie comme la cavalerie, et qu'elle devient inutile non seulement si elle ne peut soutenir la cavalerie, mais si, étant même en état de résister à celle-ci, elle est inférieure à une autre infanterie mieux armée et mieux disciplinée. Or maintenant, si vous comparez les Allemands et les Romains, vous reconnaîtrez que les premiers ont, comme nous l'avons déjà dit, les moyens de repousser la cavalerie ; mais ils perdent tout leur avantage s'ils ont à combattre une infanterie disciplinée comme eux-mêmes, et armée comme les Romains. Il y aura donc cette différence entre les uns et les autres que les Romains pourront vaincre et l'infanterie et la cavalerie ; et les Allemands, la cavalerie seulement.

COS. Je voudrais qu'à l'appui de votre opinion, vous nous citassiez quelques exemples particuliers qui nous en fissent mieux sentir la vérité.

FABR. Vous verrez très souvent dans l'histoire l'infanterie romaine vaincre une cavalerie innombrable, et jamais le défaut de ses armes ou la supériorité de celles de l'ennemi ne l'a exposée à être vaincue par des troupes à pied. Si, en effet, leurs armes eussent été arrêtés dans leurs conquêtes ; ou qu'ils auraient abandonné leur système militaire pour adopter celui de leurs ennemis ; or, comme rien de tout cela n'est arrivé, on doit présumer qu'ils avaient à cet égard l'avantage sur tous les peuples.

Il n'en a point été ainsi de l'infanterie allemande : elle a toujours été battue chaque fois qu'elle a eu à combattre des troupes à pied qui avaient la même discipline et un égal courage ; et elle ne dut jamais ces défaites qu'à l'infériorité de ses armes. Philippe Visconti, duc de Milan, étant attaqué par dix-huit mille Suisses, envoya contre eux son capitaine le comte Carmagnola [1]. Celui-ci alla à leur rencontre avec six mille chevaux et quelques fantassins, et, en étant venu aux mains, il fut battu avec une grande perte des siens. Carmagnola s'aperçut, en homme habile, de la supériorité des armes ennemies, de leur avantage sur la cavalerie et de l'inégalité de ses forces contre une pareille infanterie. Ayant donc rallié ses troupes, il alla de nouveau attaquer les Suisses ; mais, à leur approche, il fit descendre de cheval ses gens d'armes et engagea ainsi l'action. Tous les Suisses y périrent, à l'exception de trois mille qui, se voyant près d'être massacrés sans défense, mirent bas les armes et se rendirent prisonniers.

COS. Quelle était la cause de ce prodigieux désavantage ?

FABR. Je vous l'ai déjà dite ; mais, puisque vous ne l'avez pas bien saisie, je vais vous l'expliquer. L'infanterie allemande, comme je l'ai prouvé tout à l'heure, est presque sans armes pour se défendre, et elle n'a pour toutes armes offensives que la pique et l'épée. C'est avec ces armes offensives que la pique et l'épée. C'est avec ces armes, et dans son ordre de bataille accoutumé, qu'elle vient attaquer l'ennemi ; mais si celle-ci est couverte d'armes défensives, comme les gens d'armes que Carmagnola fit descendre de cheval, il se précipite, l'épée à la main, dans les rangs de cette infanterie, et il n'a d'autre peine que la joindre à la pointe de l'épée, car alors il se bat sans aucun danger. La longueur de la pique empêche l'Allemand de s'en servir contre l'ennemi qui le presse ; il est obligé de mettre l'épée à la main ; mais elle lui devient inutile sans armes défensives contre un ennemi tout bardé de fer. En

---

[1]	Carmagnola (1380-1432) ; voir D., II, 18.

balançant les avantages et les inconvénients des deux systèmes, on verra que le soldat sans armes défensives contre un ennemi tout bardé de fer. En balançant les avantages et les inconvénients des deux systèmes, on verra que le soldat sans armes défensives est alors perdu sans ressource, tandis que l'autre n'a qu'à soutenir le premier choc et parer la première pointe des piques, ce qui ne lui est pas très difficile avec les armes dont il est couvert. Car les bataillons se portant forcément en avant (vous sentirez mieux cette raison, quand je vous aurai expliqué comment je les forme en bataille), il faut nécessairement qu'ils arrivent jusqu'à la poitrine de l'ennemi ; et si alors quelques-uns des premiers rangs sont tués ou renversés par les piques, ceux qui restent suffisent pour vaincre. Voilà comment Carmagnola fit un si grand carnage des Suisses, en perdant si peu des siens.

Cos. Il faut considérer que les troupes de Carmagnola étaient composées de gens d'armes qui, quoique à pied, n'en étaient pas moins tout couverts de fer, ce qui fut cause de leur victoire. Je suis donc porté à croire que, pour obtenir les mêmes succès, il faudrait ainsi armer votre infanterie.

Fabr. Vous ne conserverez pas longtemps cette opinion, si vous vous rappelez ce que je vous ai dit des armes des Romains ; car un fantassin qui a la tête armée de fer, la poitrine défendue par sa cuirasse et son bouclier, les jambes et les bras couverts, est beaucoup plus propre à se défendre contre les piques et entrer dans leurs rangs, qu'un gendarme à pied. Je veux encore citer un exemple moderne. Différents corps espagnols d'infanterie étaient débarqués de Sicile dans le Royaume de Naples pour aller dégager Gonzalve assiégé dans Barletta par les Français [1].

Le seigneur d'Aubigny [1] alla à leur rencontre avec ces gens d'armes en environ quatre mille fantassins allemands. Les Allemands en vinrent aux mains ; et, avec leurs piques baissées, ils ouvrirent les rangs espagnols ; mais ceux-ci, pleins d'agilité et défendus seulement par leurs petits boucliers, se jetèrent dans les rangs allemands pour combattre à la pointe de l'épée ; et, après en avoir fait un grand carnage, ils remportèrent une victoire complète. Chacun sait combien il périt d'Allemands à la bataille de Ravenne [2], et ce fut par la même raison. L'infanterie espagnole se précipita dès le commencement de l'action sur l'infanterie allemande, et l'aurait presque détruite si celle-ci n'eût été secourue par la cavalerie française, ce qui n'empêcha pas les Espagnols de faire une honorable retraite sans laisser entamer leurs rangs. Je conclus qu'une bonne infanterie doit pouvoir également repousser les troupes à pied comme les troupes à cheval ; et ce sont les armes et la discipline qui peuvent seulement, comme je l'ai déjà dit, lui assurer cet avantage.

COS. Quelles seraient les armes que vous donneriez à votre infanterie ?

FABR. Je prendrais les armes romaines et allemandes. Je voudrais qu'une moitié fût armée comme les Romains, et l'autre moitié comme Allemands. Je voudrais que, sur six mille hommes d'infanterie, trois mille fussent armés de boucliers à la romaine, deux mille de pique et mille de fusils

---

[1] *Gonzalve de Cordoue (1453-1515), qui battit les Français à Cerignola en 1503.*

[1] *Robert Stuart, comte d'Aubigny, maréchal de France.*

[2] *En 1512, alliés au duc de Ferrare les Français battent les troupes espagnoles. Mais Gaston de Foix, général des armées, périt durant la bataille. La perte de de fin militaire obligera les Français à se replier vers le Piémont (N.d.E).*

à l'allemande. Je placerais les piques à la tête des bataillons ou du côté où j'aurais à craindre le choc de la cavalerie, et je me servirais de soldats armés d'épées et de boucliers pour appuyer les piques et m'assurer la victoire, comme je vous l'expliquerai bientôt. Je crois qu'une infanterie ainsi disposée aurait aujourd'hui un avantage certain sur toutes les autres.

Cos. En voilà assez pour l'infanterie ; quant à la cavalerie, je voudrais savoir si vous préférez notre manière de l'armer à celle des Anciens ?

FABR. Les selles à arçons et les étriers, inconnus aux Anciens, donnent aujourd'hui aux cavaliers une assiette à cheval beaucoup plus ferme qu'autrefois ; je crois même que les armes valent mieux ; et je pense que le choc d'un pesant escadron de gens d'armes est beaucoup plus difficile à soutenir que ne l'était celui de la cavalerie ancienne. Il me semble, malgré tout cela, qu'on n'en faisait autrefois. Les exemples que je vous ai cités prouvent que, dans nos temps même, elle a reçu des échecs honteux, et il en sera toujours ainsi, toutes les fois qu'elle attaquera une infanterie armée et ordonnée comme je l'ai dit plus haut. Tigrane, roi d'Arménie, opposait à l'armée de Lucullus cent cinquante mille hommes de cavalerie, dont une grande partie, nommés *catafrattes*, étaient armés comme nos gens d'armes ; et Lucullus en avait, au plus, six mille avec vingt-cinq mille hommes d'infanterie. Tigrane, en voyant ce petit nombre, disait : *Voilà beaucoup de chevaux pour une ambassade* [1] ; mais, quand on en vint aux mains, il fut mis en déroute. L'historien qui nous a transmis les détails de cette bataille condamne ces catafrattes. « Ils n'étaient d'aucune utilité, dit-il, ayant le visage couvert, ils ne pouvaient ni voir ni

---

[1] *Plutarque, Vie de Lucullus, 26.*

attaquer l'ennemi ; s'ils venaient à tomber le poids de leurs armes les empêchait de se relever, et ils étaient hors d'état de se défendre. »

Je soutiens donc que la préférence que les peuples ou les rois donnent à leur cavalerie sur leur infanterie est un garant de leur faiblesse et les expose à toute sorte de désastres. L'Italie, dans ses derniers temps, en a fourni la preuve : elle n'a été pillée ruinée et saccagée par les étrangers que parce qu'elle n'a tenu aucun compte de ses milices à pied et a mis toute sa confiance dans ses troupes à cheval. Sans doute, il faut avoir de la cavalerie, non pas comme la base, mais comme la force secondaire, non pas comme la base, mais comme la force secondaire de son armée. Elle est très utile, nécessaire même pour aller à la découverte, courir et ravager le pays ennemi, inquiéter, tourmenter l'ennemi, le tenir toujours sous les armes et lui intercepter ses vivres ; mais dans les batailles et dans la guerre de campagne (objet important de la guerre et but principal des armées), elle ne peut rendre de véritables services ; elle n'est utile que pour poursuivre l'ennemi lorsqu'il est mis en déroute, et elle ne doit nullement balancer l'importance de l'infanterie.

Cos. Je vous prie de m'éclaircir quelques doutes. Comment est-il arrivé que les Parthes, qui ne faisaient la guerre qu'à cheval, aient partagé l'empire du monde avec les Romains ? Comment l'infanterie peut résister à la cavalerie ? D'où vient enfin la faiblesse de celle-ci et la force de celle-là ?

Fabr. Je vous ai dit déjà, ou du moins c'était mon intention, que mon système de la guerre ne passait pas les bornes de l'Europe. Je pourrais ainsi me dispenser de vous rendre raison de ce qui se fait en Asie. Mais je veux bien vous observer que l'armée des Parthes était toute différente de l'armée des Romains. Ceux-là étaient tous à cheval, s'avançaient à l'ennemi pêle-mêle et en désordre, et rien n'était plus varié et plus incertain que leur manière de combattre presque tous à pied, et marchaient à l'ennemi en pressant leurs rangs. L'un ou l'autre peuple vainquit selon que le lieu du combat était resserré ou étendu. Dans le premier cas, les Romains étaient vainqueurs ; dans le second cas, les Parthes, dont l'armée trouvait de grands avantages dans le pays qu'elle avait à défendre. C'étaient de vastes plaines éloignées de la mer de plus de mille milles, arrosées par des fleuves séparés l'un de l'autre de trois ou quatre journées de marche, enfin n'offrant qu'à de grandes distances des villes et des habitants. Dans ce pays, protégé par une cavalerie très active qui aujourd'hui se présentait dans un lieu et reparaissait le lendemain à cinquante milles de là, l'armée romaine, ralentie par le poids de ses armes et l'ordre de sa marche, ne pouvait faire un pas sans courir les plus grands dangers. Voilà la cause de la supériorité de la cavalerie des Parthes, de la ruine de l'armée de Crassus et des périls que courut celle de Marc Antoine.

Au reste, comme je vous l'ai dit, mon intention n'est pas de vous entretenir des armées hors d'Europe, je me borne à vous parler des institutions des Romains et des Grecs, et des institutions actuelles des Allemands ; je viens donc à votre autre question. Vous me demanderez par quel art ou quelle valeur naturelle l'infanterie est supérieure à la cavalerie. D'abord la cavalerie ne peut aller partout comme l'infanterie ; et s'il faut changer l'ordre de bataille, elle ne peut exécuter le commandement aussi promptement que celle-ci ; souvent il est nécessaire en marchant en avant de tourner bride, et bientôt de faire volte-face ; de s'ébranler quand on est arrêté, ou de s'arrêter au milieu de la marche. Toutes ces évolutions, sans aucun doute, seront exécutées avec plus de précision par l'infanterie par l'infanterie que par la cavalerie. Une troupe à cheval, mise en désordre par le choc de l'ennemi, ne reprend que très difficilement ses rangs, un désavantage que n'a point l'infanterie. Il peut arriver aussi qu'un cheval sans vivacité soit monté par un homme intrépide, ou un cheval vif par un homme sans cœur, et cette disparité d'inclinations ne peut porter que le désordre dans les rangs.

Il ne faut donc pas s'étonner si un peloton de fantassins arrête souvent le choc de la cavalerie, car le cheval est un animal sensé qui connaît le danger et ne s'y expose pas volontiers. Et si vous réfléchissez à la force qui le pousse ou à la force qui l'arrête, vous verrez que celle-ci est beaucoup plus puissante que l'autre ; car s'il est poussé par l'éperon d'un côté, il est arrêté de l'autre par l'aspect des piques et des épées. Aussi a-t-on vu très souvent, chez les Anciens comme parmi les Modernes, un peloton d'infanterie se maintenir invincible contre tout l'effort de la cavalerie. Ne me dites pas que son choc est plus terrible, et le rend plus sensible contre à l'éperon qu'à l'aspect des piques ; car, dès qu'il commence à s'apercevoir que c'est à travers ces pointes de piques qu'il faut pénétrer, de lui-même il ralentit sa course, et lorsqu'il se sent piqué, il se détourne aussitôt ou à droite ou à gauche. Si vous voulez vous en convaincre, faites courir un cheval conte un mur, avec quelque force que vous le poussiez, vous en trouverez bien peu qui y donnent de la tête. Aussi César, ayant à combattre le Helvètes dans les gaules, descendit de cheval et en fit descendre également toute sa cavalerie ; il ordonna d'éloigner les chevaux du corps de la bataille, les regardant comme plus propres à la fuite qu'au combat [1].

Outre ces obstacles qu'éprouve la cavalerie, le commandant d'un corps d'infanterie doit toujours choisir

---

[1]   *Cf. César, La Guerre des Gaules, I, 25.*

des chemins qui présentent aux chevaux de grandes difficultés ; et il arrive rarement qu'il ne puisse préserver sa troupe par la seule disposition du terrain. S'il traverse des collines, il n'a rien à craindre de cette impétuosité dont vous parliez ; s'il marche dans des plaines, il y en a peu qui n'offrent des moyens de défense dans leurs bois ou leurs plantations ; il n'y a pas de buisson ou de fossé qui n'arrête cette impétuosité ; et si le terrain est planté de vigne ou d'autres arbres, il est impénétrable à la cavalerie. Il en est de même un jour de bataille ; le plus petit obstacle rend vaine toute l'impétuosité d'une charge de cavalerie. Au reste, je veux vous rappeler à cet égard que les Romains avaient tant de confiance dans la supériorité de leur tactique et de leurs armes que, lorsqu'au jour du combat ils avaient à choisir entre un lieu difficile, qui les préservât de l'impétuosité de la cavalerie, mais ne leur permît pas de faire librement toutes leurs évolutions, ou un autre terrain uni qui dût leur rendre la cavalerie plus redoutable, mais leur laissât les moyens de se développer à leur gré, ils préféraient toujours ce dernier champ de bataille.

Nous avons imité les Anciens et les Modernes pour armer notre infanterie ; il est temps maintenant de passer aux exercices. Nous allons examiner ceux que les Romains exigeaient de leur infanterie avant de la mener au combat. Quels que soient le chois et les armes d'un soldat, ces exercices doivent être le principal objet de vos soins, sinon vous n'en tirerez aucun parti utile. Il faut les considérer sous trois rapports. Il faut :

1- endurcir le soldat à la fatigue, l'habituer à supporter tous les maux, lui donner de l'agilité et de l'adresse ;

2- lui apprendre à manier ses armes ;

3- l'instruire à conserver ses rangs à l'armée. Si sa marche, son campement, son ordre de bataille ont été réglés avec ordre et méthode, son général n'en est pas moins estimé quand bien même la victoire n'aurait pas couronné ses travaux.

Les lois et les usages avaient établi ces exercices dans toutes les républiques anciennes, sans en négliger aucune partie. Pour rendre les jeunes gens agiles on les exerçait à courir ; pour les rendre adroits, à sauter ; pour les rendre forts, à lutter ou à arracher un pieu de terre. Ces trois qualités sont indispensables chez un soldat. S'il est agile, il court avant l'ennemi à un poste important, il fond sur lui lorsqu'il est le moins attendu, il le poursuit avec rigueur quand il l'a mis en déroute. S'il est adroit, il sait esquiver le coup qui lui est porté, franchir un fossé, enlever un retranchement. S'il est fort, il porte mieux ses armes, pusse vigoureusement l'ennemi contre tous les maux, on l'accoutumait à porter des fardeaux pesants.

Rien de plus utile qu'une pareille habitude : souvent, dans une expédition importance, le soldat, outre ses armes, est obligé de porter des vivres pour plusieurs jours et, s'il n'est pas formé à de semblables fatigues, il y succombera. Et alors il ne pourra ou éviter le danger qui le presse ou obtenir une victoire complète.

Quant au maniement des armes, voici quels étaient les exercices des Anciens. Ils faisaient revêtir à leurs jeunes gens des armes plus pesantes du double que les armes ordinaires, et ils leur donnaient, au lieu d'épée, un bâton garni de plomb et d'un poids infiniment plus lourd ; alors chaque jeune home enfonçait en terre un pieu qui devait s'élever de trois brasses, et être assez solide pour n'être pas brisé ou renversé par les coups qu'on pourrait y porter. C'est contre ce pieu qu'armé d'un bouclier et de son bâton il s'exerçait comme contre un ennemi. Il tirait dessus comme s'il eût voulu frapper tantôt la tête ou la figure, tantôt le côté ou les jambes ; bientôt, il se rejetait en arrière, puis se reportait en avant. Il avait soin de se couvrir en même temps que de frapper l'ennemi ; et ces fausses armes étant fort pesantes, les armes véritables ne leur paraissaient que plus légères un jour de combat. Les Romains voulaient que leurs soldats frappassent de pointe et non de taille ; ils jugeaient ce que coup était plus mortel et plus difficile à parer ; que, d'ailleurs, il découvrait moins le soldat et pouvait se répéter plus souvent que le coup de taille.

Ne soyez pas surpris que les Anciens entrassent dans tous ces petits détails ; car lorsqu'on en est aux mains, il n'y a point de petit avantage qui ne soit important, et songez que leurs auteurs s'étendent à cet égard beaucoup plus que je ne le fais moi-même. Les Anciens croyaient que ce qu'il y a de plus désirable dans une république c'est d'y compter un grand nombre d'hommmes exercés aux armes. Car ce n'est ni votre or ni vos pierreries qui vous soumettent votre ennemi ; mais seulement la crainte de vos armes. D'ailleurs, les fautes où l'on tombe à d'autres égards peuvent souvent se corriger ; mais, pour celles que l'on commet à la guerre, on en porte la peine sur-le-champ. Ajoutez que l'art de l'escrime donne une plus grande audace au soldat ; personne ne redoute ce qu'il a appris par un long exercice. Les Anciens voulaient donc que leurs citoyens s'habituassent à tous les exercices militaires. Ils leur faisaient lancer contre ce pieu, dont nous venons de parler, des dards plus pesants que les dards ordinaires. Cet exercice, qui leur donnait plus de justesse dans leurs coups, fortifiait également les muscles de leurs bras. Ils apprenaient en outre à tirer de l'arc et de la fronde ; des maîtres étaient préposés à ces divers exercices, de sorte que, lorsque leurs jeunes gens étaient *élus* pour la guerre, ils étaient déjà soldats et par le courage et par l'instruction militaire. Il ne leur restait plus qu'à apprendre à marcher dans les rangs, ou à les conserver pendant la route ou pendant le combat ; et ils y parvenaient bientôt en se mêlant à de vieux soldats qui depuis longtemps en avaient l'habitude.

COS. Quels exercices ordonneriez-vous aujourd'hui à vos troupes ?

FABR. Plusieurs de ceux dont je viens de parler. Je les ferais courir, lutter, sauter, je les fatiguerais sous le poids d'armes plus pesantes que les armes ordinaires ; je les ferais tirer de l'arc et de l'arbalète, et j'y joindrais le fusil, arme nouvelle et devenue très nécessaire. J'habituerais à ces exercices toute la jeunesse de mon État, plus particulièrement et avec plus de soin encore celle que j'aurais choisie pour la guerre, et j'y destinerais tous les jours de fête. Je voudrais aussi qu'ils apprissent à nager, exercice très utile au soldat. Il n'y a pas toujours des ponts ou des bateaux sur les fleuves, et si votre armée ne sait pas nager, elle se voit enlever une foule d'avantage et d'occasions de succès. C'est pour cette raison que des Romains faisaient exercer leurs jeunes gens au champ de Mars, situé sur les bords du Tibre. Quand ils étaient épuisés de fatigue, ils se jetaient dans le fleuve pour se délasser, et le passaient à la nage. J'ordonnerais en outre, comme les Anciens, des exercices particuliers pour ceux qui seraient destinés à la cavalerie ; par là, non seulement ils apprendraient à manier un cheval avec plus d'adresse, mais à s'y tenir de manière à n'être pas gênés dans le déploiement de toutes leurs forces. Les Anciens avaient, pour ces exercices, préparé des chevaux de bois, sur lesquels leurs jeunes sautaient, armés et désarmés, sans aucune aide, et de toute main. Aussi, au moindre signe du général, la cavalerie était à pied en un moment, et, à un autre signe, elle se retrouvait à cheval.

Ces divers exercices étaient très faciles pour les Anciens, et il n'y a pas aujourd'hui de république ou de monarque qui ne pût aussi aisément y habituer ses jeunes gens. On en voit la preuve dans quelques villes de la rivière du Ponant, où ils sont en usage. Là on partage tous les habitants en différentes troupes, et chacune d'elles prend le nom des armes dont elles se servent à la guerre ; c'est-à-dire la pique, la hallebarde, l'arc et le fusil, et de là on les appelle les piquiers, les hallebardiers, les archers et les fusiliers. Chaque habitant doit déclarer dans quelle troupe il veut entrer. Tous, ou en raison de leur âge ou par quelque autre obstacle, n'étant pas propres à la guerre, on fait dans chaque troupe un choix d'hommes, qu'on nome les jurés ; et ceux-ci, les jours de fête, sont obligés de s'exercer au maniement de l'arme dont ils portent le nom. La ville donne à chaque troupe une place pour les exercices, et les dépenses qu'ils entraînent sont supportés par ceux de la troupe qui ne sont pas du nombre des jurés. Ce qui se pratique dans ces villes nous est-il impossible ? Mais notre imprévoyance nous aveugle sur ce que nous avons de mieux à faire. Ces exercices donnaient aux Anciens une excellente infanterie et assurent encore aujourd'hui à celle de la rivière de Gênes la supériorité sur la nôtre.

Les Anciens exerçaient leurs soldats ou dans leurs foyers, comme les villes dont nous venons de parler, ou au milieu des armées, comme faisaient les empereurs par les raisons que je vous ai développées plus haut. Pour nous, au contraire, nous ne voulons pas exercer nos soldats dans nos villes ; nous ne le pouvons à l'armée, puisqu'ils ne sont pas nos sujets, et que nous n'avons pas le droit de leur commander d'autres exercices que ceux qu'ils veulent bien s'imposer à eux-mêmes. Voilà la cause du désordre des armées, de l'affaiblissement des constitutions, et de l'extrême faiblesse des monarchies et des républiques, surtout en Italie. Mais revenons à notre sujet.

Je viens de vous entretenir des divers exercices

nécessaires à un soldat ; mais ce n'est pas assez de l'avoir endurci aux fatigues, de lui avoir donné de la vigueur, de l'agilité et de l'adresse, il faut encore qu'il apprenne à connaître ses rangs, à distinguer ses drapeaux et les sons des instruments militaires, à obéir à la voix de ses commandants, et à pratiquer tout cela, soit qu'il s'arrête, se retire, aille en avant, combattre ou fasse route. Si l'on ne le forme point à cette discipline avec tous les soins dont on est capable, jamais on n'aura une bonne armée ; car il n'y a aucun doute que des hommes fougueux mais sans ordre ne soient plus faibles que des hommes timides mais bien disciplinés : la discipline étouffe la crainte, et le désordre rend la fougue inutile. Pour que vous puissiez mieux saisir les développements où je vais entrer à ce sujet, je dois, avant, vous expliquer comment chaque nation, en organisation ses armées ou ses milices, en a formé différents corps qui ont eu partout, sinon le même nom, au moins le même nombre de soldats à peu près : ils ont toujours été portés de six mille à huit mille homme. Ces corps ont été nommés *légion* par les romains, *phalange* par les Grecs, et en France *régiment* [1] ; Chez les Suisses, qui seuls ont conservé quelque ombre de l'ancienne discipline, ils sont appelés d'un nom qui, dans leur langue, revient à celui de *brigade*. Chaque nation a partagé ce corps en différents bataillons qu'ils ont chacun organisés à leur manière. C'est ce nom plus familier parmi nous que je veux prendre, des Modernes pour arriver au but que je me propose. Comme les Romains divisaient leurs légions, composées de cinq à six mille hommes en dix cohortes, je diviserai également notre brigade en dix bataillons, et je la porterai à six mille hommes de pied. Chaque bataillon aura quatre cent cinquante hommes, dont quatre cents pesamment armés, et cinquante armés à la légère ; des quatre cents, trois cents porteront le bouclier et

---

[1] *M. dit caterva, nom donné par les Romains aux légions.*

l'épée, et s'appelleront *écuyers* ou h*omme de boucliers* ; les autres, armés de pique, seront nommés piquiers ordinaires ; les armés à la légère seront cinquante fantassins portant des fusils, des arbalètes, des pertuisanes [1] et des rondaches [2] ; je les appellerai d'un nom ancien, *vélites ordinaires*. Ces dix bataillons, mille piquiers ordinaires et cinq cents vélites ordinaires qui, réunis, font quatre mille cinq cents fantassins ; et comme nous avons dit que nous voulions former notre brigade de six mille hommes, il faut joindre quinze cents hommes à ceux dont nous avons déjà parlé. De ces quinze cents, mille porteront des piques, et seront nommés piquiers extraordinaires, et cinq cents armés à la légère seront nommés vélites extraordinaires. Ainsi la moitié de mon infanterie sera composée de boucliers, l'autre moitié de piques et d'autres armes. J'établirai pour chaque bataillon un chef de bataillon, quatre centurions et quarante décurions ; de plus, un chef de vélites ordinaires et cinq décurions. Je donnerai aux mille piquiers extraordinaires trois chefs de bataillon, dix centurions et cent décurions ; aux vélites extraordinaires, deux chefs de bataillon, cinq centurions et cinquante décurions. Il y aura un chef de brigade et, à chaque bataillon, un drapeau et de la musique. Ainsi une brigade sera composée de dix bataillons, de trois mille hommes de boucliers, de mille piquiers ordinaires et mille piquiers extraordinaires, au total six mille hommes, qui comprendront quinze cents décurions, et, en outre, quinze chefs de bataillon avec quinze musiques et quinze drapeaux, cinquante-cinq centurions, dix chefs de vélites ordinaires, et enfin un chef de brigade avec son drapeau et sa musique. Je vous ai répété ce compte plusieurs fois, afin que vous ne confondiez rien quand je vous parlerai des moyens d'ordonner les brigades et les armées.

---

[1]   *Sorte de hallebarde.*
[2]   *Bouclier rond.*

Toute république ou tout monarque qui veut former à la guerre ses citoyens ou ses sujets doit les armer et les organiser ainsi ; et, après les avoir divisés en autant de brigades que le pays en comporte, si l'on veut les exercer dans les rangs, il suffit de prendre bataillon par bataillon. Quoique le nombre d'hommes qui composent chacun de ces corps ne puisse former une véritable armée, chacun d'eux cependant peut apprendre ainsi tout ce qu'on attende de lui à la guerre. Il y a en effet deux espèces de manœuvres dans une armée : celles de chaque individu dans un bataillon, et celles de chaque bataillon réuni avec les autres. Tout homme qui est instruit des premières ne trouvera dans les dernières aucune difficulté ; mais il ne pourra jamais réussir dans aucune difficulté ; mais il ne pourra jamais réussir dans celles-ci s'il ignore ces premières manœuvres. Chaque bataillon peut apprendre seul à conserver ses rangs dans toute espèce de mouvement et de terrain, à se former en bataille et à distinguer les sons de la musique qui porte les divers commandements dans le combat. Il faut que cette musique, comme le sifflet des galériens, apprenne aux soldats tout ce qu'ils ont à faire ; s'il doit s'arrêter, ou s'avancer, ou reculer, ou se tourner de quelque côté que ce soit. Lorsqu'une troupe sait conserver ses rangs sans être mise en désordre par aucun mouvement ou aucun terrain ; lorsque par le moyen de la musique elle sait entendre tous les commandements de son chef et reprendre en un instant sa première position, elle apprend bien vite, réunie à d'autres bataillons, toutes les manœuvres qu'exécutent entre eux les divers corps d'une armée ombreuse.

Comme ces derniers exercices sont également très importants, on pourrait, pendant la paix, rassembler la brigade une ou deux fois par an, et lui donner la forme d'une armée complète. On placerait dans leur disposition convenable le front, les flancs et la réserve de l'armée, et on l'exercerait ainsi pendant quelques jours à des batailles simulées. Or, comme un général dispose toujours son armée de manière à pouvoir combattre l'ennemi qu'il voit et celui qu'il soupçonne, il faut préparer une armée, et on l'exercerait ainsi pendant quelques jours à des batailles simulées. Or, comme un général dispose toujours son armée de manière à pouvoir combattre l'ennemi qu'il voit et celui qu'il soupçonne, il faut préparer une armée à ces deux événements, il faut qu'au milieu de la route elle puisse se battre au besoin, et que chaque soldat sache ce qu'il a à faire, s'il est attaqué de ce côté ou d'un autre. Lorsque vous l'avez ainsi formé, vous devez lui apprendre à engager l'action ; comment il doit faire retraite s'il est repoussé, et qui doit alors le remplacer ; l'instruire à obéir au drapeau, à la musique, à la voix de son commandant, et l'habituer tellement à ces combats simulés, qu'il en désire de véritables. Ce n'est pas le nombre des braves qui s'y trouvent, mais la supériorité de la discipline, qui rend une armée intrépide. Si je suis en effet aux premiers rangs, et que je connaisse bien d'avance où je dois me retirer étant repoussé, et qui est chargé de me remplacer, alors, assuré d'un prompt secours, je combattrai avec pus de courage. Si je suis aux seconds rangs, la défaite des premiers ne m'effraiera pas, car je m'y serai attendu, et je l'aurai même désirée, pour qu'à la retraite de ceux-ci la victoire soit mon ouvrage.

Ces exercices sont indispensables pour une armée nouvelle, et même nécessaire à une vielle armée. Quoique les Romains y fussent habitués dès l'enfance, on voit cependant que les généraux les leur faisaient répéter avec de les mener à l'ennemi. Josèphe [1] raconte dans son histoire qu'à force d'observer ces continuels exercices des armées romaines, les nombreux vivandiers qui suivent les camps

---

[1]   *Flavius Josèphe, De bello judaico, III, 4-5.*

étaient parvenus à savoir très bien marcher et combattre en rangs, et rendaient ainsi de très grands services un jour de bataille. Mais si vous formez une armée de nouveaux soldats, ou pour les envoyer sur-le-champ au combat, ou pour les tenir prêts dans l'occasion, tous vos soins sont perdus sans ces continuels exercices, et des individuellement et toute l'armée réunie. Cette instruction étant indispensable, il faut employer ses plus grands soins pour la donner à qui ne l'a pas, et la conserver à ceux qui sont déjà formés ; on a vu les meilleurs généraux se donner des peines excessives pour arriver à ce double but.

Cos. Il me semble que ces considérations vous ont un peu écarté de votre sujet ; vous nous parlez déjà d'une armée complète et d'une bataille, sans avoir encore rien dit du mode d'exercices pour les bataillons.

FABR. Vous avez raison ; ma prédilection pour les règles ancienne set mon chagrin de les voir si fort négligées sont la cause de ces écarts. Mais je reviens à mon sujet. Ce qu'il y a de plus important dans les exercices des bataillons, comme je vous l'ai déjà dit, c'est de savoir conserver ses rangs. Pour y réussir, il faut les exercer longtemps à cette manœuvre qu'on appelle le *limaçon*. Comme notre bataillon est de quatre cents fantassins pesamment armés, nous nous réglerons d'après ce nombre. Ainsi j'en formerai quatre-vingts rangs à cinq hommes de hauteur, et dans une marche précipitée ou ralentie, je les ferai, pour ainsi dire, se renouer et se délier entre eux sans se confondre. Mais il faut moins dire cet exercice que le montrer aux yeux, et il est inutile de s'y arrêter plus longtemps ; il est connu de tous ceux qui ont vu une armée, et il n'a d'autre avantage que d'habituer les soldats à garder leurs rangs.

Il s'agit maintenant de former en bataille un bataillon ; on peut y procéder de trois façons différentes : 1° en le

faisant très épais et en lui donnant la forme de deux carrés ;
2° en en faisant un carré dont le front soit à cornes ; 3° en
laissant au milieu du carré une espace vide qu'on appelle *la
place*. La première de ces manœuvres s'exécute de deux
manières : l'une est de faire doubler les rangs ; le second
rang entre dans le premier, le quatrième dans le troisième, le
sixième dans le cinquième et ainsi de suite. Par là, au lieu de
quatre-vingts rangs à cinq homme de hauteur, vous en avec
quarante à dix. Vous faites ensuite une seconde fois cette
opération, et il ne vous reste plus que vingt rangs à vingt
hommes de hauteur. Votre bataillon forme ainsi deux carrés
à peu près : car, quoiqu'il y ait autant d'hommes d'un côté
que de l'autre, chaque soldat touchant le coude de son
voisin, tandis que celui qui est derrière en est séparé de
moins de deux brasses, il en résulte que le bataillon a
beaucoup plus de profondeur que de largeur. Comme j'aurai
souvent à parler des différentes parties du bataillon ou de
l'armée entière, souvenez-vous que, lorsque je dirai la tête
ou le front, ce sera le devant de l'armée ; la queue, les
derrières ; les flancs, les côtés. Je ne mêle pas dans les rangs
les cinquante vélites ordinaires du bataillon ; lorsqu'il est
formé, ils se répandent sur les deux flancs.

Voici l'autre manière de former en bataille un
bataillon ; comme elle est beaucoup plus utile que la
première, je vous la développerai avec plus d'étendue. Je
suppose que vous n'avez point oublié le nombre de soldats,
de chefs et d'armes différentes qui composent notre
bataillon. L'objet de cette manœuvre est, comme nous
l'avons dit, de former le bataillon de vingt rangs à vingt
hommes par rang, cinq rangs de piques en tête et les quinze
autres de boucliers deux centurions sont à la tête, deux
autres sur les derrières et remplacent les officiers, nommés
chez les Romains *tergi ductores* [1] ; le chef de bataillon est

entre les cinq premiers rangs formés de piques, et les quinze derniers de boucliers. À chaque côté des rangs est un décurion, qui commande ainsi son *escouade* ; celui de gauche commandant les dix hommes de droite, et celui de droite les dix hommes de gauche. Les cinquante vélites sont placés sur les flancs et sur les derrières du bataillon. Voici maintenant ce qu'il y a à faire pour qu'un bataillon qui est en route prenne sur-le-champ cet ordre de bataille. Vos soldats sont sur quatre-vingts rangs à cinq de hauteur. Vous placez vos vélites à la tête ou à la queue, peu importe, pourvu qu'ils soient hors des rangs. Chaque centurion a derrière lui vingt rangs, dont les cinq premiers immédiats sont formés de piques, le reste de boucliers. Le chef de bataillon est, avec la musique et le drapeau, entre les piques et les boucliers du second centurion. Il tient la place de trois rangs de boucliers. Vingt décurions qui commandent les piques doivent porter la pique, et ceux qui commandent les boucliers porter également le bouclier. Si vous voulez, dans cet été, que vos rangs se forment en bataille pour faire tête à l'ennemi, vous faites arrêter le premier centurion avec ses vingt rangs ; le second centurion continue de marcher, et, obliquant à droite, arrive sur le flanc gauche des vingt premiers rangs, s'aligne avec leur centurion et fait halte ; le troisième centurion continue de marcher et obliquant à droite, arrive sur le flanc gauche des rangs déjà arrêtés, s'aligne avec les deux centurions et fait halte ; le quatrième centurion suit absolument la même marche, et aussitôt deux centurions quittent la tête du bataillon et vont sur les derrières, et le bataillon se trouve ainsi formé dans l'ordre de bataille dont nous avons parlé. Les vélites se répandent sur les flancs comme nous l'avons dit en expliquant la première opération.

---

¹ *Les serre-files.*

La première manœuvre s'appelle *se doubler par ligne droite* ; la seconde, *se doubler par le flanc*. Celle-là est plus facile, celle-ci plus régulière, plus sûre et plus aisée à adapter aux circonstances. Dans la première, en effet, vous êtes forcé d'obéir au nombre ; de cinq vous faites dix, de dix, vingt ; de vingt, quarante. En vous doublant ainsi par ligne droite, vous ne pouvez opposer à l'ennemi un front de quinze, vingt-cinq, trente ou trente-cinq hommes. Il faut vous conformer au nombre qui résulte du doublement ; et il arrive très souvent que, dans une action, vous avez besoin d'exposer à l'ennemi un front de six cents ou huit cents hommes, et la *ligne droite*, dans cette occasion, vous jetterait en désordre. Je préfère donc la seconde manœuvre, et il faut que l'habitude et l'exercice apprennent à en surmonter les difficultés.

Je répète qu'il est de la plus haute importance que tous les soldats sachent connaître leurs rangs et les maintenir sans confusion, soit au milieu de leurs exercices, soit dans une marche forcée, soit en avançant ou reculant, et dans les lieux les plus difficiles. Un soldat bien instruit à cet égard est un soldat expérimenté, quoiqu'il n'ait jamais vu l'ennemi, et on peut l'appeler un vieux soldat. Mais, au contraire, un soldat inhabile à ces exercices, quoiqu'il se soit trouvé à mille combats, doit être regardé comme une recrue. Voilà le moyen de *former en bataille* un bataillon qui marche sur des rangs étroits ; mais la chose la plus importante, la véritable difficulté, ce qui demande le plus d'études et de pratique, le principal objet enfin de l'attention des Anciens, c'est de savoir reformer le bataillon sur-le-champ lorsqu'un accident quelconque, soit le terrain ou l'ennemi, l'a mis en désordre. Pour cet effet, il faut : 1° remplir le bataillon de signes de ralliement ; 2° placer les soldats de façon que les mêmes soient toujours dans les mêmes rangs. Si un soldat, par exemple, a d'abord été au second rang, qu'il y reste toujours, non seulement dans le même rang, mais à la même place. Les signes de ralliement sont à cet égard fort nécessaires : il faut d'abord que le drapeau ait un caractère assez distinct pour être facilement reconnu au milieu des autres bataillons. Il faut ensuite que le chef de bataillon et les centurions portent des panaches différents les uns des autres et fort identifiables. Mais ce qui importe le plus, c'est de distinguer les décurions : ce point était de si grande conséquence pour les Romains que chacun de leurs décurions portait son numéro sur le casque ; on les appelait premier, second, etc. ; et cela ne leur suffisait pas encore ; chaque soldat portait sur con bouclier le numéro de son rang et de la place qu'il y occupait. Étant ainsi tous bien distingués et habitués à conserver leur place, il est facile, au milieu du plus grand désordre, de reformer sa troupe sur-le-champ. Dès que le drapeau est fixé, les centurions et les décurions peuvent d'un coup d'œil reconnaître leur poste ; et lorsque chacun, en conservant les distances ordinaires, s'est placé à la gauche ou à la droite, le soldat, guidé par la pratique et par les signes de ralliement, retrouve son poste en un instant. C'est comme un tonneau que vous rétablissez très aisément si vous avez marqué toutes les planches, et qu'il vous est impossible, sans cela de reconstruire. Toutes ces dispositions sont très faciles à enseigner dans les exercices, s'apprennent très vite, ct ne s'oublient que difficilement ; car les anciens soldats sont là pour instruire les nouveaux, et tout un peuple en peu de temps deviendrait ainsi très expérimenté au métier des armes.

Il est très utile encore de former le bataillon à se tourner en un instant de façon que les flancs ou la queue deviennent la tête au besoin, et la tête devienne les flancs ou la queue. Rien n'est plus aisé : il suffit que chaque homme se tourne du côté qui lui est commandé, et là est toujours la tête du bataillon. Il faut observer que, lorsqu'on tourne par le flanc, les rangs perdent leurs distances. En faisant volte-face, la différence n'est pas sensible ; mais en tournant par le flanc, la différence n'est pas sensible ; mais en tournant par le flanc, les soldats ne sont plus rapprochés, ce qui est un grand vice dans la disposition ordinaire d'un bataillon. Il faut alors que la pratique et leur jugement leur apprennent à se resserrer. Mais ce n'est là qu'un petit inconvénient qu'ils peuvent eux-mêmes réparer. Ce qui est beaucoup plus important et demande beaucoup plus de pratique, c'est de faire tourner tout un bataillon comme une seule masse solide : il faut, à cet égard, de l'usage et de l'habileté. Si vous voulez, par exemple, tourner sur le flanc gauche, vous faites arrêter ceux qui sont à la gauche, et ralentir le pas au centre, de sorte que la droite ne soit pas obligée de courir ; sans cette précaution, les rangs tombent dans le plus grand désordre.

Il arrive souvent, quand une armée est en marche, que les bataillons qui ne sont point à la tête soient attaqués par les flancs ou par la queue ; et, dans cette conjoncture, un bataillon doit sur-le-champ faire face par le flanc ou par la queue. Pour que cette manœuvre ait lieu et que le bataillon conserve en même temps l'ordre de bataille que nous avons établi, il faut qu'il ait ses piques sur le flanc où il doit faire face, et ses décurions, ses centurions et son chef de bataillon dans leurs rangs accoutumés. Dans ce cas, lorsque vous formez les quatre-vingts rangs à cinq hommes de hauteur, vous mettez toutes les piques dans les vingt premiers rangs. Quant à leurs décurions, vous en placez cinq au premier rang, et cinq au dernier. Les autres soixante rangs sont composés des boucliers, et forment trois centuries. Les premier et dernier rangs de ces centuries sont composés de décurions : le chef de bataillon à la tête de chaque centurie. Dans cet état, si vous voulez avoir vos piques sur le flanc gauche, vous faites former vos centuries en bataille par le flanc droit ; si vous voulez avoir vos piques à droite, vous faites former en bataille par le flanc gauche ; le bataillon marche ainsi avec toutes les piques sur un flanc, tous les décurions à la tête et à la queue, les centurions à la tête et le chef de bataillon au centre. Lorsque l'ennemi se présente, et qu'il faut faire face par le flanc, on ordonne au soldat de tourner du côté des piques, et le bataillon se trouve parfaitement dans l'ordre de bataille que nous avons établi ; tous sont dans leurs rangs prescrits, à l'exception des centurions qui s'y placent en un instant et sans aucune difficulté.

Si pendant la marche le bataillon craint d'être attaqué par la queue, il faut disposer en bataille les piques se trouvent derrière ; et pour cela, il n'y a d'autre chose à faire que de placer les piques aux cinq derniers rangs de chaque centurie, au lieu de les placer aux cinq premiers. Dans tout le reste, on conserve l'ordre accoutumé et la manœuvre est la même.

COS. Vous avez dit, s'il m'en souvient, que l'objet de ces exercices était de former ces bataillons en armée, et de les ordonner ainsi les uns par rapport aux autres. Mais s'il arrivait que ces quatre cent cinquante fantassins fussent engagés dans une action particulière, comment les disposeriez-vous ?

FABR. Leur chef doit juger alors où il est le plus utile de placer ses piques ; ce qui ne peut détruire en rien l'ordre que nous avons établi. Quoique l'objet de nos manœuvres soit en effet de former un bataillon à savoir combattre dans une affaire générale, elles n'en peuvent pas moins être très utiles dans toutes les affaires particulières. Mais en vous expliquant bientôt les deux autres modes de former en bataille un bataillon que je vous ai annoncés, je pourrai mieux répondre à votre question. Si quelquefois, en effet, on a recours à ces deux manœuvres, c'est seulement quand un bataillon est isolé de tous les autres.

Pour former un bataillon à cornes, il faut disposer, ainsi qu'il suit, les quatre-vingts rangs, à cinq de hauteur. Vous placez, derrière un centurion, vingt-cinq rangs de deux piques sur la gauche et de trois boucliers ; sur la droite ; derrière les cinq premiers rangs, dans les vingt derniers, sont vingt décurions entre les piques et les boucliers ; les décurions qui portent la pique restent avec les piques dans les cinq premiers de ces vingt rangs. Après ces vingt-cinq rangs viennent 1° un centurion suivi de quinze rangs de boucliers ; 2° le chef de bataillon, la musique et le drapeau, suivis également de quinze rangs de boucliers ; 3° enfin, un troisième centurion suivi de vingt-cinq rangs, dont chacun est composé de trois boucliers sur la gauche et de deux piques sur la droite et, dans les vingt derniers de ces rangs, sont placés vingt décurions entre les piques et les boucliers ; le quatrième centurion ferme les rangs. Maintenant, de ces rangs ainsi disposés, si vous voulez en former un bataillon à deux cornes, vous faites arrêter le premier centurion avec les vingt-cinq rangs qui le suivent. Le second centurion continue de marcher, en obliquant à droite sur le flanc droit des vingt-cinq rangs, et arrivé à la hauteur des quinze derniers rangs de ceux-ci, il s'arrête. Le chef de bataillon *oblique* également sur la droite de ces quinze rangs de boucliers, et fait halte à la même hauteur ; le troisième centurion avec ses vingt-cinq rangs, et le quatrième centurion qui les suit, se dirige sur la même marche en se portant sur le flanc droit de ces rangs de boucliers ; mais il ne s'arrête pas au même point, et continue d'avancer jusqu'à ce que son dernier rang soit aligné avec le dernier rang des boucliers. Alors le centurion qui a conduit les quinze premiers rangs de boucliers quitte sa place et va à l'angle gauche de la queue du bataillon. On aura ainsi un bataillon de quinze rangs, à vingt hommes de hauteur, avec deux cornes sur chaque côté de la tête du bataillon de quinze rangs, à vingt hommes de hauteur, avec deux cornes sur chaque côté de la tête du bataillon dont chacune sera formée de dix rangs à cinq hommes de hauteur. Entre ces deux cornes, il restera un espace capable de contenir dix hommes aisément. Là sera le chef de bataillon ; à chaque corne un centurion ; sur les derrières un centurion également à chaque angle ; et sur les deux flancs, deux rangs de piques et un rang de décurions. Ces deux cornes servent à renfermer l'artillerie et les bagages. Les vélites se répandent sur les flancs à côté des piques.

Pour former *une place* dans ce bataillon à cornes, il faut prendre les huit derniers des quinze rangs à vingt hommes de hauteur, et les porter sur la pointe des deux cornes, qui deviennent alors les derrières de la place. C'est là qu'on place les bagages, le chef de bataillon et les drapeaux, mais non l'artillerie qu'on envoie alors à la tête, ou sur les flancs du bataillon ; cette manœuvre est utile quand on doit passer dans des lieux suspects ; mais l'ordre d'un bataillon sans *cornes* et sans *place* est encore préférable. Cependant, quand il faut mettre à couvert des hommes sans défense, le bataillon à cornes est très nécessaire.

Les Suisses ont encore plusieurs autres ordres de bataille ; un, entre autres, qui a la forme d'une croix ; ils mettent ainsi à couvert leurs fusiliers dans l'espace que forment les bras de cette croix. Mais comme toutes ces manœuvres ne sont bonnes que dans des affaires particulières et que mon seul but est de former plusieurs bataillons à combattre ensemble, il est inutile d'en parler ici.

Cos. Il me semble que j'entends fort bien votre système d'exercices pour les soldats de ces bataillons ; mais je crois, si je m'en souviens bien, qu'outre des cinq bataillons vous avez encore dans votre brigade mille piquiers extraordinaires, et cinq cents vélites extraordinaires. Ne voulez-vous pas les exercer également ?

FABR. Oui, sans doute, et avec le plus grand soin. J'exercerais ces piquiers, par compagnies, de la même manière que les bataillons, et je m'en servirais plutôt que de ceux-ci dans toutes les affaires particulières, quand il s'agirait de fournir une escorte, de mettre le pays ennemi à contribution, et d'autres opérations semblables. Quant aux vélites, je les exercerais chez eux sans les réunir ensemble ; comme ils sont destinés à combattre sans ordre, il est inutile de les rassembler pour de communs exercices ; il suffit qu'ils soient bien instruits dans les exercices particuliers.

Il faut donc, car je ne me lasse pas de le répéter, exercer avec soin les soldats de vos bataillons à garder leurs rangs, à reconnaître leur poste, à s'y rallier lorsque l'ennemi ou la difficulté du terrain les a mis en désordre. Quand ils ont pris cette habitude, il est aisé d'apprendre à un bataillon quel poste il doit occuper et quelles sont ses opérations à l'armée. Toute république ou tout monarque qui emploiera tous ses soins et tout son zèle à établir chez lui une armée ainsi organisée et de tels exercices sera sûr d'avoir constamment d'excellents soldats, supérieurs à tous leurs voisins, destinés à imposer et non à recevoir la loi. Mais, comme je vous l'ai déjà dit, le désordre de nos gouvernements ne nous laisse que de l'indifférence et du dédain pour ces institutions. Aussi avons-nous de très mauvaises armées, et, s'il s'y trouve quelques chefs ou quelques soldats qui aient une véritable capacité, il leur est impossible d'en donner la moindre preuve.

COS. Quels équipages voudriez-vous à la suite de chacun de ces bataillons ?

FABR. D'abord, je ne permettrais à aucun des centurions ou des décurions d'aller à cheval ; et si le chef de bataillon en avait grande envie, je lui accorderais un mulet et non un cheval. Je lui donnerais deux fourgons, un à chaque centurion, et deux pour trois décurions. Car je me propose d'en loger autant ensemble comme je vous le dirai plus bas. Chaque bataillon aurait ainsi trente-six fourgons qui porteraient avec tout les tentes et les ustensiles de cuisine, les haches et les pieux nécessaires au campement. Quant au reste du bagage, ils le porteront s'ils ne sont pas trop chargés.

COS. Je ne doute pas de l'utilité des chefs que vous avez dans chaque bataillon ; mais ne craignez-vous pas que tant de commandants, n'amènent de la confusion ?

FABR. Cela serait vrai s'ils ne dépendaient pas tous d'un seul chef ; mais cette dépendance établit l'ordre, et, dans ce nombre d'officiers, il est impossible de conduire un bataillon. C'est un mur qui, penchant de toutes parts, a plutôt besoin d'un grand nombre de petits étais, que de quelques poutres très solides ; car toute la force d'une de ces poutres ne peut empêcher qu'à une certaine distance le mur ne tombe en ruine. Il faut donc que dans une armée, sur dix soldats, il s'en trouve un qui, ayant plus d'activité, d'audace, ou du moins d'autorité, les contienne et les dispose au combat par son courage, ses paroles, et son propre exemple. Ce qui prouve combien est nécessaire dans une armée tout ce que je viens de dire, comme les officiers, les drapeaux et la musique, c'est qu'on les retrouve même dans les nôtres ; mais nous n savons pas en tirer parti. Si l'on veut que les décurions rendent tous les services qu'on doit en attendre, il faut que chacun d'eux connaisse bien ses soldats, loge et soit de garde avec eux, et combatte dans les mêmes rangs. Par ce moyen, ils servent de règle et de mesure pour tenir les rangs droits et serrés ; et, s'ils viennent à se rompre, ils peuvent aussitôt les rétablir ; mais nos sous-officiers ne sont bons aujourd'hui qu'à recevoir une plus forte solde et à faire quelque service particulier. Il en est de même des drapeaux qu'on n'emploie à aucun usage militaire, mais seulement à faire parade. Les Anciens, au contraire, s'en servaient comme d'un guide et d'un signe de ralliement ; lorsqu'il était arrêté, chacun, instruit de la place qu'il occupait auprès de son drapeau, y retournait aussitôt ; selon qu'il se fixait ou était en mouvement, ils devaient s'arrêter ou marcher. Il faut donc qu'une armée ait beaucoup de corps différents et chaque corps son drapeau et ses guides, c'est le moyen de lui donner du mouvement et de la vie.

Les soldats doivent suivre le drapeau ; et le drapeau, la musique. Lorsque celle-ci est bien dirigée, elle commande à l'armée ; chaque soldat réglant ses pas sur les temps de la musique conserve aisément ses rangs. Aussi les Anciens avaient dans leurs armées des flûtes, des fifres, et autres instruments parfaitement modulés. Comme un danseur ne se trompe jamais dans ses pas, en suivant bien la mesure, une armée avec la même attention se maintient toujours en bon ordre. Les Anciens variaient les modes selon qu'ils voulaient enflammer, calmer ou arrêter l'impétuosité de leurs soldats. Le mode dorique inspirait la constance ; le mode phrygien, la fureur ; et on raconte qu'Alexandre, entendant par hasard, à table, ce mode phrygien, s'enflamma au point de porter la main à ses armes. Il faudrait retrouver tous ces modes, et, si l'on y rencontrait quelque difficulté, il faudrait du moins s'attacher à ceux qui instruisent l'armée des commandements. Chacun peut les varier à son gré, mais il faut que le soldat habitue son oreille à les bien distinguer. Aujourd'hui la musique n'est bonne qu'à faire du bruit.

Cos. Je désire bien que vous m'expliquiez pourquoi les institutions militaires sont tombées aujourd'hui dans quel dépris ; pourquoi sont-elles vues avec autant d'indifférence et suivies avec si peu d'ordre ?

FABR. Je satisferai volontiers à votre question. Vous savez que, parmi les militaires renommés, on en a compté un grand nombre en Europe, peu en Afrique et encore moins en Asie. La cause de cette différence est que ces deux grandes monarchies et très peu d'États républicains, tandis qu'il existait en Europe quelques rois et un grand nombre de républiques. Les hommes ne deviennent supérieurs et ne déploient leurs talents que lorsqu'ils sont employés et encouragés par leur souverain, que ce soit un monarque ou une république. Où il y a beaucoup de souverains, les grands hommes naissent en foule ; ils deviennent rares quand le nombre de souverains est petit. À l'égard de l'Asie, quand on a nommé Ninos, Cyrus, Artaxercès et Mithridate, il reste très peu de grands généraux à citer. Si vous mettez de côté ce qui est caché dans la nuit des antiquités égyptiennes, vous ne trouvez guère en Afrique que Massinissa, Jugurtha et les généraux carthaginois ; mais leur nombre est bien petit si on le compare à tout ce qu'a produit l'Europe. Elle a enfanté une foule de grands hommes dont le nombre serait bien plus considérable encore si l'on pouvait y joindre tous ceux que l'injure des temps a condamnés à l'oubli. Car le mérite est d'autant plus commun, qu'il se trouve plus d'État forcés par la nécessité ou quelque autre puissant intérêt de lui donner de justes encouragements.

L'Asie n'offrit que peu de grands hommes parce que, réunie presque tout entière sous un seul empire, son immensité la maintenait le plus souvent en paix et arrêtait tous les efforts d'un génie entreprenant. Il en a été de même de l'Afrique, à l'exception de Carthage où parurent quelques noms illustres. Car il est à remarquer qu'il naît beaucoup plus de grands hommes dans un république que dans une monarchie : là on honore le mérite, ici on le craint ; là on l'encourage, ici on cherche à l'étouffer.

L'Europe au contraire, remplie de républiques et de

monarchies, toujours en défiance les unes des autres, était forcée de maintenir dans toute leur vigueur ses institutions militaires et d'honorer ses grands capitaines. La Grèce, en effet, outre le royaume de Macédoine, comptait plusieurs républiques qui toutes produisirent de très grands hommes. L'Italie était habitée par les Romains, les Samnites, les Étrusques et les Gaulois cisalpins ; la gaule, la Germanie et l'Espagne étaient partagées en un grand nombre de républiques et de monarchies. Et si nous ne connaissons, en comparaison des Romains, qu'un très petit nombre de leurs héros, il faut en accuser la partialité des historiens qui, le plus souvent esclaves de la fortune, ne célèbrent que les vainqueurs. Mais on ne peut douter qu'il n'ait paru une foule de grands généraux chez les Étrusques et les Samnites qui combattirent cent cinquante ans contre les Romains avant d'avoir été domptés. On peut en dire autant des Gaules et de l'Espagne. Mais cette vertu que les historiens refusent aux individus, ils la donnent tout entière aux peuples dont ils célèbrent, jusqu'à l'enthousiasme, la constante opiniâtreté dans la défense de leur liberté.

S'il est vrai que le nombre des grands hommes dépend du nombre des États, il faut en conclure que, lorsque ceux-ci s'anéantissent, le nombre des grands hommes diminue avec les occasions d'exercer leur capacité. Lorsque l'empire romain se fut accru et qu'il eut détruit tous les États d'Europe et d'Afrique et la plus grande partie de ceux de l'Asie, il ne resta plus de place au mérite qu'à Rome, et les grands hommes devinrent aussi rares en Europe qu'en Asie. Comme il n'y avait plus de vertu que dans cette capitale du monde, le premier germe de la corruption entraîna la corruption du monde entier ; et les barbares ravagèrent sans peine un empire qui avait éteint la vertu des autres États, sans avoir pu conserver la sienne.

Le partage que fit de l'Empire romain ce déluge de

barbares ne put ramener en Europe cette antique vertu militaire : d'abord on ne revient pas aisément des institutions tombées en désuétude ; il faut en accuser ensuite les nouvelles mœurs introduites par la religion chrétienne. Il n'y a plus autant de nécessité de résister à l'ennemi. Alors le vaincu était massacré, ou achevait une vie misérable dans un éternel esclavage. Les villes prises étaient saccagées, ou on en chassait les habitants après leur avoir enlevé tous leurs biens ; on les dispersait dans le monde entier ; enfin il n'y avait point de misères que ne supportassent les vaincus. Chaque État, effrayé de tant de malheurs, tenait constamment ses armées en activité, et accordait de grands honneurs à tout militaire distingué. Aujourd'hui toutes ces craintes n'existent plus en grande partie : la vie des vaincus est presque toujours respectée, ils ne sont pas longtemps prisonniers, et ils recouvrent très aisément leur liberté. Une ville a beau se révolter vingt fois, elle n'est jamais détruite ; les habitants conservent toutes leurs propriétés, et tout ce qu'ils ont à craindre, c'est de payer une contribution. Aussi ne veut-on plus se soumettre aux institutions militaires et endurer la fatigue des exercices pour échapper à des dangers qu'on ne craint plus. D'ailleurs, les différentes parties de l'Europe comptent un petit nombre de souverains, si on les compare à ceux qu'elles avaient alors : la France entière obéit à un roi ; toute l'Espagne à un autre, et l'Italie n'est pas fort divisée. Les petits États embrassent le parti du vainqueur ; et les États embrassent le parti du vainqueur ; et les États puissants, par les raisons que je viens de développer, n'ont jamais à craindre une ruine complète.

Cos. On a vu cependant, depuis vingt-cinq ans, des villes saccagées et des États détruits. Cet exemple devrait être une leçon pour les autres et leur faire sentir la nécessité de revenir aux anciennes institutions.

FABR. Cela est vrai. Mais remarquez les villes qui ont

été saccagées ; ce n'a jamais été une capitale, mais une ville de second ordre : ce fut Tortone [1] et non Milan, Capoue [2] et non pas Naples, Brescia [3] et non pas Venise, Ravenne [4] et non Rome. Ces exemples ne changent point le système des gouvernants ; ils n'ont d'autre effet que de leur inspirer une grande envie de se dédommager par des contributions. Ils ne veulent se dédommager par des contributions. Ils ne veulent pas s'assujettir aux embarras des exercices militaires ; ils regardent tout cela comme inutile, ou comme une chose où ils n'entendent rien. Quant à ceux qui ont perdu leur puissance, et que de tels exemples devraient épouvanter, ils n'ont plus les moyens de réparer leur erreur. Ainsi les uns renoncent à ces institutions par impuissance, les autres par ignorance et défaut de volonté ; par facilité ils s'en remettent à la fortune plutôt qu'à leur vertu : ils voient en effet qu'en l'absence de vertu la fortune est la plus forte et ils préfèrent se soumettre à elle plutôt que de la maîtriser.

Je puis, comme une preuve de la vérité de mon opinion, vous citer l'Allemagne. C'est le grand nombre d'États qu'elle renferme qui y entretient la vertu militaire ; et tout ce qu'il y a de bon aujourd'hui dans nos armées leur est dû. Jaloux de leur puissance, ces États seuls redoutent l'esclavage, et ils savent ainsi conserver leur autorité et leur considération. Voilà les causes qui me paraissent expliquer l'indifférence qu'on montre aujourd'hui pour les talents militaires ; je ne sais si vous les trouvez raisonnables, et s'il ne vous reste pas encore quelque doute à cet égard.

COS. Aucun. Cela m'est parfaitement démontré. Je

---

[1] *Par les Français en 1499, lorsque Louis XII voulut reprendre le duché de Milan à Ludovic le More.*

[2] *Capoue fut saccagée en 1501.*

[3] *En 1512, par les Français.*

[4] *Aussi en 1512.*

vous prie seulement, pour revenir à notre sujet principal, de me dire de quelle manière vous ordonnez votre cavalerie avec ces bataillons, à quel nombre vous la portez, et enfin quels griefs et quelles armes vous voulez lui donner ?

FABR. Ne soyez pas étonné si je parais oublier cette partie de mon sujet ; j'ai deux raisons pour n'en parler que fort peu : la première, c'est que la force réelle d'une armée est dans son infanterie ; la seconde, c'est que notre cavalerie est moins mauvaise que notre infanterie, et que, si elle n'est pas supérieure à celle des Anciens, elle lui est du moins comparable. Au reste, j'ai déjà parlé de la manière de l'exercer. Quant à ses armes, je ne changerais rien à ce qui est en usage aujourd'hui tant pour la cavalerie légère que pour les gens d'armes. Je voudrais seulement que la cavalerie légère fût entièrement armée d'arbalètes en y mêlant quelques fusiliers. Quoique ceux-ci, dans les opérations ordinaires de la guerre, soient assez inutiles, on peut cependant en tirer un grand parti quand il s'agit d'effrayer des paysans et de les déposter d'un passage qu'ils voudraient garder ; ils ont plus peur d'un fusil que de vingt autres armes.

Il s'agit à présent de fixer à quel nombre il faut porter la cavalerie. Puisque nous imitons les légions romaines, je ne donnerais à chaque brigade que trois cents hommes de cavalerie, dont cent cinquante gens d'armes et cent cinquante chevau-légers ; chacun de ces deux corps aurait un chef d'escadron, quinze décurions, une musique et un drapeau. J'accorderais cinq fourgons pour dis gens d'armes, et deux pour dix chevau-légers ; comme ceux de l'infanterie ; ils porteraient les tentes, les ustensiles de cuisine, les haches et les pieux, et les reste du bagage, s'il s'y trouvait encore de la place. Et ne critiquez pas cette règle que j'impose par la raison qu'aujourd'hui, ces gens d'armes ont quatre chevaux à leur suite ; c'est là un très grand abus.

En Allemagne, les gens d'armes n'ont qu'un seul cheval, et un seul fourgon sert à vingt d'entre eux pour porter leur bagage. La cavalerie romaine était également sans suite ; on logeait seulement près d'elle les *triaires* [1] qui l'aidaient dans le pansement des chevaux. C'est un usage que nous pouvons imiter, comme je le ferai voir quand je parlerai des campements ; et nous avons grand tort de négliger, comme nous le faisons, l'exemple que nous ont donné les Romains, et que nous donnent aujourd'hui les Allemands.

Ces deux escadrons, qui feraient partie de la brigade, pourraient quelquefois se réunir en même temps que les bataillons et s'exercer ensemble à la petite guerre, plutôt pour apprendre à se reconnaître que par une véritable nécessité. Mais en voilà assez sur ce sujet ; il s'agit maintenant de mettre une armée en état de présenter la bataille à l'ennemi et de le vaincre. C'est là le but d'une armée et de tous les soins qu'on apporte à la former.

---

[1]   *Vétérans qui formaient la troisième ligne.*

LIVRE TROISIÈME

COSIMO. Puisque nous changeons de discours, je demande qu'un autre soit chargé de proposer les questions. Je crains, à la fin, d'être traité de présomptueux, et c'est un défaut que je ne puis supporter. Ainsi j'abdique et remets mon autorité à celui de mes amis qui voudra bien s'en charger.

ZANOBI. Nous aurions fort désiré que vous voulussiez continuer ; mais, puisque vous le voulez autrement, désignez-nous au moins votre successeur.

COSIMO. Je veux laisser ce soin au seigneur Fabrizio

FABRIZIO. Je m'en charge volontiers, et je vous proposerai de suivre la méthode des Vénitiens qui donnent toujours la parole au plus jeune. La guerre est le métier des jeunes gens, et il sont le plus en état d'en bien parler, comme ils sont le plus capable de la bien faire.

COS. C'est donc à votre tour, Luigi [1] : je suis charmé de vous voir remplir ma place, et je crois qu'on ne sera pas mécontent d'un tel interlocuteur. Mais, sans perdre plus de temps, revenons à notre sujet.

FABR. Pour donner les meilleurs moyens de former une armée en bataille, il faut, avant tout, expliquer quelle

---

[1] *Luigi Alamanni (1495-1556), poète et ami de Machiavel.*

était, à cet égard, la méthode des Grecs et des Romains. Comme les écrivains de l'Antiquité vous donnent sur ce sujet tous les éclaircissements que vous pouvez désirer, je laisserai de côté beaucoup de détails, et je m'attacherai seulement aux différentes parties qu'il me semble utile d'imiter aujourd'hui pour porter notre système militaire à quelque degré de perfection. Ainsi je me propose de vous montrer à la fois comment on doit former une armée en bataille, la mettre en état de soutenir un combat véritable et l'exercer à des combats simulés.

La plus grande faute que puissent commettre ceux qui forment une armée en bataille est de n'en faire qu'un seul corps, et d'attendre ainsi la victoire du succès d'une unique attaque. La cause de cette erreur est qu'on néglige la méthode des anciens de recevoir une ligne d'armée dans une autre ligne, seul moyen de secourir le premier corps de bataille, de le défendre et de le remplacer dans le combat. C'est un avantage que les Romains n'avaient pas laissé échapper. Ils partageaient chaque légion en *hastati* (gens de traits ou hastaires), *principes* (princes) et *triarii* (triaires). Les hastaires, qui formaient le premier corps de bataille, avaient leurs rangs solides et serrés, derrière aux marchaient les princes, dont les rangs étaient un peu plus écartés, et enfin venaient les triaires, qui conservaient de si grands intervalles dans leurs rangs qu'ils pouvaient au besoin y recevoir et les princes et les hastaires. L'armée romaine avait en outre les frondeurs, les arbalétriers et d'autres soldats armés à la légère qui n'étaient point dans les rangs, mais qu'on plaçait à la tête de l'armée, entre l'infanterie et la cavalerie. Ces soldats engageaient le combat et, s'ils étaient vainqueurs, ce qui arrivait rarement, ils poursuivaient leur victoire. S'ils étaient repoussés, ils se retiraient par les flancs de l'armée, ou par les derrières. Alors s'avançaient les hastaires qui, lorsqu'ils avaient le dessous, se retiraient lentement dans les rangs des princes, et, ainsi renforcés, renouvelaient le combat. S'ils étaient encore vaincus, ils entraient tous dans les intervalles des triaires ; et, réunis en une seule masse, ils marchaient de nouveau à l'ennemi, et, s'ils étaient une troisième fois repoussés, c'était alors qu'il ne leur restait plus aucun moyen de rétablir le combat. La cavalerie était sur les flancs de l'armée et faisaient l'effet de deux ailes sur un corps ; elle combattait tantôt à cheval, et souvent, au besoin, à pied avec l'infanterie. Cette méthode de se reformer trois fois de suite en bataille doit rendre une armée presque invincible ; car il faudrait que la fortune l'abandonnât trois fois de suite, et que l'ennemi eût une grande supériorité de forces et de courage pour maintenir autant de fois son avantage.

La phalange des Grecs n'avait pas cette méthode de rétablir le combat : quoiqu'on y comptât un grand nombre de chefs et de rangs de soldats, elle ne formait jamais qu'un seul corps de bataille. Les rangs ne rentraient pas, comme chez les Romains, les uns dans les autres, mais le soldat se remplaçait individuellement comme je vais vous l'expliquer. Lorsque la phalange formée e, rangs, par supposition, de cinquante hommes de hauteur, arrivait à l'ennemi, de tous ces rangs, les six premiers pouvaient combattre, car leurs lances, nommées *sarisses*, étaient si longues que le sixième rang passait le premier seulement de la pointe de sa lance. Lors donc que dans le combat quelque soldat du premier rang tombait mort ou blessé, il était sur-le-champ remplacé par celui du second rang, et les derniers rangs remplissaient ainsi de suite les vides des premiers ; de manière que ceux-ci étaient toujours entiers et qu'il ne restait aucune place vide de combattants, excepté au dernier rang qui, n'ayant aucun moyen de se remplir, s'épuisait sans cesse, et souffrait seul des pertes des premiers rangs. Ainsi, par cette disposition de la phalange, on pouvait plutôt l'anéantir que la rompre, son épaisseur la rendant presque immobile.

Les Romains commencèrent par imiter la phalange, et formèrent d'abord leurs légions sur ce modèle. Mais bientôt, ils se dégoûtèrent de cette méthode et divisèrent leurs légions en différents corps, c'est-à-dire en cohortes et en manipules. Ils jugèrent, comme je l'ai déjà observé, qu'une armée avait d'autant plus de vigueur qu'elle avait plus d'impulsions diverses, qu'elle comptait plus de corps différents, dont chacun avait son mouvement et sa vie particuliers.

Aujourd'hui les Suisses imitent entièrement la phalange des Grecs. Ils forment comme eux d'épais et solides bataillons, et se maintiennent de la même manière dans le combat. En face de l'ennemi, ils placent leurs bataillons sur la même ligne, ou, s'ils les forment par échelons, ce n'est pas pour que le premier bataillon puisse se retirer dans les rangs du second. Voici quel est alors leur ordre de bataille pour s'appuyer mutuellement. Ils placent un bataillon en avant et un autre en arrière, un peu sur la droite du premier, de manière que, si celui-ci a besoin d'appui, il puisse marcher à son secours. Un troisième bataillon est derrière ces deux-là, à une portée de fusil. Cette grande distance fait que, si les deux premiers sont battus, ils ont assez d'espace pour se retirer, et le troisième pour avancer sans se retirer, et le troisième pour avancer sans se heurter les uns les autres ; car une grande multitude désordonnée ne peut être reçue dans les rangs comme une troupe moins considérable. Au contraire, les corps, peu nombreux et bien distincts, qui formaient la légion romaine entraient aisément les uns dans les autres et se prêtaient ainsi un mutuel appui ; et ce qui prouve la supériorité de la méthode des Romains sur la méthode actuelle des Suisses, c'est que toutes les fois que les légions romaines ont eu à combattre les phalanges grecques, elles les ont complètement détruites. Car cette manière des Romains de renouveler leur armée et de rétablir le combat, jointe à renouveler leur armée et de rétablir le combat, jointe à la nature de leurs armes, avait des effets bien plus certains que toute la solidité de la phalange.

Ayant à former une armée d'après ces exemples, je me suis proposé de me servir des armes et des manœuvres tant des phalanges grecques que des légions romaines. C'est pour cela que j'ai donné à notre brigade deux mille piques, qui sont les armes de la phalange macédonienne, et trois mille boucliers avec l'épée, armes des Romains. J'ai partagé la brigade en dix bataillons, colle les Romains partageaient la légion en dix cohortes. J'ai voulu, ainsi qu'eux, des vélites, c'est-à-dire des soldats armés à la légère, pour engager le combat. Notre ordre de bataille ainsi que nos armes sont empruntés des deux nations, chaque bataillon ayant en tête cinq rangs de piques, tandis que le reste des rangs est composé de boucliers. Je puis, avec la tête de mon armée, soutenir la cavalerie de l'ennemi et ouvrir ses bataillons d'infanterie, puisqu'au premier choc j'ai, comme lui, les piques pour l'arrêter, et bientôt après mes boucliers pour le vaincre.

Si vous faites bien attention à cet ordre de bataille, vous verrez que toutes ces armes sont toutes bien placées pour faire leur effet, car les piques sont très nécessaires contre la cavalerie ; elles le sont même contre l'infanterie, avant que la mêlée s'engage ; mais alors elles deviennent inutiles. Pour remédier à ce dernier inconvénient, les Suisses mettent derrière trois rangs de piques un rang de hallebardes ; ils veulent ainsi donner de l'espace à leurs piques, mais cela ne suffit pas. Nos piques qui sont en avant, tandis que les soldats à boucliers sont derrière, servent à soutenir la cavalerie et, au commencement de l'action, à ouvrir les rangs de l'infanterie et à y jeter le désordre ; mais, lorsque le combat se resserre et qu'elles seraient inutiles, elles cèdent la place aux boucliers et aux épées qui peuvent se manier aisément dans la plus étroite mêlée.

LUIGI. Nous sommes impatients de savoir comment, avec ces armes et cette disposition de vos soldats, vous rangerez votre armée en bataille.

FABR. C'est là où je veux arriver. Il faut d'abord que vous sachiez que, dans une armée romaine ordinaire qu'on appelait une armée consulaire, il n'y avait que deux légions de citoyens romains qui formaient environ six cents hommes de cavalerie et onze mille d'infanterie ; on y comptait en outre un pareil nombre d'infanterie et de cavalerie, qui leur était envoyé par leurs alliés. Ces dernières troupes étaient divisées en deux corps qu'on appelait l'un l'aile droite, l'autre l'aile gauche. Jamais cette infanterie auxiliaire n'excédait le nombre de l'infanterie des légions ; la cavalerie seulement était plus nombreuse que la cavalerie romaine. C'est avec cette armée de vingt-deux mille hommes d'infanterie et d'environ deux mille de cavalerie qu'un consul devait résister à toute sorte d'ennemi et achever toutes ses entreprises. Mais, lorsqu'il fallait arrêter un ennemi très dangereux, les deux consuls réunissaient leurs deux armées.

Il faut encore remarquer que dans les trois principales circonstances où se trouve une armée, c'est-à-dire en marche, au camp et sur le champ de bataille, les Romains plaçaient toujours leurs légions au centre de l'armée ; ils voulaient par là, comme je le ferai voir lorsque je traiterai ces trois objets principaux, réunir le plus qu'il leur était possible les troupes dont le courage leur inspirait le plus de confiance. Au reste, cette infanterie auxiliaire, vivant sans cesse avec des légions, formée à la même discipline et observant le même ordre de bataille, rendait à peu près les mêmes services. Ainsi, lorsqu'on connaît l'ordre de bataille d'une légion, on connaît l'ordre de toute l'armée. Vous ayant donc expliqué comment les Romains partageaient une légion en trois lignes de bataille, dont chacune recevait l'autre, je vous ai instruit de la disposition générale de toute leur armée.

Puisque je veux imiter l'ordre de bataille des Romains, je prendrai deux brigades ainsi qu'ils avaient deux légions ; leur disposition sera la même que celle de toute une armée ; car, si l'on a un plus grand nombre de troupes, on n'a autre chose à faire que de renforcer les rangs. Il est fort utile, je pense, de vous dire de quel nombre d'hommes est composée une brigade, de vous répéter qu'elle est formée de dix bataillons, de vous apprendre combien il s'y trouve d'officiers, comment elle est armée, ce que c'est que les piques et les vélites ordinaires, les piques et les vélites extraordinaires, tout cela vous a été clairement expliqué, et je vous ai averti de bien vous le rappeler comme une chose indispensable pour l'intelligence de toutes nos manœuvres : ainsi, je crois pouvoir aller plus avant sans m'y arrêter davantage.

Je place les dix bataillons d'une brigade à la gauche de l'armée, et les dix bataillons de l'autre brigade à la droite ; je dispose ainsi les dix bataillons de la gauche ; cinq bataillons sont à la tête, placés sur la même ligne, et séparés l'un de l'autre de quatre brasses ; ils occupent ainsi cent quarante et une brasses de terrain en largeur, et quarante en profondeur ; derrière ces cinq bataillons, j'en place trois autres à une distance directe de quarante brasses : deux de ces bataillons s'alignent avec les deux derniers des cinq, l'autre est au centre ; ces trois bataillons occupent ainsi en largeur et en profondeur le même espace que les cinq premiers, avec cette différence que ceux-ci sont déparés seulement de quatre brasses, et ceux-là de trente-trois. Enfin, derrière ces trois bataillons, je place les deux derniers à une égale distance directe de quarante brasses, chacun aligné avec la droite et la gauche des deux premières lignes, et séparés ainsi l'un de l'autre de quatre-vingt-onze brasses. Tous ces bataillons, disposés de cette manière, occupent donc en largeur cent quarante et une brasses et en profondeur deux cents. À une distance de vingt brasses, je répands sur le flanc gauche de ces bataillons les piques extraordinaires, qui forment cent quarante-trois rangs à sept hommes de hauteur et couvrent tout le flanc gauche des dix bataillons disposés comme je viens de l'expliquer Les quarante rangs qui restent servent à garder le bagage et toute la suite de l'armée placée à la queue. Les décurions et les centurions tiendront leurs places accoutumées ; et des trois chefs de ces piquiers, l'un sera à la tête, l'autre au centre, et le troisième en *serre-file* à la queue. Il fera les fonctions du *tergiductor* des Romains qu'on plaçait sur les derrières de l'armée.

Mais je reviens à la tête de l'armée, et je place, à la gauche des piques extraordinaires, les vélites extraordinaires, qui forment, comme vous le savez, cinq cents hommes ; ils occuperont un espace de quarante brasses. À côté, toujours sur la gauche, sont les gens d'armes, qui tiennent cent cinquante brasses de terrain, et enfin la cavalerie légère qui occupe le même espace. Je laisse les vélites ordinaires autour de leurs bataillons respectifs, dans les intervalles qui séparent chaque bataillon ; ils seront pour ainsi dire aux ordres de ces bataillons, à moins que je ne préfère les placer sous les piques extraordinaires : je me déciderai à cet égard selon la circonstance. D'après la même considération, le chef de brigade sera indifféremment soit entre la première et la seconde ligne des bataillons, soit à la tête, entre les piques extraordinaires et le premier bataillon de gauche. Il aura autour de lui de trente à quarante hommes d'élite assez intelligents pour bien exécuter un ordre imprévu, et assez intrépides pour soutenir un choc de l'ennemi. À ses côtés seront le drapeau et la musique.

Tel est l'ordre de bataille que je donnerai à la brigade de gauche, c'est-à-dire à la moitié de l'armée. Elle aura en largeur cinq cent onze brasses et en profondeur deux cents, comme je l'ai déjà dit ; je ne compte pas, dans cette dernière mesure, le détachement des piquiers extraordinaires qui gardent les équipages et tiennent environ cent brasses. Je disposerai absolument de la même manière la brigade de droite, en laissant entre elles deux un espace de trente brasses où je placerai quelques pièces d'artillerie, et, derrière cette artillerie, le général en chef avec la musique et le drapeau général. Il sera environné de deux cents hommes d'élite au moins, la plupart à pied, parmi lesquels il sen trouvera dix en état d'exécuter quelque ordre que ce soit, et il sera tellement armé qu'il puisse être à cheval ou à pied, selon le besoin.

Il ne faut guère à l'armée, pour l'attaque des places fortes, que dix canons qui ne doivent pas porter plus de cinquante livres de balle. En campagne, je m'en servirais plus pour la défense du camp que dans un jour de bataille. Je voudrais que le reste de l'artillerie fût plutôt de dix que de quinze livres de balle. Je la placerais à la tête de l'armée, si le terrain n'est pas assez sûr pour que je puisse la porter sur les flancs, de manière qu'elle n'ait rien à craindre de l'ennemi.

Cet ordre de la bataille tient et de la phalange grecque et de la légion romaine : la tête, hérissée de piques, est formée de rangs serrés, et peur ainsi réparer, comme la phalange, les pertes de ses premiers rangs par les derniers. D'un autre côté, si elle est tellement repoussée que ses rangs soient mis en désordre ligne de bataillons placés derrière ; là, se reformer l'ennemi ; et si elle est encore repoussée, se retirer encore dans la troisième ligne et rengager l'action : ainsi cette armée maintient le combat à la manière et les Grecs et des Romains.

Au reste, que peut-on imaginer de plus fort qu'une telle armée qui, de toutes parts, est abondamment fournie de chefs et d'armes, qui ne présente aucun côté faible, excepté sur les derrières où sont les équipages, et qui là encore a un rempart dans le détachement des piques extraordinaires. L'ennemi ne peut l'attaquer sur aucun point qu'il ne la trouve disposée pour le combat ; car je soutiens que les derrières n'ont à craindre aucun danger. Il n'est jamais d'ennemi qui ait des forces assez nombreuses pour pouvoir vous attaquer sur tous les points ; car, dans ce cas, vous n'entrez pas en campagne contre lui. Je suppose qu'il soit trois fois plus fort que vous, et qu'il ait un aussi bon ordre de bataille, il s'affaiblit en voulant vous envelopper ; et, si vous venez à le rompre sur un point, vous ruinez toutes ses dispositions. Si sa cavalerie, plus forte que la vôtre, est parvenue à la mettre en déroute, les rangs de piques qui vous ceignent de toutes parts arrêtent son effort. Les officiers sont placés de manière à pouvoir aisément recevoir et transmettre les ordres. Les intervalles qui séparent chaque bataillon et chaque rang de soldats, non seulement facilitent la retraite en cas d'échec, comme je l'ai montré, mais laissent encore un libre espace à ceux qui sont chargés de porter les ordres du général.

Je vous ai dit que l'armée romaine était d'environ vingt-quatre mille hommes, ce sera aussi le nombre de notre armée ; et comme les auxiliaires des Romains imitaient l'ordre de bataille et la manière de combattre des légions, ainsi les troupes que vous réunirez à vos deux brigades doivent entièrement se régler sur elles. L'ordre de bataille que j'ai tracé doit vous guider à cet égard ; car si vous doublez le nombre des bataillons ou des soldats de votre armée, vous n'avez qu'à doubler les rangs de bataillons, en placer vingt à la gauche, ou renforcer les rangs de vos soldats ; le genre de votre ennemi, ou la nature du terrain vous prescrivent alors ce que vous devez faire.

LUIGI. En vérité, seigneur Fabrizio, il me semble que j'ai déjà votre armée sous les yeux ; je brûle d'envie de la voir en venir aux mains. Je ne voudrais pas, pour rien au monde, que vous fissiez ici le Fabius Maximus ; que vous vous maintinssiez à distance de l'ennemi, et restassiez sur la défensive. Je crois que je crierais encore plus fort contre vous que ne fit le peuple romain contre l'ancien Fabius.

FABR. Soyez sans crainte à cet égard. Mais n'entendez-vous pas déjà le bruit des canons ? Les nôtres ont fait feu, sans avoir beaucoup endommagé l'ennemi. Les vélites extraordinaires et la cavalerie légère quittent leur poste, s'éparpillant le plus qu'ils peuvent, et en poussant de grands cris fondent sur l'ennemi avec fureur. Son artillerie a fait une seule décharge qui a passé sur la tête de notre armée, mais ne lui a fait aucun mal ; pour qu'elle ne puisse en faire une seconde, nos vélites et notre cavalerie se portent dessus avec rapidité, l'ennemi s'avance pour la défendre ; ainsi des deux côtés l'artillerie devient inutile. Admirez le courage et la discipline de nos troupes légères habituées au combat par de longs exercices, et pleines de confiance dans l'armée qui les suit. La voilà qui, d'un pas mesuré, s'ébranle avec les gens d'armes et s'avance vers l'ennemi. Notre artillerie, pour lui faire place, s'est retirée dans les intervalles d'où sont sortis les vélites. Le général est là qui anime ses soldats et leur promet une victoire certaine. Les vélites et la cavalerie légère se retirent sur les côtés pour tâcher de tourmenter les flancs de l'ennemi. On en est aux mains ; avec quelle intrépidité et quel silence les nôtres ont soutenu le choc de l'ennemi ! Le général a ordonné aux gens d'armes de soutenir sans charger et de ne point s'écarter de la ligne de l'infanterie. Avez-vous vu notre cavalerie légère tombant sur une compagnie de fusiliers qui voulaient nous attaquer par e flanc, et la cavalerie ennemie accourant à leur secours, de manière que, mêlés entre ces deux cavaleries, ils ne peuvent plus faire usage de leurs armes, et se retirent derrière leurs bataillons ? Mais nos piques ont repoussé l'ennemi avec furie, et l'infanterie est déjà si rapprochée qu'ils ne sont plus d'aucun service ; fidèles à leur institution, ils se retirent lentement à travers les boucliers. Cependant une grosse troupe de gens d'armes ennemis a repoussé nos gens d'armes qui, selon la règle que nous avons prescrite, se sont mis à couvert sous les piques extraordinaires, et là unis à celles-ci ont fait de nouveau face à l'ennemi, l'ont repoussé et tué en grande partie. Les piques ordinaires des premiers bataillons une fois retirées à travers les rangs des boucliers, ceux-ci s'emparent du combat, et voyez avec quelle audace, quelle facilité, avec quelle sûreté ils frappent l'ennemi. Vous avez remarqué que, dans le combat, les rangs se sont tellement serrés qu'à peine peut-on y manier l'épée. Voyez avec quelle fureur les ennemis tombent ; c'est que, armés seulement d'une pique ou d'une épée dont l'une est trop longue, dont l'autre rencontre un ennemi trop bien armé, les uns tombent tués ou blessés, les autres prennent la fuite : leur gauche est déjà en déroute, la droite la suit bientôt et la victoire est à nous. Ne voilà-t-il pas un heureux combat ? Il serait bien plus heureux encore s'il m'était permis de le réaliser. Vous avez remarqué que nous n'avions pas eu besoin de la seconde ni de la troisième ligne ; la première a suffi pour vaincre. Je n'ai plus qu'à vous demander si vous avez besoin de quelques éclaircissements.

LUIGI. Vous avez poursuivi votre victoire avec tant de vivacité que j'en suis encore dans l'admiration, et tellement étourdi que je ne puis bien vous dire encore s'il me reste quelques doutes. Cependant, plein de confiance dans votre habileté, je ne craindrai pas de vous proposer toutes mes questions. Dites-moi d'abord pourquoi vous ne faites tirer votre artillerie qu'une seule fois ; pourquoi vous la renvoyez sitôt sur les derrières de l'armée, sans plus en faire aucune mention ? Il me semble encore que vous disposez à votre gré l'artillerie de l'ennemi en la faisant tirer trop haut, ce qui peut fort bien arriver ; mais si, par hasard, ce qui arrive quelquefois, je pense, elle vient frapper directement vos troupes, quel remède avez-vous contre ce danger ? Et puisque j'ai commencé à parler de l'artillerie, je veux épuiser cette question pour n'y plus revenir. J'ai souvent entendu mépriser l'ordre de bataille et les armes des Anciens comme étant d'un faible secours, et même tout à fait inutiles contre l'artillerie qui perce toute espèce d'armes et renverse les rangs les plus épais. Il semble de là que c'est une folie d'établir un ordre de bataille qu'on ne peut conserver longtemps contre de telles attaques, et de se fatiguer à porter des armes qui ne peuvent vous défendre.

FABR. Vos réflexions qui embrassent plusieurs objets demandent une réponse de quelque étendue. Il est vrai que je n'ai fait tirer qu'une fois mon artillerie, et encore ai-je balancé pour cette fois même ; et en voici la raison : c'est qu'il est moins important de frapper l'ennemi que de se garantir de ses coups. Pour se préserver de l'effet de l'artillerie, il n'y a d'autre moyen que de se mettre hors de sa portée, ou bien de s'enfermer dans des murailles ou des retranchements, et encore il faut qu'ils soient d'une grande résistance. Un général qui se détermine au combat ne peut s'enfermer dans des murailles ou des retranchements, ni se mettre hors de la portée de l'artillerie ; il faut donc, puisqu'il ne peut s'en garantir, qu'il tâche d'en souffrir le moins possible, et il n'y a pas d'autre moyen que de chercher à s'en emparer sur-le-champ. Il faut donc se précipiter dessus par une course rapide, et non pas en masse et d'un pas mesuré ; la vivacité de la course ne permet pas à l'ennemi de tirer une seconde fois et, avec les rangs épars, moins de soldats sont atteints. Mais ce moyen est impraticable pour une troupe ordonnée en bataille ; si elle marche vite elle se désordonne, et si elle s'avance, les rangs épars, elle épargne à l'ennemi la peine de la rompre.

J'ai donc ordonné mon armée de manière à éviter ces deux inconvénients. J'ai placé sur les flancs mille vélites, en leur recommandant de courir avec la cavalerie légère sur l'artillerie ennemie aussitôt que la nôtre aurait tiré. Je n'ai pas fait tirer une seconde fois de notre côté, parce que je ne pouvais en prendre le temps et l'ôter à l'ennemi. La même raison qui pouvait m'empêcher de faire tirer mon artillerie la première fois m'arrêta à la seconde, car cette fois encore l'ennemi pouvait tirer le premier ; Or, pour rendre inutile l'artillerie ennemie, il n'y d'autre moyen que de l'attaquer ; si l'ennemi l'abandonne, vous vous en emparez ; s'il veut la défendre, il se porte en avant, et dans les deux cas elle devient inutile.

Il me semble que ces raisons n'auraient pas besoin d'être appuyées par des exemples. Mais les Anciens nous en fournissent quelques-uns. Ventidius, près d'en venir aux mains avec les Parthes dont la force consistait dans leurs flèches, les laissa venir jusque sous les retranchements de son camp avant de ranger son armée en bataille, résolu d'engager aussitôt le combat sans leur laisser le temps de tirer leurs flèches. César raconte que dans cette bataille qu'il livra dans les Gaules, il fut attaqué avec tant de fureur que ses soldats n'eurent pas le temps de lancer le javelot selon l'usage chez les Romains [1]. Il est donc évident que pour se garantir, en campagne, de l'effet d'une arme qu'on tire de loin, il n'y a d'autre parti à prendre que de courir s'en emparer avec la plus grande vivacité.

J'avais encore une autre raison pour marcher à l'ennemi sans faire tirer mon artillerie ; vous en rirez peut-être, mais elle ne me paraît pas à dédaigner. Il n'y a rien qui répande plus le désordre dans une armée que de lui troubler la vue. Des armées très braves ont été souvent mises en déroute pour avoir été offusquées par la poussière ou le soleil. Or, il n'y a pas de plus épaisses ténèbres que la fumée de l'artillerie. Je croirais donc qu'il serait plus sage de laisser l'ennemi s'aveugler lui-même que d'aller à sa rencontre sans rien voir. Ainsi je ne ferais pas tirer mon artillerie, ou, de peur d'être blâmé, vu la grande réputation dont elle jouit cette arme nouvelle, je la placerais sur les flancs de l'armée afin que sa fumée n'aveuglât pas le soldat, ce qui est l'objet le plus important. Pour prouver combien ce danger est à craindre, on peut citer Épaminondas, qui, voulant troubler la vue de l'ennemi qui venait l'attaquer, fit courir au-devant de lui sa cavalerie légère. Elle souleva ainsi des nuages de poussière qui aveuglèrent les Lacédémoniens et donnèrent la victoire à Épaminondas.

Vous me reprochez de diriger à mon gré les coups de l'artillerie ennemie en les faisant passer sur la tête de mon artillerie : je réponds à cela que les coups de la grosse artillerie, le plus souvent, sans aucun doute, portent à faux. L'infanterie a si peu de hauteur, et cette artillerie est si difficile à manier, que pour peu que vous leviez le canon le

---

coup passe par-dessus la tête ; si vous l'abaissez, il frappe à terre et n'arrive pas. Songez encore que la moindre inégalité de terrain, le moindre buisson, la plus légère éminence entre vous et l'artillerie, arrête tout son effet. Quant à la cavalerie, et surtout aux gens d'armes qui sont plus élevés, et plus serrés que les gens d'armes qui sont plus élevés, et plus serrés que les chevau-légers, il est plus facile de les atteindre ; mais on peut éviter ce danger en les tenant sur les derrières de l'armée jusqu'à ce que l'artillerie ait achevé de tirer.

Il est vrai que les fusils et la petite artillerie causent plus de dommages ; mais il est facile de les éviter en en venant aux mains. Et, si le premier choc coûte la vie à quelques soldats, c'est un malheur indispensable. Un bon général et une brave armée ne doivent jamais redouter un malheur individuel, mais un malheur général. Que les Suisses nous servent d'exemple : jamais ils ne refusent le combat par la crainte de l'artillerie, et ils punissent de mort quiconque a osé, parce motif, sortir des rangs et donner quelques signes de frayeur. Ainsi mon artillerie s'est retirée sur les derrières de l'armée, après la première décharge, afin de laisser un libre passage aux bataillons, et je n'en ai plus parlé, puisqu'elle est tout à fait inutile lorsque le combat est engagé.

Vous avez ajouté que beaucoup de gens regardent comme un inutile secours contre la violence de l'artillerie les armes et l'ordre de bataille des Anciens : mais, à vous entendre, il semblerait que les Modernes aient trouvé un ordre de bataille et des armes qui soient de quelque secours contre l'artillerie ; si vous savez ce secret, vous m'obligerez de me l'apprendre. Je n'ai encore rien vu de semblable jusqu'à présent, et je doute même qu'on fasse jamais une telle découverte. Mais je voudrais bien que ces gens-là m'apprissent pourquoi notre infanterie porte aujourd'hui une cuirasse ou un corselet de fer, pourquoi notre cavalerie est toute bardée de même métal. En effet, s'ils condamnent les armes des Anciens parce qu'ils les considèrent comme inutiles face à l'artillerie, ils devraient également renoncer à ce genre d'armures. Je voudrais savoir aussi pourquoi les Suisses, à l'imitation des Anciens, forment des bataillons épais de six ou huit mille hommes, et pourquoi toutes les autres nations ont suivi leur exemple. Cet ordre de bataille, néanmoins, expose bien autant aux effets de l'artillerie qu'aucune autre disposition qu'on pourrait emprunter des Anciens. Je ne sais ce que ces gens-là pourraient répondre ; mais si vous interrogiez des militaires qui aient quelque jugement, ils vous diraient d'abord qu'ils portent leurs armes, non parce qu'elles les défendent contre l'artillerie, mais parce qu'elles les garantissent contre les arbalètes, les piques, les épées, les pierres, et toutes les autres armes que l'ennemi pourrait diriger contre eux ; ils vous diraient ensuite qu'ils marchent serrés dans leurs rangs comme les Suisses, pour pouvoir repousser l'infanterie avec plus de vigueur, soutenir plus aisément la cavalerie, et présenter plus de difficultés à l'ennemi qui veut les rompre.

On voit donc qu'une armée a d'autres dangers à craindre que ceux de l'artillerie, et c'est contre ces dangers qu'elle eut se défendre avec les armes et les dispositions que nous avons établies. Il s'ensuit que son salut est d'autant plus assuré qu'elle a de meilleures armes, et que ses rangs sont plus épais et plus serrés. Ainsi cette opinion dont vous me parlez est une preuve d'inexpérience ou d'irréflexion. Si aujourd'hui, si la moins importante de leurs institutions, l'ordre de bataille des Suisses, donnent une si grande force à nos armées et leur assurent une si grande supériorité, pourquoi croirait-on que toutes leurs autres armes et institutions ne seraient d'aucune utilité ? Si, enfin, nous ne sommes pas arrêtés par les dangers de l'artillerie, en serrant nos rangs comme les Suisses, quelle autre institution des Anciens pourrait augmenter ces dangers ? Il n'en est aucune qui ait plus à craindre de l'artillerie.

Lorsque l'artillerie ennemie ne m'empêche pas de camper devant une place forte, d'où elle me bat avec sécurité, où, étant défendues par les murailles, je ne puis m'en rendre maître, et d'où elle peut tirer sur moi à coups redoublés, pourquoi donc la craindrais-je si fort en campagne, où il m'est facile de m'en emparer sur-le-champ ? Je crois donc que l'artillerie n'est pas du tout un obstacle au projet de faire des Anciens. Et je vous développerais toute ma pensée, à ce sujet, si je ne m'en étais déjà entretenu au long avec vous, mais je m'en rapporte à ce que j'en ai déjà dit [1].

LUIGI. Nous avons très bien saisi toutes vos idées sur l'artillerie : votre opinion, en dernier résultat, est qu'il faut, lorsqu'on est en campagne, en présence de l'ennemi, courir sur les canons pour s'en emparer ; mais, à cet égard, j'ai une observation à vous faire. Il me semble que l'ennemi pourrait placer son artillerie sur les flancs de son armée, de manière qu'elle pût vous atteindre sans rien avoir à craindre de vos attaques. Je crois me rappeler que dans votre ordre de bataille, vous laissez quatre brasses de distance entre chaque bataillon, et vingt brasses entre les bataillons et les piques extraordinaires. Mais, si l'ennemi ordonnait son armée de cette manière et mettait son artillerie dans ces intervalles, il me semble qu'il pourrait vous faire beaucoup de mal sans avoir rien à craindre, puisque vous ne pourriez pénétrer dans ses rangs pour vous emparer de ses canons.

---

[1]   *Voir D., II, 17.*

FABR. Votre objection est parfaitement juste, et je vais tâcher de la résoudre ou de parer à ce danger. Je vous ai déjà dit que ces bataillons étant toujours en mouvement, soit au combat, soit en marche, tendent naturellement à se resserrer. Ainsi, si vous donnez peu de largeur aux intervalles où vous placez votre artillerie, les bataillons se resserrer tellement en peu de temps qu'elle n'a plus assez d'espace pour agir ; si, pour éviter cet inconvénient, vous faites plus larges vos intervalles, vous tombez dans un danger plus grand encore, car l'ennemi peut y pénétrer et non seulement s'emparer de l'artillerie, mais encore jeter le désordre dans les rangs. Au reste, il faut que vous sachiez qu'il est impossible d'avoir de l'artillerie dans les rangs, celle surtout qui est portée sur des chariots, car elle marche du côté opposé à celui où elle tire. Si vous êtes forcé de marcher et de tirer à la fois, il faut dans ce dernier cas faire tourner votre artillerie, et cette opération demande un si grand espace que cinquante chariots d'artillerie seulement jetteraient le désordre dans toute armée quelconque. On est donc forcé de les tenir hors des rangs, et là ils peuvent être attaqués comme nous l'avons dit.

Mais je veux bien supporter qu'on peut placer cette artillerie dans les rangs et trouver un terme moyen entre le danger, ou de tellement les resserrer qu'on en empêche l'effet de l'artillerie, ou tellement les ouvrir que l'ennemi puisse y pénétrer ; je soutiens que, dans ce cas-là même, on peut s'en garantir en laissant dans son armée des intervalles qui donnent aux boulets un libre passage et rendent toute leur violence inutile. Ce moyen est très facile ; car, si l'ennemi veut que son artillerie soit en sûreté, il faut qu'il la place au bout de ses intervalles et que, pour ne pas frapper ses propres soldats, il tire constamment sur une même ligne ; on voit alors la direction des coups, et rien de plus aisé que de les éviter en leur faisant passage. Règle générale : il faut toujours laisser passer ce qu'on ne peut arrêter, ainsi que faisaient les Anciens à l'égard des éléphants et des chars armés de faux.

J'imagine, je suis même assuré qu'il vous semble que j'ai arrangé et gagné ma bataille comme il m'a plu. Mais je cous répète qu'il est impossible qu'une armée ainsi armée et ordonnée ne renverse pas, dès le premier choc, toute autre armée disposée comme nos armées modernes qui, le plus souvent, ne forment qu'un corps de bataille, n'ont pas de boucliers, et sont tellement sans défense qu'elles ne peuvent résister à un ennemi qui les presse de près. L'ordre de bataille actuel est si vicieux que si on place les bataillons sur la même ligne, on a une armée sans aucune profondeur ; s'ils sont, au contraire, à la suite les uns des autres, comme ils ne peuvent mutuellement se recevoir dans leurs rangs, tout est confus dans l'armée, et elle tombe aisément dans le plus grand désordre. Quoique ces armées soient divisées en trois corps, l'*avant-garde*, le *corps de bataille* et l'*arrière-garde*, ces divisions ne servent que pendant la marche ou au camp ; mais, au combat, l'armée tout entière attaque à la fois, et attend sa fortune d'un seul coup du sort.

LUIGI. J'ai encore une autre observation à vous faire. Dans votre bataille, votre cavalerie, repoussée par la cavalerie ennemie, s'est retirée sous les piques extraordinaires et, avec leur secours, a soutenu l'ennemi et l'a mis en déroute. Je crois bien que les piques peuvent soutenir la cavalerie, comme vous dites, mais seulement dans des bataillons solides et épais, comme ceux des Suisses ; mais dans votre armée, vous n'avez à la tête que cinq rangs de piques et sept sur les flancs, et je ne vois pas comment ils sont en état de soutenir la cavalerie.

FABR. Quoique je vous aie déjà expliqué que dans la phalange macédonienne six rangs seulement pouvaient agit à la fois, il faut que vous sachiez encore que dans un bataillon de Suisses, fût-il composé de mille rangs de profondeur, il n'y a guère que quatre ou cinq rangs au plus qui peuvent agir. Les piques, en effet, étant longues de neuf brasses, et la main occupant une brasse et demie, il ne reste de libre au premier rang que sept brasses et demie de piques : le second rang, outre la partie occupée par la main, en perd une brasse et demie par l'intervalle qui sépare un rang de l'autre ; il ne lui reste donc que six brasses de piques : au troisième rang, il n'en reste, par la même raison, que quatre brasses et demie ; trois au quatrième, et une et demie au cinquième : les autres rangs ne peuvent porter aucun coup ; ils ne servent qu'à remplacer les premiers rangs, comme nous l'avons dit, et à leur servir de renfort. Si cinq rangs des Suisses arrêtent la cavalerie, pourquoi les nôtres ne le pourraient-ils pas, puisqu'ils ont derrière eux d'autres rangs qui les soutiennent et leur servent d'appui, quoiqu'ils n'aient pas de piques ? Quand aux rangs des piques extraordinaires que je place sur les rangs des piques extraordinaires que je place sur les flancs de l'armée, et qui vous paraissent trop minces, il est facile d'en former un bataillon carré qu'on placerait sur les flancs des deux bataillons de la dernière ligne de bataille ; de là, ils pourraient aisément se porter à la tête ou à la queue de l'armée, et soutenir la cavalerie, s'il en était besoin.

LUIGI. Auriez-vous toujours le même ordre de bataille dans toutes les occasions ?

FABR. Non, sans doute. J'en changerais selon la nature du terrain et l'espèce et le nombre des ennemis, comme je vous le montrerai par quelque exemple avant la fin de cet entretien. Je vous ai donné cet ordre de bataille, non pas comme supérieur aux autres, quoique, en effet, il soit excellent, mais pour qu'il vous serve de règle dans les dispositions différentes que vous serve de règle dans les dispositions différentes que vous pourriez prendre. Il n'y a pas de science qui n'ait ses principes généraux qui sont à la base des diverses applications qu'on en fait. Ce que je veux seulement cous inculquer avec force, c'est de ne jamais ordonner une armée de façon que les premiers rangs ne puissent être secourus par les derniers car une telle faute rend inutile la plus grande partie de votre armée et met dans l'impossibilité de vaincre, si vous rencontrez quelque résistance.

LUIGI. Il faut que je vous parle d'une idée qui m'est venue à ce sujet. Dans votre ordre de bataille, vous placez cinq bataillons à la tête, trois au centre et deux à la queue : je croirais volontiers qu'il faudrait faire tout le contraire, et qu'une armée serait d'autant plus difficilement rompue que l'ennemi, à mesure qu'il avancerait, trouverait une plus vigoureuse résistance ; mais par votre système, votre armée se trouve d'autant plus faible que l'ennemi pénètre plus avant.

FABR. Si vois vous rappelez que les triaires qui composaient la troisième ligne de la légion romaine n'étaient guère plus de six cents hommes, et de quelle manière ils étaient formés sur cette troisième ligne, vous tiendrez un peu moins à votre idée. C'est d'après cet exemple que j'ai placé à la troisième ligne deux bataillons qui font neuf cents hommes d'infanterie, en sorte que, voulant à cet égard imiter le peuple romain, j'ai ôté aux premières lignes plutôt trop que trop peu de soldats. Cet exemple pourrait me suffire ; mais je veux vous en rendre raison. J'ai donné à la première ligne de l'armée de la solidité et de l'épaisseur, parce que c'est elle qui soutient le choc de l'ennemi, qu'elle n'a à recevoir personne dans ses rangs et qu'elle doit être ainsi très fournie de soldats, car des rangs faibles ou séparés lui ôteraient toute sa force. La seconde ligne qui, avant de soutenir le choc de l'ennemi, est dans le cas de recevoir la première dans ses rangs, doit présenter de grands intervalles, et par conséquent être moins nombreuse ; car, si son nombre était égal ou supérieur à la première, on serait forcé ou de n'y laisser aucun intervalle, ce qui amènerait la confusion, ou de dépasser l'alignement, ce qui ferait un ordre de bataille vicieux.

C'est d'ailleurs une erreur de croire que plus l'ennemi pénètre en avant dans la brigade, plus il la trouve affaiblie ; car il ne peut jamais attaquer la seconde ligne que la première n'y soit réunie. Ainsi, le centre, loin d'être plus faible, lui oppose une plus grande force, puisqu'il a à combattre les deux premières lignes à la fois. Il en est de même lorsqu'il arrive à la troisième ligne ; car là, ce n'est pas seulement à deux bataillons frais, mais à la brigade tout entière qu'il a affaire. Cette troisième ligne devant recevoir un plus grand nombre de soldats doit être encore moins nombreuse et présenter de plus grands intervalles.

LUIGI. Je suis très satisfait de cette explication ; mais permettez-moi encore une question. Comment se peut-il que les cinq premiers bataillons qui se retirent dans les trois de la seconde ligne, et ensuite les huit dans les deux de la seconde ligne, et ensuite les huit dans les deux de la dernière ligne, soient dans l'un ou l'autre cas contenus dans le même espace que les cinq premiers ?

FABR. D'abord ce n'est pas le même espace ; car les cinq premiers bataillons sont séparés entre eux par des intervalles qu'ils occupent, lorsqu'ils sont réunis à la première ou à la seconde ligne ; il reste en outre l'espace qui sépare une brigade de l'autre, et les bataillons, des piques extraordinaires ; tous ces intervalles offrent une assez grande étendue ; tous ces intervalles offrent une assez grande étendue. Les bataillons d'ailleurs n'occupent pas le même espace lorsqu'ils sont dans leurs rangs, avant le combat, ou lorsqu'ils ont essuyé des pertes, car ils tendent alors ou à éparpiller ou à resserrer leurs rangs. Ils les éparpillent quand la crainte les force de prendre la fuite ; ils les resserrent quand ils cherchent leur salut, non dans la fuite ; ils les resserrent quand ils cherchent leur salut, non dans la fuite, mais dans une vigoureuse résistance. N'oubliez pas enfin que les cinq premiers rangs de piques, lorsque le combat est engagé, doivent se retirer à travers leur bataillon à la queue de l'armée, pour laisser le champ de bataille aux boucliers, et qu'alors, quoique inutiles dans la mêlée, ils peuvent être utilement employés par le général : ainsi les espaces qu'on avait préparés pour tous les rangs peuvent très bien contenir le reste des soldats. Si d'ailleurs ils ne suffisaient pas, les flancs de l'armée ne sont pas des murailles, mais des hommes ; ils peuvent s'étendre et s'écarter et laisser tout l'espace nécessaire.

LUIGI. Les rangs de piques extraordinaires que vous placez sur les flancs de l'armée doivent-ils, lorsque les premiers bataillons se retirent dans les seconds, rester à leur poste et former ainsi comme deux cornes à l'armée, ou bien se retirer en même temps que les bataillons ? et alors qu'auraient-ils à faire, puisqu'ils n'ont pas derrière eux des rangs distants l'un de l'autre qui puissent les recevoir ?

FABR. Si l'ennemi ne les attaque pas lorsqu'il force les bataillons à la retraite, ils peuvent rester à leur poste et alors combattre l'ennemi par le flanc ; mais s'il les attaque, ce qui est à présumer, puisqu'il est assez fort pour repousser les autres bataillons, ils doivent aussi se retirer. Rien ne leur est plus facile, quoiqu'ils n'aient pas derrière eux des rangs pour les recevoir : il faut que de la moitié des rangs en avant, ils se *doublent en ligne droite*, un rang entrant dans l'autre, comme nous l'avons expliqué quand nous avons parlé de la manière de doubler les rangs. Il faut observer que, pour faire retraite en se doublant en ligne droite, on doit suivre une marche différente de celle que je vous ai montrée. Je vous ai dit que le second rangs entrait dans le premier, le quatrième dans le troisième, et ainsi de suite : il ne faudrait pas commencer par les premiers rangs, mais par les derniers, de manière qu'en se doublant ils se retirassent au lieu d'avancer.

Au reste, pour répondre d'avance à toutes les objections que vous pourriez me faire encore sur ma bataille, je vous répète que dans tout ce que je viens de dire, je n'ai eu que deux objets en vue, de vous apprendre à ordonner une armée et à l'exercer. Quant à apprendre à ordonner une armée et à l'exercer. Quant à l'ordre de bataille, je crois que vous comprenez très bien ; quant aux exercices, vous devez réunir le plus que vous pourrez vos bataillons, afin que leurs officiers apprennent à les former à ces manœuvres dont nous venons de parler. Si le devoir du soldat est de connaître tous les exercices du bataillon, celui de l'officier est de s'instruire de toutes les manœuvres générales de l'armée, et de se former à bien exécuter les ordres du général ; il faut qu'il sache former ensemble plusieurs bataillons à la fois, et choisir leur poste en un instant ; et, pour cet effet, chaque bataillon doit porter d'une manière évidente un numéro différent : ce numéro facilite la transmission des ordres du général, et donne plus de moyens à lui et aux soldats de se reconnaître mutuellement. Les brigades doivent également porter un numéro sur leur drapeau principal. Il faut donc qu'on sache bien parfaitement et le numéro de la brigade, postée à la gauche ou à la droite, et celui des divers bataillons, postés à la tête, au centre, et ainsi de suite.

Des numéros doivent également servir de signes et d'échelons pour les différents grades de l'armée : le premier grade, par exemple, sera le décurion ; le second, le chef de   cinquante vélites ordinaires ; le troisième, le centurion ; le quatrième, le chef du premier bataillon ; le cinquième, le chef du deuxième bataillon, dont le chef serait immédiatement au-dessous du chef de la brigade ; et on ne pourrait arriver à ce dernier grade sans avoir passé par tous les autres. Et comme, outre ces différents officiers, nous avons trois chefs de piques extraordinaires et deux de vélites extraordinaires, je leur donnerai le grade de chef de premier bataillon, et je m'inquiéterais peu d'avoir six officiers du même grade, puisqu'ils n'en auraient que plus d'émulation pour mériter le deuxième bataillon : ainsi, chaque officier connaissant bien le poste de son bataillon lorsque le drapeau sera fixé, au premier son de la trompette, toute l'armée sera à son poste. Il faut qu'une armée s'exerce ainsi fréquemment à se former sur-le-champ en bataille, et pour cela il faut, chaque jour, et même plusieurs fois le jour, l'exercer à se rompre et à se reformer aussitôt ; c'est là le premier exercice.

LUIGI. Outre le numéro, quel signe voudriez-vous sur les drapeaux.

FABR. Le drapeau général doit porter les armes du souverain, les autres peuvent porter les mêmes armes en variant le *champ*, ou en variant les armes même comme on voudrait ; tout cela est fort indifférent, pourvu que les drapeaux puissent servir de signe de ralliement. Mais passons à notre deuxième exercice. Lorsque l'armée est formée en bataille, qu'elle s'habitue à se mettre en mouvement et à marcher d'un pas mesuré en conservant ses rangs.

Le troisième exercice a pour objet de former l'armée à toutes les manœuvres d'une bataille. Que l'artillerie, après une première décharge, se reporte sur les dernières ; que bientôt s'avancent les vélites extraordinaires et qu'ils fassent retraite après un combat simulé ; que les premiers bataillons, comme s'ils étaient repoussés, se retirent dans les intervalles de la seconde ligne et enfin dans la troisième, et que de là chacun retourne à son poste. Il faut que l'armée s'habitue tellement à toutes ces manœuvres qu'elles deviennent familières à tous les soldats, et c'est un avantage que la pratique leur donne bientôt.

Par le quatrième exercice, l'armée doit apprendre à connaître le commandement par la musique et le drapeau ; car les commandements donnés de vive vois n'auront pas besoin d'autre moyen de communication pour se faire entendre ; mais comme c'est par la musique que le commandement qui n'a pas été transmis par la voix acquiert une véritable importance, je crois devoir vous parler de la musique militaire des Anciens. Les lacédémoniens, selon Thucydide [1], employaient la flûte ; ils croyaient que ses sons étaient plus propres à faire marcher leur armée avec calme et mesure. Les carthaginois, pour cette même raison, se servaient du sistre au commencement du combat. Aliatès, roi de Lydie, avait introduit dans son armée et la flûte et le sistre ; mais Alexandre le Grand et les Romains se servaient de cors et de trompettes ; ils pensaient que ces instruments enflammaient le plus le courage des soldats, et les excitaient davantage au courage au combat. Quant à nous, qui avons emprunté nos armes et des Grecs et des Romains, nous les imiterons encore dans la distribution de nos instruments. Je placerai donc auprès du général en chef

---

[1] *Thucydide, V, 70.*

toutes les trompettes ; cet instrument est plus propre à exciter l'armée et se fait mieux entendre au milieu du bruit le plus violent. Auprès des chefs de bataillon et des chefs de brigade, je placerai des flûtes et des tambourins qui joueront, non pas comme dans nos armées actuelles, mais comme ils jouent dans le festin : le général en chef ferait connaître par les différents sons des trompettes quand il faudrait faire halte, avancer ou reculer ; quand il faudrait faire tirer l'artillerie ou avancer les vélites extraordinaires, et enfin toutes les manœuvres générales de l'armée. Les tambours répétaient ces divers commandements et, comme cet exercice est fort important, il faudrait le renouveler souvent. La cavalerie aurait également des trompettes, mais moins fortes et s'un son différent que celles du général. Voilà enfin tout ce que j'ai à vous dire sur l'ordre de bataille et les divers exercices de l'armée.

LUIGI. Je n'ai plus qu'une observation à vous faire : la cavalerie légère et les vélites extraordinaires engagent le combat avec fureur et en poussant de grands cris, tandis que le reste de l'armée marche à l'ennemi avec un grand silence. Je vous prie de m'expliquer la raison de cette différence que je n'entends pas bien.

FABR. Les anciens capitaines ont été d'un avis différent sur cette question-ci ; faut-il, lorsqu'on en vient aux mains, courir à l'ennemi en poussant de grands cris, ou marcher lentement et en silence ? Cette dernière méthode conserve mieux les rangs et permet mieux d'entendre les ordres du général ; l'autre enflamme davantage l'ardeur des soldats ; et, comme ce sont là deux avantages importants, j'ai fait marcher les uns en poussant des cris, les autres en silence. Je ne crois pas que les cris continuels soient utiles ; ils empêchent d'entendre le commandement, ce qui est un grand danger. Et il n'est pas à présumer que les Romains poussassent encore des cris après le premier choc ; on voit souvent dans l'histoire les exhortations et les discours de leurs généraux ramener le soldat déjà en fuite, et souvent changer l'ordre de bataille au milieu du combat, ce qui eût été impossible si les cris de l'armée eussent couvert la voix du général.

LIVRE QUATRIÈME

LUIGI. Puisqu'une victoire si honorable vient d'être gagnée sous mes ordres, je crois qu'il est prudent de ne plus tenter la fortune ; elle est trop mobile et trop capricieuse. Ainsi, j'abdique la dictature à mon tour et, voulant suivre notre règle, qui remet au plus jeune mes fonctions, je laisse à Zanobi [1] le soin de vous faire les questions. C'est un honneur, ou pour mieux dire, une peine qu'il acceptera volontiers ; d'abord pour me faire plaisir, ensuite parce qu'il est naturellement plus brave que moi ; et il ne craindra pas de se charger de cet emploi, quoiqu'il coure la chance d'être vaincu comme d'être vainqueur.

ZANOBI. Je ferai ce que vous voudrez, quoique j'eusse préféré de rester simple auditeur ; car je vous avoue que j'aimais mieux vos questions que toutes celles qui me venaient à l'esprit en écoutant votre entretien. Mais, seigneur Fabrizio, nous vous faisons perdre votre temps ; pardon de vous ennuyer de tous nos compliments.

FABRIZIO. Vous me faites, au contraire, grand plaisir, en vous chargeant ainsi des questions tour à tour ; par là j'apprends à connaître vos dispositions et vos inclinaisons différentes. Mais avez-vous quelques observations à me faire sur le sujet que nous venons à traiter ?

---

[1] *Zanobi Buondelmonti.*

ZAN. J'ai deux choses à vous demander avant que vous alliez plus avant. D'abord, connaissez-vous quelque autre manière d'ordonner une armée, et enfin quelles précautions doit prendre un général avant d'engager le combat, et que doit-il faire lorsque au milieu de l'action il survient quelque événement imprévu ?

FABR. Je vais tâcher de vous satisfaire. Mais je vous préviens que je ne répondrai pas séparément à vos deux questions, car souvent ce que je dirai sur l'une pourra s'appliquer à l'autre. Je vous ai déjà répété que je vous ai proposé un ordre de bataille qui admet toutes les modifications que demande la nature de l'ennemi ou du terrain ; car c'est toujours l'ennemi et le terrain qui doivent déterminer vos dispositions. Mais n'oubliez pas que rien n'est plus dangereux que de donner trop de front à votre armée, à moins d'avoir des forces très nombreuses et très sûres ; il faut préférer l'ordre profond et peu étendu à l'ordre large et mince. Lorsque vous avez des forces inférieures à l'ennemi, il faut chercher ailleurs vos compensations, vous appuyer d'un fleuve ou d'un marais pour n'être pas enveloppé, ou vous couvrir par des fossés, comme fit César dans les Gaules [1].

En général, on doit s'étendre ou se resserrer selon le nombre de ses forces ou de celles de l'ennemi. Si l'ennemi est inférieur, il faut chercher des plaines étendues, surtout avec des troupes bien exercées, non seulement pour l'envelopper, mais pour déployer ses rangs en liberté. Dans les lieux âpres et difficiles, où l'on ne peut maintenir ses rangs, on ne tire aucun avantage de leur solidité. Aussi les Romains préféraient toujours les plaines et s'éloignaient des terrains inégaux. Mais, si vos troupes sont peu

---

nombreuses et mal exercées, il faut choisir des positions où vous puissiez tirer parti de votre infériorité ou n'avoir rien à craindre de leur inexpérience. Vous devez aussi tâcher de prendre le poste le plus élevé, afin de tomber sur l'ennemi avec plus de violence. Ayez soin cependant de ne jamais placer votre armée au pied d'une montagne ou dans un lieu qui en soit voisin, car, si l'ennemi vient à l'occuper, son artillerie, de ce poste supérieur, peut vous faire le plus grand mal, et vous n'avez aucun moyen de vous en défendre. Songez encore, en disposant votre armée, que le soleil ou le vent ne frappent pas en face ; ils vous troublent la vue, l'un par ses rayons ; l'autre par la poussière qu'il fait voler devant vous ; le vent d'ailleurs détruit l'effet des armes de trait, et amortit leurs coups. Quant au soleil, il ne suffit pas qu'il ne vous donne pas actuellement dans le visage, il faut encore qu'il n'arrive pas à vous à mesure que le jour s'avance ; disposez donc votre armée de manière qu'elle lui tourne le dos, et qu'il se passe beaucoup de temps avant qu'elle l'ait en face. C'est une précaution qu'Annibal prit à Cannes [1], et Marius dans sa bataille contre les Cimbres [2]. Si votre cavalerie est inférieure, placez votre armée dans des vignes ou des bois, ou au milieu d'obstacles semblables, comme le firent les Espagnols lorsque, de notre temps, ils battirent les Français à Cerignola [3] dans le royaume de Naples. En changeant ainsi d'ordre et de champ de bataille, on a vu souvent les mêmes soldats de vaincus devenir vainqueurs ; on peut en citer pour exemple les Carthaginois qui, battus plusieurs fois par Regulus, obtinrent enfin la victoire, parce que, d'après les avis du Lacédémonien Xantippe, ils descendirent dans la plaine, où la supériorité de leur

---

[1]   Cf. Tite-Live, XXII 43.
[2]   Peuple germanique que Marius battit à Verceil en 101 av. n. è.
[3]   En 1503.

cavalerie et de leurs éléphants mit les Romains en déroute [1].

J'ai remarqué souvent dans l'histoire que les plus grands généraux de l'Antiquité, après avoir reconnu le côté fort de l'armée ennemie, lui ont presque toujours opposé leur côté le plus faible, et ainsi leur côté le plus fort au côté le plus faible de l'ennemi ; et qu'en engageant l'action, ils recommandaient à leur côté le plus fort de soutenir seulement le choc de l'ennemi sans le repousser, et à leur plus faible de lâcher pied le plus fort de soutenir seulement le choc de l'ennemi sans le repousser, et à leur dernière ligne ; il résultait de là deux effets très fâcheux pour l'ennemi : d'abord, c'est que son côté le plus fort se trouvait enveloppé ; ensuite que, se croyant sûr de la victoire, il arrivait bien rarement que le désordre ne se mît pas dans ses rangs, ce qui précipitait sa ruine. Scipion, faisant la guerre en Espagne contre Asdrubal [2], plaçait ordinairement au centre de son armée les légions qui formaient ses meilleures troupes ; mais, ayant appris qu'Asdrubal, instruit de cet ordre de bataille, voulait l'imiter, il changea, au moment de la bataille, toute cette disposition et plaça ses légions sur les flancs et au centre ses plus mauvaises troupes. Lorsqu'on en vint aux mains, i ordonna au centre de s'avancer lentement, et aux flancs de se porter avec rapidité sur l'ennemi ; il n'y eut ainsi que les deux ailes qui combattirent, parce que les deux centres étaient trop distants pour se joindre, et les meilleures troupes de Scipion n'ayant affaire qu'aux plus faibles d'Asdrubal, le premier remporta une victoire complète.

Ce stratagème était alors fort utile, mais aujourd'hui il serait funeste à cause de l'artillerie. Cet intervalle, qui

---

[1]   En 255 av. n. è. ; voir Polybe, I 32-35.
[2]   En 208-206 av. n. è. ; voir Tite-Live, XXVIII, 14-5.

séparerait le centre des deux armées, lui donnerait les moyens de tirer avec grand avantage ; et nous avons déjà dit combien on doit craindre ce danger. Il faut donc y renoncer et se borner à la méthode que j'ai déjà proposé d'engager l'action par toute l'armée en faisant céder peu à peu le côté le plus faible.

Un général qui, avec des forces supérieures à l'ennemi, veut l'envelopper sans qu'il s'en doute, donnera à son armée le même front qu'à l'armée ennemie, et, lorsque l'action sera engagée, il fera peu à peu reculer son centre et étendre ses flancs, et l'ennemi se trouvera nécessairement enveloppé sans s'en apercevoir.

Celui qui veut livrer une bataille ave la certitude presque absolue de n'être pas mis en déroute choisira un poste qui lui offre, à quelque distance, un asile presque assuré, ou derrière un marais, ou dans les montagnes, ou dans une ville forte ; car, dans ce cas, il ne peut être poursuivi par l'ennemi et se conserve tous les moyens de le poursuivre. C'est le parti qui prit Annibal lorsque la fortune commença à lui devenir contraire et qu'il craignait la valeur de Marcellus.

Plusieurs généraux, pour jeter le désordre dans les rangs ennemis, ont ordonné à leurs troupes légères d'engager l'action, et de se retirer ensuite dans les rangs, et, lorsque les deux armées en seraient aux mains et que la mêlée serait la plus complète, de sortir par les flancs et d'attaquer ainsi l'ennemi, ce qui mettait le trouble dans son armée et causait sa déroute. Quand on est inférieur en cavalerie, outre les expédients que j'ai donnés déjà, on peut placer derrière ses escadrons un bataillon de piques, et leur ordonner d'ouvrir au milieu du combat un passage à ce bataillon ; cette manœuvre est un sûr garant de leur victoire. D'autres enfin ont exercé des troupes légères à combattre au milieu de la cavalerie qui acquérait par là une grande supériorité.

De tous les généraux, ceux qui ont été le plus loués pour la disposition de leur armée le jour d'une bataille sont Annibal et Scipion, lorsqu'ils combattirent en Afrique [1]. Annibal, dont l'armée était composée de Carthaginois et d'auxiliaire de différentes nations, plaça à la première ligne quatre-vingts éléphants, puis les auxiliaires, qui étaient suivis des Carthaginois, et enfin les Italiens dont il se défiait. Voici quels furent ses motifs : il plaçait ses auxiliaires en avant, parce qu'ayant l'ennemi en face, et arrêtés derrière par les Carthaginois, toute fuite leur était impossible, et que, forcés de combattre, ils devaient nécessairement ou repousser ou du moins lasser les Romains, et il jugeait qu'alors ses troupes fraîches et pleines d'ardeur n'auraient pas de peine à vaincre un ennemi déjà fatigué. Scipion disposa, selon l'usage ordinaire, les *hastaires*, les *princes* et les *triaires* pour se recevoir dans les rangs les uns des autres, et se prêter un mutuel appui, et il établit un grand nombre d'intervalles dans son premier corps de bataille. Mais, afin que l'ennemi ne pût s'en apercevoir et crût même que ses rangs étaient solides, il remplit ces intervalles de vélites, en leur recommandant de se retirer à l'approche des éléphants dans les intervalles ordinaires des légions et de leur laisser un libre passage : ainsi, il rendit vaine toute l'impétuosité de ces animaux ; et, en étant venu aux mains, il remporta la victoire.

ZAN. Vous m'avez fait souvenir, en me parlant de

---

[1] *La bataille de Zama, 202 av. n. è. ; voir Tite-Live, XXX 32.*

cette bataille, que Scipion pendant le combat ne fit pas rentrer les *hastaires* dans les rangs des *princes* et les *triaires* ; ceux-ci occupant ainsi les intervalles des rangs de la seconde ligne, la place des *hastaires* était prise ; il fallut donc faire ouvrir les rangs de ceux-ci et les envoyer sur les flancs de l'armée. Au reste, remarquez bien que cette manœuvre d'ouvrir la première ligne pour faire place à la seconde ne peut avoir lieu que lorsqu'on a l'avantage : on l'exécute alors à son aise, comme fit Scipion ; mais si on ne l'essaie que lorsqu'on a le dessous et qu'on est repoussé, on se perd infailliblement ; il faut donc pouvoir rentrer dans la seconde ligne. Mais revenons à notre sujet.

Les anciens peuples de l'Asie, entre autres armes offensives, employaient des chars armés de faux sur les côtés ; leur impétuosité ouvrait les rangs ennemis, et les faux tuaient tout ce qui se trouvait sur leur passage. On se défendait contre ces chars, soit par l'épaisseur des rangs, soit en leur laissant un libre passage, comme aux éléphants, ou par quelque autre moyen particulier. Tel fut celui qu'employa Sylla contre Archelaüs [1] qui avait un grand nombre de ces chars armés de faux : Sylla, pour s'en garantir, fit enfoncer derrière ses premiers rangs beaucoup de pieux qui, arrêtant ces chars, leur faisant perdre toute leur impétuosité. Il faut remarquer que dans cette occasion Sylla disposa son armée d'une manière nouvelle : il plaça sur les derrières les vélites et la cavalerie et, à la tête, les soldats pesamment armés, mais en laissant dans leurs rangs assez d'intervalles pour que ceux-là pussent au besoin se porter en avant. Il engagea le combat, et par le moyen de sa cavalerie, à qui, au milieu de l'action, il ouvrit ainsi un passage, il remporta la victoire.

---

[1] *La bataille de Chéronée, 86 av. n. è. ; voir Frontin, II 3-17.*

Si vous voulez pendant le combat jeter le trouble dans l'armée ennemie, il faut alors faire naître quelque événement propre à l'effrayer, ou annoncer l'arrivée de nouveaux renforts, ou imaginer quelque artifice qui lui en offre l'apparence, de sorte que, trompé par cette fausse démonstration, il s'épouvante et cède plus aisément la victoire. C'est un moyen qu'employèrent les consuls Minucius Rufus et Acilius Glabrion. Sulpicius fit monter les valets de l'armée sur des mulets et d'autres animaux inutiles au combat, les disposa de manière à représenter un corps de cavalerie, et leur ordonna de paraître au haut d'une colline pendant qu'il en était aux mains avec les Gaulois ; ce qui lui assura la victoire. Marius imita cet exemple, lors de sa bataille contre les Teutons.

Si les attaques simultanées sont très utiles au milieu d'un combat, on peut tirer un plus grand parti encore des attaques véritables, surtout lorsque à l'improviste on tombe sur les derrières ou sur les flancs de l'ennemi ; mais ce moyen est difficile, si l'on n'est aidé par le pays. Si vous êtes dans un pays ouvert, il vous est impossible de cacher une partie de vos troupes, comme l'exigent presque toujours de pareils stratagèmes ; on le peut aisément dans un pays de bois ou de montagnes, et par conséquent propre aux embuscades : alors, à l'improviste, tombez rapidement sur l'ennemi, et comptez presque toujours sur le succès.

Il est quelquefois très important, au milieu de l'action, de semer le bruit de la mort du général ennemi ou de la défaite d'une partie de ses troupes ; ce fut souvent le moyen de gagner la victoire. On jette aisément le désordre dans la cavalerie ennemie, en la frappant par un spectacle ou des cris inattendus, comme Crésus qui opposa des chameaux à la cavalerie de ses ennemis, et Pyrrhus qui fit avancer contre celle des Romains des éléphants, dont le seul aspect la mit en déroute. De nos jours, les Turcs ont vaincu le Sophi[1] de Perse et le Soudan de Syrie, uniquement par la mousqueterie, dont le bruit inaccoutumé jeta le désordre dans leur cavalerie et assura aux Turcs la victoire. Les Espagnols, pour vaincre Amilcar [2], placèrent à la tête de leur armée des chariots traînés par des bœufs et remplis d'étoupe : au moment d'en venir aux mains, ils y mirent le feu. Les bœufs, pour fuir la flamme, se précipitèrent sur les Carthaginois et jetèrent le désordre dans leurs rangs. Beaucoup de généraux tendent des pièges à l'ennemi, comme nous l'avons déjà dit, lorsque le pays est propre aux embuscades ; mais on peut aussi, dans, dans un pays plat et ouvert, creuser des fossés qu'on recouvre légèrement de terre et de mousse, en laissant entre eux des intervalles. Lorsque le combat est engagé, on s'y retire en sûreté par les intervalles, et l'ennemi acharné à la poursuite tombe dans ces fossés et s'y perd.

Si pendant l'action il survient quelque événement propre à effrayer vos soldats, il faut le cacher avec soin ou, s'il est possible, en tirer parti, comme firent Tullus Hostilius et Sylla. Celui-ci voyant, au milieu du combat, une partie de ses troupes passer du côté de l'ennemi, et toute son armée n'agissaient que par son ordre ; l'armée alors, bien loin d'être troublée par cet événement, n'en prit que plus de courage et finit par remporter la victoire. Le même Sylla, ayant chargé quelques troupes d'une expédition où elles avaient péri, déclara, pour prévenir les frayeurs de son armée, qu'il les avait envoyées à dessein au milieu de l'ennemi parce qu'il était persuadé de leur perfidie. Sertorius, au milieu d'un combat qu'il livrait en Espagne, tua lui-même un des siens qui venait lui annoncer la mort d'un de ses généraux, afin qu'il n'allât pas, par

---

[1] *Titre des Schahs (N.d.E).*
[2] *Les Turcs conquirent la Syrie en 1516-1517.*

cette nouvelle répandre l'alarme dans le reste de l'armée.

Ce qu'il y a de plus difficile, c'est de rallier une armée en fuite et de la ramener au combat. Il faut bien remarquer si elle est tout entière en déroute, et alors il est impossible de la rallier, ou si une partie seulement prend la fuite, ce qui n'est pas sans remède. Plusieurs généraux romains, pour arrêter leur armée en déroute, se sont précipités au-devant des fuyards, en leur faisant honte de leur lâcheté. Sylla, entre autres, voyant une partie de ses légions p-mises en fuite par l'armée de Mithridate, courut au-devant d'elles, l'épée à la main, en leur criant : « Si l'on vous demande où vous avez abandonné votre général, vous répondrez : *nous l'avons abandonné, combattant dans les champs d'Orchomène !* [1]. » Atilius Regulus fit avancer contre ses soldats en fuite ceux qui étaient restés à leur poste, et leur signifia que, s'ils ne retournaient au combat, ils seraient tués par les Romains comme par les ennemis. Philippe, roi de Macédoine, s'apercevant de la frayeur qu'inspiraient les Scythes à ses troupes, plaça sur les derrières de son armée un corps de cavalerie sur lequel il comptait, en lui ordonnant de tuer tous les fuyards ; et cette armée, préférant de mourir en combattant qu'en fuyant, remporta la victoire. Enfin plusieurs généraux romains, non pas tant pour empêcher leur armée de fuir que pour lui donner l'occasion de déployer plus d'intrépidité, ont saisi un drapeau au milieu du combat, et l'ont jeté dans les rangs ennemis en promettant une récompense à qui l'irait chercher.

Je crois qu'il n'est pas hors de propos de parler ici des suites du combat ; j'ai d'ailleurs peu de chose à dire sur ce sujet, qui est digne d'attention, et qui a naturellement

---

[1] *La bataille d'Orchomène eut lieu en 86 av. n. è. ; cf. Frontin II, 8-12.*

rapport à l'objet actuel de notre entretien. On bat ou on est battu : dans le premier cas, il faut poursuivre la victoire avec la plus vive rapidité, et imiter à cet égard César et non pas Annibal qui, pour s'être arrêter à Cannes après avoir vaincu les Romains, perdit l'occasion de s'emparer de Rome. César, au contraire, ne prenait pas un instant de repos après la victoire, et poursuivait son ennemi avec plus de fureur et d'impétuosité qu'il ne l'avait attaqué au moment du combat. Dans le second cas, un général doit examiner s'il ne peut tirer quelque parti de sa défaite, surtout quand il lui reste une partie de son armée. On peut profiter alors de la négligence de l'ennemi qui, très souvent après la victoire, tombe dans une confiance aveugle qui donne moyen de l'attaquer avec succès. Marcius détruisit ainsi les armées carthaginoises qui, après la mort des deux Scipion et la déroute de leurs armées, n'avaient plus aucune défiance des débris de ces armées réunies sous son commandement. Mais bientôt elles se virent attaquées par Marcius, et réduites à fuir à leur tour. Rien n'est plus facile qu'un projet que l'ennemi vous croit hors d'état de tenter, et c'est du côté qu'ils pensent avoir le moins à craindre que les hommes sont le plus souvent frappés.

Un général qui ne peut user d'une pareille ressource doit chercher cependant encore, avec le plus grand soin, à rendre sa perte funeste : il tâchera donc d'ôter à l'ennemi les moyens de le poursuivre, ou sèmera le plus d'obstacles qu'il pourra sur ses pas. Les uns, prévoyant leur défaite, après avoir désigné un lieu de ralliement, ordonnaient à leurs généraux de fuir sur divers points par des routes différentes ; et l'ennemi, craignant de diviser son armée, les laissait ainsi se retirer tous en sûreté, ou du moins la plus grande partie ; d'autres ont jeté devant l'ennemi leurs effets les plus précieux, afin que, retardé par l'amour du butin, il leur donnât plus de temps pour la fuite. Titus Dimius usa d'un habile stratagème pour cacher la perte qu'il avait faite dans une bataille : après avoir combattu jusqu'à la fin du jour, avec une grande perte des siens, il fit enterrer pendant la nuit la plus grande partie de ses morts, et l'ennemi apercevant le matin tant d'hommes tués de son côté, tandis que les Romains en avaient si peu, crut avoir eu le dessous, et prit la fuite.

Je crois avoir répondu en grande partie à votre question ; il me reste à vous parler de la forme à donner à une armée le jour d'une bataille. Plusieurs généraux en ont fait souvent une espèce de cône, croyant pouvoir, par cette disposition ouvrir plus aisément l'armée ennemie. À ce cône on a apposé la forme des ciseaux pour le recevoir dans leur ouverture, l'envelopper et le combattre de toutes parts. Je veux, à ce propos, vous recommander une maxime générale : c'est de faire volontairement ce à quoi l'ennemi veut vous contraindre, car alors vous procédez avec ordre, en prenant vos avantages et en prévenant les siens ; mais si vous agissez forcément vous êtes perdu. A l'appui de cette maxime, je ne crains pas de vous répéter des exemples que j'ai déjà pu vous citer. Votre ennemi forme-t-il un cône pour ouvrir vos rangs ? Si vous marchez à lui les rangs ouverts, vous détruisez toutes ses dispositions, et vous restez maître des vôtres. Annibal place des éléphants à la tête de son armée pour ouvrir les rangs de Scipion ; Scipion se présente devant lui les rangs ouverts, et assure ainsi sa victoire et la défaite d'Annibal. Asdrubal met au centre de son armée ses meilleures troupes pour enfoncer celles de Scipion ; celui-ci ordonne à son centre de céder à l'ennemi, et triomphe ainsi d'Asdrubal. Enfin toutes ces dispositions extraordinaires sont toujours le gage du succès de celui qui a su les prévoir.

Je dois vous parler encore de toutes les précautions que doit prendre un général avant de se décider au combat. D'abord il ne doit jamais engager une action à moins qu'il n'y voie un avantage assuré, ou qu'il n'y soit forcé par la nécessité. Il y trouve de l'avantage quand il a un poste plus favorable, des troupes mieux disciplinées ou plus nombreuses ; il y est forcé quand l'inaction entraîne nécessairement sa ruine, soit qu'il manque d'argent et qu'il ait ainsi à craindre la désertion de son armée, soit qu'il soit pressé par le défaut de vivres, ou que l'ennemi attende à chaque instant de nouveaux renforts Dans tous les cas, il faut toujours combattre même avec un désavantage marqué ; car il vaut mieux tenter la fortune, qui, après tout, peut être favorable, que d'attendre par irrésolution une ruine favorable, que d'attendre par irrésolution une ruine certaine. Un général est alors aussi coupable de ne pas combattre que de laisser échapper, en tout autre temps, une occasion de vaincre, par ignorance ou par lâcheté.

Souvent l'ennemi vous offre lui-même des avantages, souvent aussi vous les devez à votre propre habileté. Il est arrivé quelquefois qu'au passage d'un fleuve une armée a été mise en déroute par un ennemi vigilant qui l'a attaquée au moment même où elle était partagée en deux corps par le fleuve. C'est ainsi que César détruisit le quart de l'armée des Helvètes [1]. Si votre ennemi s'est fatigué à vous poursuivre longtemps avec trop d'emportement, et que vous vous trouviez alors frais et dispos, ne négligez pas cette occasion de l'attaquer. Souvent l'ennemi vous présente la bataille de grand matin, différez alors, le plus que vous pouvez, de sortir de votre camp ; et, quand il est resté longtemps sous les armes, et que, dans cette longue attente, il a perdu sa première ardeur, alors engagez le combat. C'est le parti que prirent en Espagne Scipion et Metellus, l'un contre Asdrubal, l'autre contre Sertorius. Si l'ennemi a diminué ses forces, soit en divisant son armée,

---

[1] *Cf. César, La Guerre des Gaules, I 12.*

comme firent les Scipion en Espagne, soit par quelque autre accident, c'est encore le moment de l'attaquer.

La plupart des généraux prudents ont mieux aimé recevoir le choc de l'ennemi que d'aller l'attaquer avec impétuosité ; lorsque des hommes fermes et solides soutiennent avec vigueur cette première fureur, elle finit presque toujours par le découragement. Fabius reçut ainsi les Samnites et les Gaulois et fut vainqueur, tandis que son collègue Decius perdit la vie par une conduite contraire. D'autres généraux, croyant avoir à redouter la valeur de l'ennemi, n'ont commencé le combat qu'à l'approche de la nuit, pour pouvoir, en cas de défaite, se retirer à la faveur des ténèbres. Quelques-uns enfin, instruits que leur ennemi était empêché par quelque motif superstitieux de combattre tel jour, ont choisi ce jour même pour livrer bataille ; c'est ainsi que César et Vespasien attaquèrent l'un Arioviste dans la gaule, l'autre, les Juifs en Syrie.

Ce qu'il y a de plus utile et de plus important pour un général, c'est d'avoir toujours auprès de lui quelques hommes sûrs, éclairés et d'une grande expérience, qui lui servent de conseil et l'entretiennent sans cesse de son armée et de celle de l'ennemi. Ils examineront ensemble avec soin de quel côté est la supériorité du nombre, des armes, de la cavalerie et de la discipline ; quelles sont les troupes les plus endurcies aux travaux, lesquelles méritent le plus de confiance, de la cavalerie ou de l'infanterie ; quelle est la nature du terrain qu'ils occupent ; s'il est plus ou moins favorable à l'ennemi ; laquelle des deux armées tire ses vivres avec plus de facilité ; s'il est avantageux de différer ou d'engager le combat ; ce qu'on peut espérer ou craindre en traînant en longueur : car souvent dans ce dernier cas les soldats se découragent et désertent, fatigués de travaux et d'ennui. Ce qu'il importe surtout de connaître, c'est le général ennemi et ses alentours, s'il est téméraire ou réservé, timide ou entreprenant, et quelle confiance enfin on peut mettre dans les auxiliaires. Mais ce qu'il faut observer avec le plus grand soin, c'est de ne jamais mener une armée au combat, lorsqu'elle doute le moins du monde de la victoire. On n'est jamais plus sûrement vaincu que lorsqu'on craint de ne pas vaincre. Il faut toujours alors éviter la bataille, imiter Fabius qui, en choisissant des postes escarpés, ôtait à Annibal tout moyen d'aller l'attaquer, ou, si vous craignez que dans ces postes même l'ennemi ne marche contre vous, quitter la campagne et disperser vos troupes dans des places fortes, afin de le fatiguer par des sièges.

ZAN. Ne peut-on autrement éviter le combat qu'en dispersant son armée dans des places fortes ?

FABR. Je crois vous avoir déjà dit que tant qu'on tient la campagne on ne peut éviter d'en venir aux mains, lorsqu'on a affaire à un ennemi qui veut le combat à quelque prix que ce soit ; il n'y a pas d'autres moyens alors que de se maintenir toujours au moins à cinquante milles de lui, pour avoir le temps de décamper lorsqu'il marche contre vous. Et il est à remarquer que Fabius ne refusait pas le combat avec Annibal, mais il ne le voulait qu'à son avantage, et Annibal ne croyait pas pouvoir le vaincre dans les postes qu'il avait choisis ; car, s'il avait été sûr de la victoire, Fabius aurait été forcé de combattre ou de prendre la fuite. Philippe, roi de Macédoine, le père de Persée, dans la guerre contre les Romains, avait établi son camp sur une montagne très élevée, afin d'éviter le combat ; mais les Romains l'allèrent attaquer sur cette montagne même et le mirent en déroute. Vercingétorix, général des Gaulois, ne voulant pas engager le combat avec César qui, contre son attente, venait de traverser un fleuve qui l'en avait jusqu'alors séparé, prit le parti de s'éloigner avec son armée de plusieurs milles [1]. Les Vénitiens de nos jours devaient suivre cet exemple, et ne pas attendre que l'armée française eût passé l'Adda, puisqu'ils étaient résolus de n'en pas venir aux mains. Ils perdirent le temps en vains délais, ne surent ni saisir l'occasion du combat, lorsque l'armée passa le fleuve, ni s'en éloigner à temps, et les Français, arrivant sur eux au moment où ils décampaient, les attaquèrent et les défirent complètement [1]. Je le répète, on ne peut éviter une bataille quand l'ennemi la veut à tout prix. Et qu'on ne me cite pas Fabius, car alors il n'évitait pas plus la bataille qu'Annibal.

Tantôt vos soldats ont le désir de combattre, mais le nombre et la position de l'ennemi vous font craindre une défaite, et vous êtes forcé de leur faire perdre cette envie ; tantôt la nécessité et les circonstances vous obligent à livrer bataille, mais vos soldats sont sans confiance et peu disposés au combat : dans le premier cas, vous devez les refroidir, dans l'autre, les échauffer. Pour les refroidir, lorsque vos discours ne suffisent pas, vous n'avez qu'à en sacrifier quelques-uns à l'ennemi, et alors ceux qui se seront trouvés à l'action, comme ceux qui n'ont pas combattu, vous croient enfin. On peut imiter, de dessein prémédité, ce qui arriva par hasard à Fabius. Son armée, comme vous le savez, avait une extrême envie de combattre Annibal ; le maître de la cavalerie partageait cette envie, mais Fabius ne croyait pas pouvoir risquer le combat. Enfin, ce dissentiment ayant fait partager cette envie, mais Fabius ne croyait pas pouvoir risquer le combat. Enfin, ce dissentiment ayant fait partager l'armée entre eux deux, Fabius resta dans son camp, tandis que le maître de la cavalerie engagea le combat, où il courut de très grands dangers et eût été mis en déroute si Fabius ne

---

[1]   *Cf. César, La Guerre des Gaules, VII 35.*
[1]   *Les troupes de Louis XII battirent les Vénitiens à Agnadel en 1509.*

fût venu à son secours. Cet exemple lui fit sentir, comme à toute l'armée, combien il était important de se confier à Fabius. Si au contraire vous voulez exciter vos soldats au combat, il faut les irriter contre l'ennemi, en leur répétant les paroles outrageantes que celui-ci vomit contre eux, leur persuader que vous avez pratiqué dans son camp des intelligences secrètes et qu'une partie de son armée vous est vendue ; il faut camper à portée de son camp, engager souvent de légères escarmouches ; les choses qu'on voit tous les jours n'inspirent plus tant d'effroi ; montrez enfin une vive colère et, dans un discours préparé à cet effet, reprochez-leur leur lâcheté ; assurez-les, pour qu'ils aient honte d'eux-mêmes, que, puisqu'ils ne veulent pas vous suivre, vous irez seul au-devant de l'ennemi. Si vous voulez que les soldats s'acharnent au combat, vous devez surtout avoir soin de ne leur permettre qu'à la fin de la guerre d'envoyer leur butin chez eux, ou de le déposer dans quelque autre lieu de sûreté. Ils sentent alors que, si la fuite sauve leur vie, elle ne sauve pas ce qu'ils possèdent et, pour le défendre, ils combattent souvent avec plus d'opiniâtreté que s'il s'agissait de leur vie même.

ZAN. Vous venez de nous dire qu'on pouvait exciter par des discours les soldats au combat ; mais avez-vous entendu qu'on parlât à toute l'armée ou seulement aux officiers ?

FABR. Faire adopter ou rejeter une opinion à un petit nombre d'individus n'est pas fort difficile ; car, si les paroles ne suffisent pas, on emploie la force et l'autorité. La véritable difficulté est de détruire dans l'esprit de la multitude une erreur funeste, contraire à l'intérêt public et à vos desseins. Ce succès ne peut s'obtenir que par un discours qui, si l'on veut que tous soient persuadés, doit être entendu de tous. Il fallait donc qu'autrefois les grands généraux fussent orateurs ; car si l'on ne sait parler à toute une armée, il est difficile d'espérer de grands succès ; mais c'est un talent qui est tout à fait perdu aujourd'hui. Voyez dans la vie d'Alexandre combien de fois il fut obligé de haranguer toute son armée ; jamais sans cet avantage il n'eût pu la conduire, chargée de précieuses dépouilles, dans les déserts de l'Inde et de l'Arabie, malgré tant de fatigues et de dangers. Sans cesse il arrive des accidents qui peuvent faire périr une armée si son général n'a pas le talent ou l'habitude de lui parler. Par des paroles, il chasse la crainte, enflamme le courage, accroît l'acharnement, découvre les ruses de l'ennemi, offre des récompenses, montre les dangers et les moyens de les fuir, réprimande, prie, menace, sème l'espérance, la louange ou le blâme, et emploie enfin tous les moyens qui poussent ou retiennent les passions des hommes. Une république ou un monarque qui veulent former une armée et lui rendre son ancien éclat doivent donc habituer leurs soldats à entendre leur général, et le général à parler aux soldats.

Chez les Anciens, la religion et le serment qu'on faisait prêter aux soldats avant de les envoyer à l'armée étaient un moyen puissant pour les gouverner ; à chaque faute, ils étaient menacés, non seulement des châtiments qu'ils pouvaient craindre des hommes, mais encore de la colère de Dieu. Ce moyen, fortifié encore de toutes les cérémonies religieuses, a souvent rendu faciles aux anciens capitaines les plus grandes entreprises, et produirait encore aujourd'hui les mêmes effets, partout où l'on conserverait la crainte et le respect de la religion. C'est ainsi que Sertorius persuadait à son armée qu'une biche lui promettait la victoire de la part des dieux ; c'est ainsi que Sylla s'entretenait avec une image qu'il avait enlevée du temple d'Apollon. Plusieurs généraux ont assuré que Dieu leur avait apparu en songe pour les déterminer au combat ; et de nos jours, Charles VII, roi de France, dans la guerre contre les Anglais, obéissait, disait-il, dans toutes ses entreprises, aux conseils d'une jeune fille envoyée de Dieu, qu'on appelait partout la pucelle de France, ce qui fut la cause de ses succès.

Il est inutile encore d'inspirer à vos soldats le mépris de l'ennemi : Agésilas [1] exposa ainsi aux yeux de ses soldats quelques Perses nus, pour que le spectacle de ces membres délicats leur fît comprendre que de pareils hommes n'étaient pas faits pour effrayer des Spartiates. D'autres généraux ont imposé à leurs soldats la nécessité de combattre, en ne leur laissant d'espérance de salut que dans la victoire. C'est le plus puissant et le plus sûr moyen de rendre les soldats acharnés au combat. Cet acharnement est dû à leur confiance, à leur attachement pour leur général, ou à l'amour que la patrie leur inspire. La confiance naît en eux de la supériorité de leurs armes et de leur discipline, de leurs victoires récentes, de la haute opinion qu'ils ont de leur général. Quant à l'amour de la patrie, c'est la nature qui le donne ; et un général obtient leur attachement par ses talents plutôt que par aucun autre bienfait. Au reste, on peut avoir plusieurs raisons de combattre avec acharnement, mais la plus forte, c'est celle qui vous oblige de vaincre ou de mourir.

---

[1] *Roi de Sparte ; cf. Frontin, I 11-12.*

LIVRE CINQUIÈME

FABRIZIO. Je vous ai dit comment on dispose une armée pour combattre une autre armée qui vient à sa rencontre ; ce qu'il faut faire pour vaincre, et quels événements divers peuvent avoir lieu dans cette grande circonstance : il est temps maintenant de vous apprendre à disposer une armée contre un ennemi qui est hors de votre présence, mais que vous craignez sans cesse de voir tomber sur vous. Ce danger est à craindre quand on marche dans un pays ennemi ou suspect.

L'armée romaine faisait toujours marcher devant elle quelques escadrons de cavalerie pour éclairer le chemin ; l'aile droite venait ensuite, suivie de ses équipages ; puis deux légions ayant chacune derrière elle leurs équipages ; et enfin l'aile gauche, également suivie de ses équipages ; la marche était fermée par le reste de la cavalerie. S'il arrivait que pendant la route l'armée fut attaquée en tête ou en queue, tous les équipages se retiraient sur la gauche ou sur la droite ou du côté que permettait le terrain ; et chaque soldat, libre de tout soin des équipages, faisait face à l'ennemi. Si elle était attaquée par le flanc, les équipages se retiraient du côté le moins en danger, et de l'autre on soutenait l'effort de l'ennemi : cet ordre de marche me paraît sage et digne d'être imité. J'enverrai donc en avant ma cavalerie légère pour éclairer le pays ; je ferai marcher ensuite mes quatre brigades à la file l'une de l'autre, suivies chacune de leurs équipages ; et comme les équipages sont de deux espèces, les uns étant chargés du bagage du soldat, les autres de ce qui appartient à l'armée en général, je diviserai également l'artillerie et tous les hommes sans défense, afin que tous les corps de l'armée aient la même part d'équipage.

Mais comme vous vous trouvez dans un pays non seulement suspect, mais tellement ennemi que vous devez craindre à chaque instant d'être attaqué, alors vous êtes forcé, pour votre sûreté, de changer votre ordre de marche, en sorte que les paysans ou l'armée ennemie vous trouvent toujours sur vos gardes et prêt à les recevoir. Dans ces cas, les armées des Anciens marchaient en bataillon carré : on les appelait ainsi, non pas qu'elles formassent de véritables carrés, mais parce qu'elles pouvaient combattre des quatre côtés, également disposées pour la arche et pour le combat. Je ne m'écarterai pas de cette méthode, et je disposerai d'après ce modèle les deux brigades qui me servent de règle pour former une armée. Si je veux donc traverser en sûreté le pays ennemi et, à toute attaque imprévue, être en état de défense sur tous les points, je formerai de mon armée un carré dont la partie intérieure aura deux cent douze brasses dans toutes les dimensions. J'éloignerai d'abord les flancs l'un de l'autre de deux cent douze brasses ; et sur chaque flanc, je placerai cinq bataillons à la file, séparés l'un de l'autre de trois brasses, et chacun occupant quarante brasses de terrain ; ils formeront ainsi avec ces intervalles deux cent douze brasses. Entre ces deux flancs, je placerai à la tête et à la queue les dix autres bataillons, cinq de chaque côté, et je les disposerai ainsi ; quatre bataillons se porteront à côté de la tête du flanc gauche, en laissant entre eux un intervalle de trois brasses ; un bataillon se portera ensuite à côté de la tête du flanc gauche et un autre à côté de la queue du flanc droit. Or, comme l'intervalle qui sépare chaque flanc est de deux cent douze brasses, et que ces derniers bataillons sont placés en largeur et non en longueur, qu'ils ne peuvent occuper ainsi avec leurs intervalles que cent trente-quatre brasses de terrain, il se trouve qu'il y aura, entre les quatre bataillons placés à côté de la tête du flanc droit et celui placé à côté de la tête du flanc gauche, un intervalle de soixante-dix-huit brasses. Ce même intervalle existera entre les bataillons placés à la queue, avec cette différence qu'ici il aura lieur du côté droit, et qu'à la tête ce sera du côté gauche. Dan ces soixante-dix-huit brasses de la tête, je placerai tous les vélites ordinaires ; dans celles de la queue les vélites extraordinaires, qui se trouveront ainsi au nombre de mille dans chaque intervalle. Or, comme mon intention est que l'espace vide formé au milieu de l'armée soit de deux cent douze brasses dans toutes les dimensions, il faut que les cinq bataillons de la tête et les cinq bataillons de la queue ne prennent aucune partie de la ligne occupée par les flancs, et qu'ainsi le dernier rang des cinq bataillons de la tête s'aligne avec la tête des deux flancs, et que la tête des bataillons de la queue s'aligne avec le dernier rang de la queue des deux flancs, ce qui formera à chaque coin de l'armée un *angle rentrant*, propre à recevoir chacun un autre bataillon. J'y placerai donc quatre bataillons de piques extraordinaires, et les deux qui me restent formeront au centre un bataillon carré, à la tête duquel sera le général avec sa troupe d'élite.

Comment ces bataillons, ainsi rangés, marchant tous du même côté, ne peuvent pas tous également combattre du même côté, il faut disposer pour le combat tous les points qui restent découverts. Ainsi tous les bataillons de la tête étant gardés sur tous les autres points, excepté au premier rang, il faut, conformément à notre ordre de bataille, y porter les piques ; les bataillons de la queue n'étant découverts qu'au dernier rang, vous devez y porter les piques d'après la méthode que je vous ai déjà expliquée ; et comme les cinq bataillons du flanc droit n'ont à craindre que sur le flanc droit, et les cinq de la gauche que sur le flanc gauche, puisqu'ils sont couverts sur tous les autres points, c'est donc sur ce point menacé que vous porterez encore toutes les piques de ces bataillons. Quand j'ai expliqué la manière de former en bataille les bataillons, je vous ai appris comment il faut, dans cette occasion, placer les décurions de manière qu'au moment du combat toutes les parties des bataillons se trouvent à leur place accoutumée.

Je placerai une partie de l'artillerie sur le flanc droit, l'autre sur le flanc gauche. La cavalerie sera sur les devants pour éclairer le pays, et les gens d'armes sur les derrières des deux flancs, à quarante brasses des bataillons. En général, chaque fois que vous formez une armée en bataille, ne placez jamais votre cavalerie que sur les derrières ou sur les flancs. Si vous vous déterminez à la placer en avant, il faut l'éloigner à une telle distance qu'elle puisse, en cas de défaite, s'écarter sans écraser l'infanterie, ou établir de tels intervalles dans vos bataillons qu'elle ait le moyen d'y entrer sans y jeter le désordre. Et ne croyez pas que cette leçon soit d'une faible importance ; plusieurs généraux ont été battus pour n'avoir pas prévu ce danger, devenant eux-mêmes la propre cause de leur désastre. Enfin les équipages et les hommes hors de service seront dans la place qui est au centre de l'armée, en les disposant de manière à laisser de libres passages du flanc droit au flanc gauche, et de la tête à la queue.

Tous ces bataillons, sans l'artillerie et la cavalerie, occupent en dehors deux cent quatre-vingt-deux brasses de terrain. Comme ce carré est composé de deux brigades, il faut déterminer de quel côté sera une brigade ou l'autre. Vous vous rappelez que chaque brigade porte le nom de son numéro, et est formée de dix bataillons et d'un chef de brigade. La première brigade aura donc à la tête de l'armée cinq bataillons et cinq bataillons sur le flanc gauche ; le chef de brigade sera placé à l'angle gauche de la tête ; la seconde brigade aura cinq bataillons sur le flanc droit, et les cinq autres à la queue. Son chef sera à l'angle droit de la queue, et tiendra lieu de *tergiductor* (serre-file).

Votre armée ainsi disposée doit se mouvoir et continuer sa marche sans rien changer à cet ordre de bataille ; et alors vous n'avez rien à craindre des attaques désordonnées des paysans. Dans ce cas, le général doit laisser le soin de les repousser à la cavalerie légère et à quelques compagnies de vélites. Jamais une troupe aussi irrégulière n'osera approcher de la pointe de l'épée ou de la pique ; une armée bien ordonnée doit la frapper de terreur ; ils viendront sur vous en poussant des cris affreux, mais ils ne vous joindront pas, semblables à des roquets qui se contentent de japper autour d'un mâtin vigoureux. Lorsque Annibal vint attaquer les Romains en Italie, il traversa toute la gaule et ne s'inquiéta nullement des mouvements déréglés des Gaulois. Quand vous êtes en marche, il faut faire préparer vos chemins par des pionniers et autres ouvriers qui seront protégés par votre cavalerie légère envoyée à la découverte. Une armée fera ainsi dix milles par jour ; et il lui restera encore assez de temps pour le travail du camp et pour préparer son repas, puisque la marche ordinaire est de vingt milles.

Si vous êtes attaqué, au contraire, par une armée réglée, il est impossible que vous n'en soyez instruit d'avance, toute armée ayant une marche régulière ; et alors vous avez le temps de vous former en bataille selon le système, à peu près, que nous avons développé. Êtes-vous, en effet, attaqué en tête ? Vous portez aussitôt en avant votre artillerie qui est sur les flancs, et votre cavalerie qui est sur les derrières, et ils prennent leurs postes et leurs distances accoutumés. Les mille vélites qui sont à la tête sortent de leur poste, se partagent en deux corps de cinq cents hommes, et vont se placer, comme à l'ordinaire, entre la cavalerie et les flancs de l'armée. Le vide qu'ils laissent est rempli par les deux corps de *piques extraordinaires* que j'avais placé au centre de la *place* de l'armée. Les mille vélites qui étaient à la queue vont couvrir les flancs des bataillons. Ils laissent ainsi un passage aux équipages et à la suite de l'armée qui vont sur les derrières. Chacun étant allé à son poste, la place reste vide, et alors les cinq bataillons qui formaient la queue se portent en avant du côté de la tête, dans l'espace qui sépare les deux flancs. Trois de ces bataillons s'en approchent jusqu'à quarante brasses, en conservant entre eux des intervalles égaux, et les deux autre restent derrière également éloignés de ceux-ci de quarante brasses. Cette disposition peut avoir lieu en un instant, et elle est presque entièrement semblable au premier ordre de bataille que nous avons déjà expliqué. Si l'armée présente alors un front moins large, elle est mieux garnie sur les flancs, ce qui n'est pas d'un moindre avantage. Comme les cinq bataillons qui sont à la queue ont leurs piques aux derniers rangs, ainsi que nous l'avons recommandé, il faut faire tourner ces bataillons sur eux-mêmes, comme un corps solide, ou ordonner sur eux-mêmes, comme un corps solide, ou ordonner aux piques d'entrer dans les rangs des boucliers et se porter en avant. Cette manière est plus courte et moins sujette à jeter le désordre dans les rangs. Quel que soit le genre d'attaque que vous ayez à soutenir, vous devez en agir ainsi, comme je l'expliquerai bientôt, pour tous les bataillons qui sont à la queue.

Si l'ennemi vous attaque par-derrière, que chacun tourne volte-face, alors la queue devient la tête, et vous exécutez toutes les opérations que je viens de développer ; si c'est par le flanc droit, il faut que toute l'armée se tourne de ce côté, qui devient la tête, et que vous couvrirez selon les règles que j'ai données, de manière que la cavalerie, les vélites et l'artillerie soient tous au poste qui leur est déterminé par ce changement de front. Il faut remarquer que, dans cette manœuvre, les uns doivent avancer le pas, les autres ralentir, selon leur différence position. Lorsque l'armée fait ainsi face du flanc droit, ce sont les vélites de la tête, les plus rapprochés du flanc gauche, qui doivent se placer entre les flancs et la cavalerie ; ils seront remplacés par les deux bataillons des piques extraordinaires qui étaient dans la place. Mais, avant, on en fera sortir les équipages qui passeront par cet intervalle et se porteront sur le flanc gauche qui devient alors la queue de l'armée. Les autres vélites, qui étaient à la queue d'après la première disposition, restent à leur place, afin de ne laisser aucune ouverture de ce côté, et alors la queue devient le flanc droit. Toutes les autres opérations sont les mêmes que nous avons déjà dites.

Toutes les règles que je viens de donner s'appliquent également au cas où l'armée serait attaquée par le flanc gauche. Si l'ennemi vient en force vous attaquer de deux côtés, il faut renforcer ces côtés de eux qui ne sont pas attaqués, doubler vos rangs sur ces deux points, et partager entre eux la cavalerie, l'artillerie et les vélites. Si enfin il vous attaque de trois ou quatre côtés, l'un de vous deux certainement ne sait pas son métier. Vous êtes bien peu habile, en effet, si vous vous exposez à être attaqué sur trois ou quatre points par des troupes nombreuses et bien réglées ; pour que l'ennemi puisse exécuter ce projet en sûreté, il faut que chacune de ses divisions soit presque aussi forte que votre armée entière ; et si vous êtes assez fou pour vous engager dans le pays d'un ennemi qui a trois fois plus de forces que vous, ce n'est qu'à vous seul qu'il faut vous en prendre de vos désastres. Si vous n'avez rien à vous reprocher, et qu'un sort fatal ait précipité votre perte, alors vous périrez sans honte, comme les Scipion en Espagne et Astrubal en Italie. L'ennemi, au contraire, vient-il vous attaquer sur plusieurs points, sans être très supérieur en forces ? Cette attaque n'aura d'autre résultat que de faire connaître sa folie et assurer votre victoire ; car il sera obligé d'affaiblir tellement ses divisions qu'il vous sera facile d'en soutenir une, de repousser l'autre et de le vaincre en peu de temps.

Cette méthode d'ordonner une armée contre un ennemi qui n'est point en présence, mais dont on redoute les attaques, est de la plus grande utilité. Il importe d'habituer les soldats à marcher ainsi disposés, à se former en bataille au milieu de leur route pour combattre en bataille au milieu de leur route pour combattre de quelque côté que ce soit, selon les règles que nous avons prescrites, à reprendre leur première disposition, à se former de nouveau en bataille par la queue ou par les flancs, et revenir encore à leur ordre de marche. Ces exercices sont indispensables, si vous voulez avoir une armée bien disciplinée et formée à la guerre ; il faut que les généraux et les officiers les pratiquent avec zèle ; la discipline militaire n'est autre chose que l'art de commander et d'exécuter avec précision tous les exercices. Une armée n'est vraiment disciplinée que lorsqu'elle en a une grande habitude ; et une puissance qui voudrait les remettre en vigueur se garantirait ainsi de toute défaite. Cette forme carrée dont je viens de parler est un peu plus difficile que les autres manœuvres, mais il faut se la rendre familière par de fréquents exercices : et, quand une armée u sera habituée, elle ne trouvera plus dans le reste aucune difficulté.

ZAN. Je crois comme vous que ces manœuvres sont très importantes, et je ne trouve rien à ajouter ou à retrancher aux développements que vous nous avez donnés à cet égard ; mais j'ai deux questions à vous faire :

1 - Lorsque, obligé de faite tête du flanc ou de la

queue, vous faites tourner votre armée, transmettez-vous vos ordres de vive voix ou par la musique ?

2 - Les ouvriers que vous envoyez en avant pour préparer le chemin de l'armée sont-ils pris parmi les soldats des bataillons, ou employez-vous d'autres gens destinés seulement à ces vils travaux ?

FABR. Votre première question est fort importante. Souvent les ordres du général, mal entendus ou mal interprétés, ont causé la défaite d'une armée ; il faut donc que dans le combat le commandant soit clair et précis. Si vous employez la musique, que les sons soient tellement distincts qu'on puisse les confondre ; si, au contraire, vous commandez de vive voix, ayez soin d'éviter les mots généraux, d'employer ceux qui expriment une idée particulière et de prendre garde encore que ceux-ci ne puissent être mal interprétés : plusieurs fois le mot *reculez* a mis une armée en déroute ; il faut dire : *en arrière*. Si vous voulez changer de front par le flanc ou par la queue, ne dites pas : *retournez-vous* ; mais *à gauche, à droite, par la queue, par le front.* Que tous les commandements soient simples et clairs, comme : *serrez les rangs, tenez ferme, en avant, retirez-vous.* Toutes les fois qu'il vous sera possible de commander de vive voix, faites-le, autrement utilisez la musique.

Quant aux pionniers dont vous me parler ensuite, je veux que ce travail soit supporté par les soldats : c'était l'usage des Anciens. Par là, mon armée aurait à sa suite moins d'hommes sans défense et moins d'attirail. Je prendrai dans chaque bataillon les hommes dont j'aurai besoin, et je leur donnerai tous les instruments nécessaires ; leurs armes seront portées par les rangs les plus près, et ils pourront les reprendre à l'approche de l'ennemi, et rentre dans leurs rangs.

ZAN. Qui portera alors les instruments des pionniers ?

FABR. Des chariots destinés à cet usage.

ZAN. J'ai bien peur que vous ne puisiez faire piocher nos soldats actuels.

FABR. Je répondrai bientôt à cette observation ; car je veux à présent passer à un autre sujet et vous parler des vivres de l'armée ; il me semble assez raisonnable, après l'avoir tant fatiguée, de la faire un peu manger. Un souverain doit tâcher que son armée soit la plus leste qu'il est possible, et la débarrasser ainsi de toute charge inutile et contraire à l'activité de ses opérations. Ce qui cause, à cet égard, le plus d'embarras, c'est la nécessité de la fournir en tout temps de pain et de vin ; quand ils en manquaient, ils mettaient dans leur eau quelques gouttes de vinaigre pour lui donner un peu de saveur. Aussi le vinaigre, et non le vin, était compté parmi les provisions indispensables de l'armée. Ils ne cuisaient pas le pain dans des fours, comme on le pratique aujourd'hui dans les villes, mais ils s'approvisionnaient de farine, que chaque soldat préparait à sa façon, et assaisonnait de lard et de graisse de porc. Cet assaisonnement donnait du goût au pain, et maintenait la vigueur du soldat. Les provisions de l'armée se bornaient donc aux farines, au vinaigre, au lard, à la graisse de porc, et à l'orge pour la cavalerie : quelques troupeaux de gros et de menu bétail suivaient l'armée. Comme on n'était pas obligé de porter cette provision, elle ne causait presque pas d'embarras. Une armée marchait ainsi plusieurs jours de suite dans des pays déserts et difficiles, sans avoir à souffrir du défaut de vivres, puisqu'elle se nourrissait de provisions qu'on portait sans peine à la suite de l'armée.

Il n'en est pas de même des armées modernes.

Comme il leur faut toujours du vin et du pain semblable à celui qu'on mange dans nos villes et dont on ne peut faire de grandes provisions d'avance, elles souffrent très souvent du défaut de vivres ; ou bien on ne peut assurer leurs profvisions qu'avec des peines et des dépenses infinies. Je voudrais accoutumer mon armée à la manière de vivre des Anciens et ne lui donner d'autre pain que celui qu'elle cuirait elle-même. Quand au vin, je ne défendrais pas d'en boire et d'en faire venir dans l'armée, mais je ne m'inquiéterais pas du tout pour en avoir ; et pour le reste des provisions, j'imiterais entièrement les Anciens. Si vous y faites attention, vous verrez combien par là j'écarte des difficultés, de combien de peines et d'embarras k-je délivre une armée et son général et quelles facilités je leur donne pour toutes leurs entreprises.

ZAN. Après avoir vaincu l'ennemi en bataille rangée, et traversé son pays, il est impossible que nous n'ayons pas gagné du butin, mis ses villes à contribution et fait des prisonniers. Je voudrais bien savoir comme à cet égard se gouvernaient les Anciens ?

FABR. Il est aisé de vous satisfaire. Il me semble avoir déjà observé dans un de nos entretiens que nos guerres actuelles appauvrissent également et le vainqueur et le vaincu ; car si l'un perd son État, l'autre ruine ses finances et ses ressources. Il n'en était pas ainsi chez les Anciens ; la guerre enrichissait toujours le vainqueur. La cause de cette différence, c'est qu'aujourd'hui, on ne tient nul compte du butin, comme chez les Anciens, et qu'on l'abandonne au contraire à l'avidité du soldat. Cette méthode amène deux grands maux : le premier est celui dont je viens de parler ; le second est d'inspirer au soldat plus d'amour du butin que de zèle pour la discipline ; et l'on a vu souvent la cupidité d'une armée faire perdre une victoire déjà assurée.

Les Romains, tant que leurs armées furent le modèle de toutes les autres, prévinrent ce double danger. Tout le butin chez eux appartenait à l'État qui le dispensait à son gré. Ils avaient dans leurs armées des *questeurs*, qui faisaient les fonctions de nos trésoriers, et qui étaient chargés de recevoir toutes les contributions et tout le butin. Les consuls pouvaient par ce moyen payer la solde ordinaire des troupes, secourir les malades et les blessés et subvenir à tous les autres besoins de l'armée ; ils avaient d'ailleurs la faculté, et ils en usaient souvent, d'abandonner le butin aux soldats. Mais cette concession n'amenait aucun désordre ; car, après la déroute de l'armée ennemie, on réunissait tout le butin qu'on partageait par tête proportionnellement au rang de chacun. Par cette méthode le soldat cherchait à vaincre et non à piller, les légions romaines repoussaient l'ennemi sans le poursuivre, afin de ne pas rompre leurs rangs, et laissaient ce soin à la cavalerie, aux troupes légères et aux auxiliaires. Mais si l'on eût abandonné le butin à qui s'en emparait le premier, il eût été impossible et même injuste de maintenir les légions dans leurs rangs ; et on se serait ainsi exposé aux plus grands dangers. Ainsi l'État s'enrichissait, et chaque triomphe des consuls grossissait le trésor public qui n'était nourri que des contributions et du butin de l'ennemi. Les Romains avaient encore à cet égard une autre institution très sage. Chaque soldat était obligé de déposer le tiers de sa solde entre les mains du porte-drapeau de sa cohorte, et celui-ci ne pouvait lu en remettre aucune partie jusqu'à la fin de la guerre. Ils avaient eu deux motifs pour établir cette institution ; ils voulaient d'abord que le soldat se fît un fonds de sa solde ; car à l'armée, plus on donne d'argent aux soldats dont la plupart sont jeunes et imprévoyants, plus ils en dépensent sans aucune nécessité. Ils étaient ensuite assurés que le soldat, sachant que toute sa fortune était autour du drapeau, y veillerait avec plus de zèle, et le défendrait avec plus d'acharnement. Ils leur inspiraient ainsi l'économie et la bravoure. C'est un exemple qu'il faut suivre, si l'on veut ramener une armée à son véritable esprit.

ZAN. Je crois qu'il est impossible qu'une armée n'éprouve pendant sa marche quelques accidents fâcheux dont elle ne peut se garantir que par l'habileté du général et le courage des soldats. Si, pendant cet entretien, il se présente à votre esprit quelques-uns de ces accidents, vous nous feriez plaisir de nous en parler.

FABR. Très volontiers. Il m'est impossible de passer un tel objet sous silence, si je veux donner des notions complètes sur l'art de la guerre. Lorsqu'une armée est en marche, un général doit, par-dessus tout, se garder des embuscades où il peut tomber de deux façons différentes : il peut s'y jeter de lui-même pendant sa marche, ou s'y laisser attirer par les ruses de l'ennemi, sans avoir su les prévoir. Pour prévenir le premier danger, il faut vous faire précéder de gardes avancées qui aillent à la découverte. Cette précaution est d'autant plus importante que le pays est plus propre aux embuscades, comme les pays de bois et de montagnes ; car c'est toujours un bois ou une colline qui est le théâtre de cette sorte d'expéditions. Une embuscade imprévue peut souvent vous perdre, mais, prévue, elle est sans danger ; les oiseaux ou la poussière ont servi quelquefois à faire découvrir l'ennemi. En se portant sur vous, il lèvera des nuages de poussière qui vous annonceront son arrivée. Souvent des pigeons ou d'autres oiseaux qui volent en troupe, tournant en l'air sans pouvoir se fixer dans un lieu où doit passer l'ennemi, ont fait découvrir une embuscade à un général qui, instruit ainsi des projets formés contre lui, a envoyé les troupes en avant, a battu l'ennemi et s'est garanti du danger qui le menaçait.

Quant au second danger d'être attiré dans une embuscade par les ruses de l'ennemi, il faut, pour le prévenir, ne croire que difficilement ce qui ne vous paraît pas vraisemblable. Si, par exemple, l'ennemi vous abandonne quelque butin à faire, croyez que l'hameçon est caché sous cette amorce. Si, supérieur en nombre, il recule devant une troupe inférieure ; si, au contraire, il envoie des forces très faibles contre des forces considérables ; s'il prend subitement la fuite sans raison, dans tous ces cas, craignez un piège, et ne croyez jamais que l'ennemi ne sait pas ce qu'il fait. Pour avoir moins à redouter de ses ruses, pour mieux prévenir tout danger, mettez-vous d'autant plus sur vos gardes qu'il annonce plus de faiblesse et moins de prévoyance. Et, dans ce cas, vous avez deux choses à faire : ayez une juste crainte de l'ennemi, faites vos dispositions en conséquence ; mais affichez un grand mépris pour lui dans vos discours et dans toutes vos actions apparentes ; vous vous gardez ainsi de tout danger, et vous remplissez de confiance votre armée.

Songez bien que, lorsque vous marchez dans le pays ennemi, vous courez plus de dangers que dans un jour de bataille. Un général doit donc alors redoubler de précautions. Il faut d'abord qu'il ait des cartes de tut le pays qu'il traverse, qui lui fassent bien connaître les lieux, leur nombre leurs distances, les chemins, les montagnes, les fleuves, les marais et leur nature. Pour s'assurer de cette connaissance, il aura près de lui, sous divers titres, des hommes de diverses classes, bien instruits du local, qu'il interrogera avec soin, dont il confrontera les discours, et dont il conservera les renseignements selon qu'ils seront plus ou moins conformes entre eux. Il enverra en avant, avec la cavalerie légère, d'habiles officiers, non pas seulement pour découvrir l'ennemi, mais pour examiner le pays, et voir s'il est semblable aux cartes et aux renseignements qu'il a obtenus. Il se fera précéder encore de guides, gardés par une bonne escorte, en leur promettant de fortes récompenses pour leur fidélité, des peines terribles pour leur perfidie. Il faut par-dessus tout que l'armée ignore à quelle expédition on la conduit ; rien n'est plus utile à la guerre de cacher des desseins ; et, afin qu'une attaque subite ne jette pas le désordre dans une armée, il faut la tenir toujours prête à combattre ; ce qu'on a prévu est presque toujours sans danger.

Plusieurs généraux, pour éviter toute confusion dans la marche, ont partagé les équipages et les ont fait marcher sous les drapeaux. Par là, si l'on est obligé de s'arrêter ou de faire retraite, on éprouve moins d'embarras ; j'approuve fort cette méthode. Il faut encore avoir soin qu'une partie de l'armée ne s'écarte pas de l'autre pendant la marche, ou que les uns n'aillent trop vite et les autres trop doucement ; car l'armée perd alors de sa solidité, et la confusion se met dans les rangs. On placera donc sur les flancs des officiers pour maintenir l'uniformité du pas, pour retarder ceux qui précipitent la marche et faire avancer les traîneurs ; mais la musique est le meilleur moyen qu'à cet égard on puisse employer.

On fera élargir les chemins pour que toujours un bataillon au moins puisse marcher de front.

On doit examiner enfin les habitudes et le caractère de l'ennemi ; s'il veut vous attaquer le matin, à midi ou le soir ; s'il est plus ou moins fort en cavalerie ou en infanterie, et faire ses dispositions d'après ces renseignements. Mais il est temps d'arriver à quelques exemples.

Souvent, lorsque vous trouvant inférieur en force, et voulant ainsi éviter le combat, vous avez pris le parti de faire retraite devant un ennemi qui vous poursuit, vous arrivez sur le bord d'un fleuve que vous n'avez pas le temps de passer, en sorte que l'ennemi est sur le point de vous atteindre et de vous combattre. Dans un tel danger, plusieurs généraux ont fait creuser un fossé autour de leur armée, l'ont rempli d'étoupe et, après y avoir mis le feu, ont passé le fleuve sans éprouver aucun obstacle de la part de l'ennemi, arrêté par la flamme qui lu coupait le passage.

ZAN. J'ai peine à croire que cette flamme puisse être un obstacle bien difficile, lorsque je me rappelle surtout que Hannon, général des Carthaginois, entassa des matières combustibles du côté où il voulait opérer sa retraite et qu'il y mit le feu. Les ennemis n'ayant pas cru devoir garder ce côté, il fit passer son armée à travers la flamme, en ordonnant seulement à ses soldats de se couvrir le visage de leurs boucliers, afin de se défendre du feu et de la fumée.

FABR. Votre observation est juste, mais il faut examiner la différence de cet exemple et de celui que j'ai cité. Ces généraux dont j'ai parlé avait creusé un fossé et l'avaient rempli d'étoupe, en sorte que l'ennemi était arrêté et par la flamme et par ce fossé. Hannon, au contraire, se contenta d'élever un feu, et encore fallut-il qu'il fût peu épais, car, sans fossé même, il eût suffi pour empêcher son passage. Ne vous rappelez-vous pas que Nabis, roi des Lacédémoniens, étant assiégé à Sparte par les Romains, mit le feu à une partie de la ville pour arrêter ceux-ci qui avaient déjà pénétré dans son enceinte ; et par ce moyen, non seulement il ferma le passage, mais il réussit encore à les repousser.

Mais revenons à notre sujet. Q. Lutianius, poursuivi par les Cimbres, étant arrivé devant un fleuve, feignit, pour avoir le temps de le passer, de vouloir combattre l'ennemi. Il fit tracer son camp, creuses des fossés, élever quelques tentes et envoya sa cavalerie fourrager les campagnes voisines. Les Cimbres crurent en effet qu'il campait dans ce lieu ; ils s'y arrêtèrent également pour camper ; et, afin d'assurer leurs subsistance, ils partagèrent en différents corps leur armée. Lutianius profita de cette circonstance et passa le fleuve sans que les Cimbres pussent y mettre aucun obstacle. Quelques généraux, manquant de ponts pour traverser un fleuve, ont détourné son cours, et en faisant passer une partie derrière eux ont rendu l'autre plus aisée à traverser à gué. Quand les fleuves sont très rapides, si l'on veut que l'infanterie passe avec plus de sûreté, il faut placer une partie de sa plus grosse cavalerie au-dessus du courant, pour soutenir l'impétuosité de l'eau, et le reste au-dessous, pour secourir les fantassins que le fleuve pourrait emporter. Les rivières qui ne sont pas guéables peuvent être traversées sur des ponts, des barques ou des outres ; il faut donc toujours approvisionner son armée de es instruments indispensables.

Souvent, au passage d'un fleuve, on rencontre l'ennemi sur l'autre rive pour vous ferme le chemin. Dans un pareil embarras, je ne connais pas de meilleur exemple à suivre que celui de César. Il était avec son armée dans la Gaule, sur les bords d'un fleuve [1] dont le passage lui était fermé par Vercingétorix qui avait son armée sur la rive opposée. Il côtoya le fleuve plusieurs jours, ayant toujours Vercingétorix en face ; enfin il campa dans un lieu couvert de bois et propre à cacher des troupes ; il tira alors trois cohortes de chaque légion, qu'il fit arrêter dans ce lieu, en leur commandant de jeter un pont, d'y travailler dès qu'il serait parti, et de le fortifier aussitôt. Pour lui, il poursuivit sa marche ; Vercingétorix, voyant le même nombre de légions, ne crut pas qu'il en fût resté une partie derrière, et

---

[1] *L'Allier. Cf. César, La Guerre des Gaules, VII 35.*

continua de suivre César. Mais celui-ci, lorsqu'il crut avoir laissé à ses cohortes tout le temps d'établir et de fortifier le pont, revint sur ses pas, et, trouvant tout disposé comme il l'avait ordonné, traversa le fleuve sans aucune difficulté.

ZAN. Y a-t-il quelques moyens de découvrir les gués ?

FABR. Oui, sans doute. Chaque fois que vous apercevez entre le fil de l'eau et le côté qui est moins rapide, une espèce de raie, vous pouvez juger que dans cet endroit la rivière est moins profonde et offre un passage plus facile que partout ailleurs ; car c'est là que le fleuve entasse le plus de gravier. Cette épreuve a été faite plusieurs fois, et toujours avec succès.

ZAN. Si par hasard le gué est enfoncé de manière que les chevaux ne puissent prendre pied, quel parti faut-il prendre ?

FABR. On fait alors des espèces de grilles de bois qu'on jette dans l'eau et sur lesquelles on peut passer. Mais poursuivons notre entretien.

Quelquefois un général qui s'est engagé entre deux montagnes, n'ayant plus que deux chemins pour sauver son armée, les voit tous deux occupés par l'ennemi ; qu'il fasse alors ce qui a déjà été pratiqué dans une pareille circonstance ; qu'il creuse derrière lui un large fossé, d'un passage difficile, qu'il ait l'air de vouloir arrêter l'ennemi de ce côté, pour pouvoir avec toutes ses troupes forcer le passage en avant sans craindre d'être attaqué sur ses derrières. L'ennemi, trompé par cette apparence, portera ses forces en avant, abandonnant le côté fermé par le fossé : qu'alors il jette sur ce fossé un pont de pois préparé à cet effet, et, passant ainsi sans aucun obstacle, il se sauvera des mains de l'ennemi. Minitius, commandant en qualité de consul l'armée romaine en Ligurie, s'était laissé enfermer entre des montagnes, sans aucun moyen d'en sortir. Pour se tirer de ce danger, il envoya vers les passages gardés par l'ennemi quelques cavaliers numides auxiliaires, mal armés et montés sur de maigres et petits chevaux. L'ennemi, les ayant aperçus, voulut d'abord les arrêter ; mais quand il eut remarqué que ces troupes marchaient sans ordre et montées sur de mauvais chevaux, il cessa de s'en effrayer, et se relâcha sur ses gardes. Les Numides profitant de cette négligence piquèrent vivement leurs chevaux, fondirent sur l'ennemi avec fureur et passèrent sans obstacle. Bientôt, se répandant dans le pays, ils obligèrent, par leurs ravages, les Liguriens à laisser un libre passage à Minitius.

Souvent un général, assailli par une grande multitude d'ennemis, a resserré ses forces, s'est laissé envelopper et, après avoir remarqué le côté le plus faible de l'ennemi, l'a de ce côté attaqué avec fureur, et a sauvé son armée en s'ouvrant ainsi violemment un passage. Marc Antoine, en faisant devant les Parthes, s'aperçut que ceux-ci l'attaquaient toujours à la pointe du jour, quand il se mettait en marche, et ne cessaient ensuite de le harceler pendant toute la route : il résolut de ne partir qu'à midi. Les Parthes crurent alors qu'il ne marcherait pas ce jour-là et Antoine put sans être inquiété poursuivre sa route le reste de la journée. Ce même général, pour se garantir des flèches des Parthes, commanda à son armée de mettre, à leur approche, un genou en terre ; il ordonna au second rang de couvrir de ses boucliers la tête des soldats du premier ; au troisième, la tête des soldats du second, et ainsi de suite de sorte que son armée était, pour ainsi dire, couverte d'un toit et à l'abri des flèches ennemies. Voilà tout ce que j'ai à vous dire sur les événements qui peuvent arriver à une armée pendant sa marche ; si vous n'avez pas d'autres observations à me faire, je passerai à une autre question.

LIVRE SIXIÈME

ZANOBI. Puisque nous allons changer de questions, je crois qu'il est convenable que Battista [1] entre en fonctions, et que j'en sorte. Nous imiterons ainsi les grands capitaines qui, selon le précepte du seigneur Fabrizio, mettent à la tête et sur les derrières de leur armée leurs meilleurs soldats, afin d'engager avec intrépidité le combat et le maintenir avec la même vigueur. Cosimo a commencé l'entretien avec un grand succès, Battista le finira aussi heureusement ; Luigi et moi nous l'avons soutenu entre eux deux aussi bien que nous avons pu : chacun de nous s'étant chargé avec plaisir du poste qui lui a été assigné, je suis sûr que Battista n'est pas homme à refuser le sien.

BATTISTA. Jusqu'à ce moment, j'ai fait ce que vous avez voulu, et je ne veux point changer encore. Ainsi, seigneur Fabrizio, veuillez continuer cet entretien, et nous pardonner de vous interrompre pat tous ces compliments.

FABRIZIO. Je vous ai déjà dit que vous me faites grand plaisir d'en agir ainsi. Vos interruptions, loin de troubler le cours de mes idées, ne font que leur donner une nouvelle force : mais achevons notre entretien. Il est temps à présent de loger notre armée ; car vous savez que tous les êtres animés aspirent après le repos, et un repos qui soit sûr : sans la sécurité, en effet, il n'en est point de véritable. Vous auriez peut-être voulu que j'eusse d'abord fait

---

[1]   *Battista della Palla.*

camper notre armée, qu'ensuite je l'eusse exercée à marcher, et conduite enfin au combat ; mais nous avons été forcés de faire tout le contraire. Car, voulant vous montrer, lorsque je faisais marcher notre armée, comment elle changeait son ordre de marche en ordre de bataille, il fallait d'abord vous expliquer quel était cet ordre de bataille.

Un camp, pour être vraiment sûr, doit être fort et bien disposé. C'est l'habileté du général qui le dispose avec ordre ; c'est la nature ou l'art qui font toute sa force. Les Grecs cherchaient des positions naturellement très fortes ; ils n'auraient pas choisi un camp qui ne fût appuyé d'un rocher, d'un fleuve, ou d'une forêt ou de quelque autre semblable rempart. Les Romains au contraire se confiaient plus à l'art qu'à la nature dans le choix de leur camp : jamais ils n'eussent pris une position où ils n'auraient pu déployer toutes les manœuvres. Par là leur camp conservait toujours la même forme, car ils ne voulaient pas s'assujettir au terrain, mais que le terrain fût assujetti à leur méthode. Il n'en était pas de même des Grecs ; se réglant toujours d'après la disposition du terrain qui variait sans cesse par la diversité des sites, ils étaient forcés de varier également leur manière de camper et la forme de leurs camps. Les Romains suppléaient par les ressources de l'art à la faiblesse naturelle de leur position ; et comme ce sont eux que, jusqu'à présent, j'ai proposés pour l'exemple, je m'attacherai encore, dans cet entretien, à suivre leur système sur le campement des armées. Ce n'est pas que je veuille imiter servilement, à cet égard, toutes leurs institutions ; je prendrai seulement celles qui me paraissent le plus praticables dans ces temps-ci.

Je vous ai dit déjà que les armées consulaires étaient composées de deux légions de citoyens romains, qui formaient environ onze mille hommes d'infanterie et six cents de cavalerie, et en outre de onze mille hommes d'infanterie qui leur étaient envoyés par les alliés ; que jamais dans ces armées les soldats étrangers n'étaient en nombre supérieurs aux soldats romains, si ce n'est à l'égard de la cavalerie où on ne craignait pas de voir les étrangers surpasser le nombre des citoyens ; et enfin que, dans tous les combats, les romains étaient placés au centre et les alliés sur les flancs, comme vous avez pu le voir chez leurs historiens. Je ne vous développerai donc pas le système de campement des Romains ; mais, en vous expliquant la méthode que je pose à cet égard, vous vous apercevrez aisément de tout ce que je leur ai emprunté.

Vous savez que, voulant me conformer aux deux légions romaines, j'ai pris pour modèle de mon armée deux brigades d'infanterie, de six mille hommes chacune, avec trois cents hommes de cavalerie par brigade. Vous vous rappelez le nombre de bataillons qui composent ces brigades, celui de leurs armes, et leurs noms différents : je ne leur ai pas ajouté d'autres corps de troupes, lorsque je vous ai expliqué l'ordre de marche et de bataille de cette armée, en vous observant seulement que, si on voulait en doubler les forces, on n'avait autre chose à faire qu'à doubler les rangs. Mais à présent que je dois vous parler du campement, je ne me bornerai pas à ces deux brigades ; je prendrai le nombre de troupes convenables à une armée ordinaire : ainsi, à l'imitation des Romains, je composerai mon armée de deux brigades et d'autant de troupes auxiliaires. La forme de notre camp sera plus régulière, en le traçant pour une armée complète ; mais un pareil nombre n'était point nécessaire pour les autres opérations que je vous ai déjà démontrées.

Il s'agit donc de faire camper une armée complète de vingt-quatre mille hommes d'infanterie et deux mille de cavalerie et deux seront composées de mes propres sujets et les deux autres d'étrangers. Après avoir choisi une position, j'aborderai le drapeau général, et ferai tracer, autour de ce drapeau, un carré dont chaque côté en sera éloigné de cinquante brasses et regardera une des quatre parties du ciel, c'est-à-dire le levant, le couchant, le midi et le nord : c'est quand cet espace que sera la tente du général. Par des motifs de prudence, et pour imiter les Romains, je séparerai des soldats tout ce qui ne porte pas les armes ou se trouve hors de service. Je placerai dans la partie du levant la totalité ou du moins la plus grande partie des soldats, et les autres au couchant ; la tête du camp sera au levant, les derrières au couchant ; les flancs au nord et au midi.

Afin de distinguer les logements de l'armée, je ferai tirer, à partir du drapeau général, une ligne droite qui sera portée vers le levant, dans l'espace de six cent quatre-vingts brasses ; dans la même direction, je ferai tirer deux autres lignes parallèles à celle-là, et qui en seront chacune distantes de quinze brases. Au bout de cette première ligne, sera la porte du Levant, et l'espace contenu entre les deux autres lignes formera une rue qui conduira de cette porte à la tente du général, et aura trente brasses de largeur, et six cent trente de longueur, puisque la tente du général en occupe cinquante de ce côté ; cette rue s'appellera la *rue Générale*. Une autre rue ira de la porte du Midi à celle du Nord ; elle passera par le bout de la rue Générale, en rasant la tente du général : elle aura mille deux cent cinquante brasses, puisqu'elle s'étendra dans toute la largeur du camp, elle sera large de trente brasses, et s'appellera la *rue de la Croix*. Après avoir tracé le logement du général et ces deux rues, il faut loger maintenant les deux brigades de mes propres troupes. J'en placerai une à droite de la rue Générale, et l'autre à gauche. Ayant traversé la rue de la Croix, j'établirai trente-deux logements à la gauche de la rue Générale, et trente-deux à la droite ; mais entre le seizième et le dix-septième logement, je laisserai un espace de trente brasses qui formera une rue de traverse entre tous les autres logements des brigades, comme je l'expliquerai en parlant de la distribution des divers logements. Dans ces deux rangs de logements, les premiers, de chaque côté de la rue de la Croix, seront destinés aux commandants des gens d'armes, et les quinze logements qui suivent de chaque côté, à leurs gens d'armes ; comme chaque brigade en compte cent cinquante, il y aura ainsi dix gens d'armes par chaque logement. Les logements des commandants auront quarante brasses de largeur et dix de longueur. (Rappelez-vous ici que par *largeur* j'entends l'espace qui s'étend du midi au nord ; par *longueur*, celui du couchant au levant.) Ceux des gens d'armes auront quinze brasses de longueur et trente de largeur. Dans les quinze logements suivants qui sont au-delà de la *rue de Traverse*, et qui auront les mêmes dimensions que ceux des gens d'armes, je placerai la cavalerie légère qui, également composée de cent cinquante hommes, donnera dix cavaliers par chaque logement ; le seizième de ces logements sera occupé de chaque côté par le commandant de cette cavalerie, et aura la même grandeur que celui du commandant des gens d'armes. Ainsi les logements placés de la cavalerie des deux brigades seront placés aux deux côtés de la rue générale, et serviront de règle pour tracer les logements de l'infanterie, comme je vais vous l'expliquer.

Je viens de loger les trois cents chevaux de chaque brigade avec leurs commandants, dans trente-deux logements, placés sur la rue Générale, et commençant à la rue de la Croix ; et j'ai laissé, entre le seizième et le dix-septième, un espace de trente brasses qui forme la rue de Traverse. Il s'agit à présent de loger les vingt bataillons qui composent les deux brigades ordinaires. Prenant donc deux bataillons à la fois, je les établirai derrière les deux côtés de la cavalerie. Leurs logements comme ceux des cavaliers auront quinze brasses de longueur et trente de largeur, et toucheront ceux-ci par-derrière. Chaque premier logement de chaque côté qui joint la *rue de la Croix* sera occupé par le chef d'un bataillon et placé ainsi sur la même ligne que celui du commandant des gens d'armes. Ce logement seul aura vingt brasses de largeur et dix de longueur. Dans les quinze autres logements qui suivent de chaque côté jusqu'à *la rue de Traverse*, je placerai de chaque côté un bataillon d'infanterie qui, formant quatre cent cinquante hommes, donnera trente hommes par logement. Après avoir passé la rue de Traverse, j'établirai derrière la cavalerie légère quinze autres logements de même grandeur, qui seront occupés de chaque côté par un autre bataillon d'infanterie. de ces deux côtés, les deux derniers logements vers le levant seront destinés aux chefs des deux bataillons, et placés sur la même ligne que ceux des deux commandants de la cavalerie légère ; ils auront également dix brasses de longueur et vingt de largeur. Ces deux premiers rangs de logements seront ainsi partagés entre la cavalerie et l'infanterie ; et, comme je veux que cette cavalerie, ainsi que je vous l'ai déjà dit, soit tout entière propre au service, et qu'elle n'aura ainsi aucun valet pour la servir et panser ses chevaux, j'ordonnerai, à l'exemple des Romains, aux bataillons logés derrière elle de l'aider et d'être à ses ordres en les exemptant de tous les autres services du camp.

Derrière ces deux rangs de logements, je laisserai de chaque côté un espace de trente brasses, ce qui formera deux rues qu'on appellera l'une, la *première rue de droite*, l'autre la *première rue de gauche*. J'établirai ensuite de chaque côté un autre double rang de trente-deux logements, contigus, par-derrière, les uns aux autres, de la même grandeur que les premiers, et séparés par la rue de Traverse, entre le seizième et le dix-septième. Là, je logerai de chaque côté quatre bataillons d'infanterie, avec leurs chefs à la tête et à la queue, comme je l'ai déjà dit. Ensuite, je laisserai encore de chaque côté un espace de trente brasses, ce qui formera deux rues, dont l'une s'appellera la seconde rue de droite, et de l'autre la seconde rue de gauche ; j'établirai de la même manière un autre double rang de trente-deux logements, où je placerai de chaque côté quatre bataillons avec leurs chefs. Trois rangs de logements de chaque côté de la rue générale suffisent ainsi à la cavalerie de deux brigades ordinaires.

Les deux brigades auxiliaires, composées du même nombre d'hommes, seront logées de la même manière que les deux brigades ordinaires, de part et d'autre de celles-ci. Je commencerai donc par rétablir un double rang de logements, partagés entre la cavalerie et l'infanterie de ces deux brigades, et séparés du dernier rang des brigades ordinaires par un espace de trente brasses, qu'on appellera, d'un côté, la *troisième rue de droite*, et de l'autre, la *troisième rue de gauche*. J'établirai ensuite de chaque côté deux autres rangs de logements, séparés et occupés de la même manière que les autres, qui formeront deux autres rues qu'on appellera également d'après le numéro et le côté où elles seront placées. Ainsi, toute cette armée sera logée dans douze doubles rangs de logements établis sur treize rues, en comptant la rue Générale et la rue de la Croix. Enfin, entre les divers logements et les retranchements, je laisserai un espace de cent brasses, ce qui forme au total, depuis le centre du logement du général jusqu'à la porte du Levant, six cent quatre-vingts brasses.

De ce côté, il nous reste encore deux espaces à remplir ; l'un, depuis le logement du général jusqu'à la porte du Midi ; l'autre, jusqu'à la porte du Nord ; ils forment chacun, en les mesurant du centre du logement, six cent vingt-cinq brasses. Mais, si j'en ôte, 1° Cinquante brasses, occupées par le logement du général ; 2° quarante-cinq brasses pour la place que je laisse de chaque coté du logement ; 3) trente brasses pour la rue qui séparera en deux chacun de ces espaces ; 4) les cent brasses qui restent libres tout autour des retranchements, il me restera pour les logements à y établir un espace large de quatre cents brasses, et long de cent, ce qui égale la longueur de ces deux espaces en deux sur leur longueur, j'établirai sur chacun quarante logements longs de cinquante brasses et larges de vingt ; ce qui formera quatre-vingts logements destinés aux chefs de brigade, aux trésoriers, aux mestres de camp et enfin à tous les employés de l'armée. J'aurai soin qu'il en reste toujours quelques-uns de vacants pour les étrangers qui pourraient visiter l'armée et les volontaires qui viendraient servir pour l'armée et les volontaires qui viendraient servir pour faire leur cour au général.

Derrière le logement du général, je conduirai une rue du midi au nord, large de trente brasses, et que j'appellerai la *rue de la Tête* ; elle passera le long des quatre-vingts logements dont je viens de parler, lesquels, avec le logement du général, se trouveront ainsi placés entre cette rue et la rue de la Croix. De cette rue de la Tête, et vis-à-vis le logement du général, je conduirai une autre rue à la porte du Couchant, large de trente brasses, qui par sa position et sa longueur répondrait à la rue Générale, et que j'appellerai la *rue de la Place*. Après avoir tracé ces deux rues, j'établirai la *Place* où se tiendra le marché. Elle sera à la tête de la rue de la Place, vis-à-vis le logement du général, joignant la rue de la Tête, et formera un carré de quatre-vingt-seize brasses. A droite et à gauche de cette place, il y aura deux rangs de huit logements doubles, qui auront chacun douze brasses de longueur et trente de largeur. La place se trouvera ainsi entre seize logements qui en formeront trente-deux, en comprenant les deux côtés. C'est là que je placerai la cavalerie surnuméraire des brigades auxiliaires ; et si elle ne pouvait y être logée tout entière, je lui abandonnerais quelques-uns des logements qui sont aux deux côtés du quartier général, ceux principalement qui se trouvent du côté des retranchements.

Il me reste à loger maintenant les piques et les vélites extraordinaires attachés aux brigades, qui ont chacune, comme vous le savez, outre leurs dix bataillons, mille piques extraordinaires et cinq cents vélites extraordinaires et mille vélites extraordinaires, et autant pour les brigades auxiliaires. J'ai donc encore à loger six mille hommes d'infanterie, que je placerai tous au couchant le long des retranchements. Ainsi au bout de la rue de la Tête, du côté du nord, en laissant l'espace de cent brasses jusqu'aux retranchements, j'établirai un rang de cinq logements doubles, qui occuperont soixante-quinze brasses en longueur et soixante en largeur ; en sorte qu'en partageant la largeur, chaque logement aura quinze brasses de longueur et trente de largeur. Et comme il se trouvera dix logements, j'y placerai trois cents hommes à trente hommes par chaque logement. Laissant ensuite un espace de trente et une brasses, j'établirai de la même manière et sur les mêmes dimensions un autre rang de cinq logements doubles, et ensuite un autre jusqu'à ce qu'ils forment cinq rangs de logements doubles, qui feront cinquante logements, placés en ligne droite sur le côté du nord, tous également éloignés de cent brasses des retranchements, et occupés par quinze cents hommes d'infanterie. Puis, tournant sur la gauche, vers la porte du Couchant, je placerai de là jusqu'à cette porte cinq autres logements doubles, conservant les mêmes dimensions, avec cette différence qu'il n'y aura d'un rang à l'autre que quinze brasses d'espace. Là, je logerai encore quinze cents hommes. Ainsi, de la porte du Nord à celle du Couchant, ayant établi le long des fossés cent logements, distribués en dix rangs de cinq logements doubles chacun, j'y puis loger toutes les piques et les vélites extraordinaires de mes proches brigades. De la porte du Couchant à celle du Midi j'établirai de la même manière, le long des retranchements, en conservant toujours les cent brasses de distance, dix rangs de dix logements chacun, destinés aux piques et aux vélites extraordinaires des brigades auxiliaires ; les commandants prendront du côté des retranchements les logements qui leur paraîtront le plus commodes : enfin je placerai l'artillerie le long des retranchements.

Tout l'espace qui reste vide du côté du couchant sera occupé par la suite de l'armée et tout l'attirail du camp. Vous devez savoir que, par ce mot *d'attirail du camp*, les Anciens entendaient tout ce qui était nécessaire à l'armée outre les soldats, comme les charpentiers, les forgerons, les maréchaux, les tailleurs de pierre, les ingénieurs, les artilleurs, quoique ceux-ci puissent être regardés comme de véritables soldats ; les pâtres avec leurs troupeaux de bœufs et de moutons nécessaires à la subsistance de l'armée ; enfin, des artisans de tout métier avec les équipages des munitions de guerre et de bouche. Je ne distinguerai pas particulièrement le logement de tout cet attirail ; j'aurai soin seulement qu'il n'occupe pas les différentes rues que j'ai tracées, et je destinerai, en général, à tout le train de l'armée les quatre espaces différents qui se trouvent formés par ces rues, l'un serait pour les troupeaux, l'autre pour les artisans, le troisième pour les munitions de bouche, le quatrième pour les munitions de guerre. Les rues qui doivent rester libres sont la rue de la Place, la rue de la Tête, et une autre rue qui s'appellera la *rue du Centre*, qui ira du nord au midi, traversera la rue de la Place, et serait, pour le couchant, ce qu'est la rue de traverse pour le levant. Je conduirai en outre derrière ces quatre espaces une rue qui ira le long des logements des vélites et des piques extraordinaires. Toutes ces rues auront trente brasses de largeur, et l'artillerie, comme je l'ai déjà dit, sera placée sur les derrières des fossés du camp.

BAT. J'avoue que je m'entends assez peu à la guerre, et je ne rougis pas de cet aveu, puisque la guerre n'est pas mon métier ; vos disposition cependant me paraissent très bien ordonnées ; mais j'ai deux difficultés à vous proposer : je voudrais savoir d'abord pourquoi vous donnez tant de largeur aux rues et aux espaces qui sont autour des logements ; enfin, et ceci m'embarrasse davantage, de quelle manière il faut se loger sur les espaces que vous avez destinés à cet effet.

FABR. Je donne aux rues trente brasses de largeurs afin qu'un bataillon d'infanterie y puisse passer en ordre de bataille, et chaque bataillon, comme vous devez vous le rappeler, occupe vingt-cinq à trente brasses de largeur. Quant à l'espace qui sépare les logements des retranchements, je lui ai donné cent brasses afin que les bataillons et l'artillerie s'y déploient aisément ; qu'on puisse y faire passer le butin et, au besoin, s'y retirer derrière de nouveaux fossés et de nouveaux retranchements. Il est d'ailleurs utile que les logements soient éloignés des retranchements ; car ils sont ainsi moins exposés au feu et aux autres traits de l'ennemi.

Quant à votre seconde difficulté, je ne prétend pas qu'il n'y ait qu'une seule tente dans chaque espace que j'ai tracé ; ceux qui doivent y loger y placeront plus ou moins de tentes, selon qu'il leur sera commode, pourvu qu'ils ne sortent pas de la ligne qui leur est prescrite.

Pour bien tracer ces espaces, u-il faut avoir auprès de soi des hommes très exercés et d'habiles ingénieurs qui, aussitôt que le général a choisi sa position disposent la forme du camp, en fassent la distribution, désignent les rues, indiquent les logements avec des cordes et des jalons, et exécutent toutes ces dispositions avec une telle promptitude que l'ouvrage soit fait en un instant. Afin d'éviter toute confusion, il faut avoir soin d'orienter le camp toujours sur le même point, pour que chacun sache dans quelle rue et sur quel espace il doit trouver son logement. C'est une habitude qu'il faut conserver dans tous les temps et dans tous les lieux, de sorte que le camp soit comme dans une cité mobile qui, dans quelque lieu qu'elle soit une cité mobile qui, dans quelque lieu qu'elle soit transportée, porte avec elle les mêmes rues, les mêmes habitations, et présente toujours le même aspect. C'est un avantage que n'ont point ceux qui, cherchant des positions naturellement très fortes, sont forcés d'assujettir la forme de leur camp aux variétés du terrain. Les Romains, au contraire, se contentaient de fortifier leur camp par des fossés, des redoutes et d'autres retranchements ; ils élevaient autour de ce camp des palissades et, devant, creusaient un fossé… un fossé large ordinairement de six brasses, et profond de trois brasses ; et ils l'agrandissaient ou le creusaient davantage, selon qu'ils voulaient faire un plus long séjour, ou que l'ennemi leur paraissait plus redoutable. Quant à moi, je n'élèverai pas de palissades, à moins que je ne voulusse passer l'hiver dans un camp. Je me contenterais de fossés et de redoutes non moindres que celles des Romains, en me réservant de leur donner plus d'étendue selon les circonstances. Je ferai en outre creuser, à cause de l'artillerie, un fossé en demi-cercle à chaque angle du camp ; je pourrais ainsi battre par le flanc l'ennemi qui viendrait attaquer les retranchements. Il faut beaucoup exercer l'armée à ces divers travaux des campements ; habituer les officiers à tracer un camp avec promptitude, et les soldats à reconnaître en un instant leurs différents logements. C'est un exercice qui n'offre aucune difficulté comme je l'expliquerai bientôt. Je veux maintenant vous parler des gardes du camp, car sans cet objet important tous nos autres travaux deviendraient inutiles.

BAT. Avant de passer à ce sujet, je vous prie de me dire quelles précautions il faut prendre quand on veut camper près de l'ennemi. Il me semble qu'alors on ne peut, sans danger, faire tous les préparatifs que vous venez de recommander.

FABR. Jamais un général ne va camper près de l'ennemi qu'avec l'intention de lui livrer une bataille lorsque l'ennemi de celui-ci voudra l'accepter. Avec une telle résolution il ne court aucun danger extraordinaire, car alors il tient toujours prêts au combat ses deux premiers corps de bataille, tandis que le troisième est chargé du campement. Dans une pareille occasion, les Romains donnaient ce soin aux *triaires*, tandis que les *hastaires* et les *princes* restaient sous les armes. Les *triaires*, en effet, étant les derniers à combattre, avaient toujours le temps, lorsque l'ennemi arrivait, de laisser leur ouvrage, prendre les armes et de se placer à leur poste. A l'exemple des Romains, vous confierez le campement aux bataillons qui sont, comme les *triaires*, à la dernière ligne de votre armée.

Mais revenons aux gardes du camp.

Je ne me rappelle pas que les anciens plaçassent pendant la nuit, à quelque distance du camp, de ces gardes avancées qu'on appelle aujourd'hui des vedettes. Ils pensaient, sans doute, que ce moyen exposait l'armée à des méprises funestes, ces gardes pouvant souvent se perdre, être séduites ou accablées par l'ennemi, et qu'il était ainsi fort dangereux de se reposer plus ou mois sur une pareille garantie. Toute la force de leurs gardes était donc dans l'intérieur de leurs retranchements où elles se faisaient avec un soin et un ordre extraordinaires, puisque tout soldat à qui il arrivait d'y manquer était puni de mort. Je ne m'arrêterai pas à vous expliquer leurs différentes règles à cet égard, ce serait vous ennuyer inutilement ; il vous est facile de vous en instruire vous-même, si par hasard vous ne vous en étiez pas occupé jusqu'à ce jour. Mais voici, en peu de mots, ce que je veux établir dans mon armée. Toutes les nuits, dans les temps ordinaires, je ferai rester sous les armes le tiers de l'armée, et, de ce tiers, le quart sera toujours sur pied et réparti sur les tiers, le quart sera toujours sur pied et réparti sur les remparts et dans les principaux postes du camp, avec de doubles gardes à chaque angle. Les uns resteront en sentinelles, et les autres feront de continuelles patrouilles d'un bout du camp à l'autre. On observera le même ordre en plein jour, quand l'armée sera près de l'ennemi.

Je ne vous parlerai pas du *mot d'ordre*, de la nécessité de le renouveler tous les jours et de toutes les autres dispositions à prendre pour la garde du camp ; tout cela est connu de tout le monde ; mais il est une précaution très importante, qui prévient beaucoup de dangers lorsqu'on s'y attache avec exactitude, et peut amener de grands maux lorsqu'on la néglige ; c'est d'observer avec une extrême attention ceux qui, pendant la nuit, s'absentent du cap ou osent s'y introduire. C'est un soin qui n'est pas difficile avec l'ordre que nous sommes convenus d'établir. Car, chaque logement étant rempli par un nombre d'hommes déterminé, on voit aisément s'il s'y en trouve plus ou moins. Ceux qui sont absents sans permission, il faut les punir comme déserteurs ; et les étrangers, les interroger sur leur état, leur profession et leurs autres qualités. Cette surveillance empêche l'ennemi de pratiquer de intelligences avec vos officiers et de s'instruire de vos desseins. Sans cette attention continuelle, Claude Néron n'aurait jamais pu, en présence d'Annibal, s'éloigner de son camp de la Lucanie, et y revenir après avoir été jusque dans les Marches, sans qu'Annibal en eût eu le moindre soupçon [1].

Mais il ne suffit pas que ces règlements soient utiles par eux-mêmes, il faut encore les faire exécuter avec une grande sévérité ; car dans aucune circonstance on n'a plus besoin qu'à l'armée d'une extrême exactitude. Les lois établies pour le salut d'une armée doivent donc être très rigoureuses et exécutées sans pitié. Les Romains punissaient de mort quiconque manquait à sa garde, ou abandonnait le poste qui lui avait été assigné pour le combat ; quiconque emportait en secret quelque effet du camp ; quiconque se vantait d'une belle action qu'il n'avait pas faite combattrait sans l'ordre de son général ou, par frayeur, jetait ses armes en présence de l'ennemi. Et lorsque, par hasard, une cohorte ou une légion entière s'était rendue coupable d'une pareille faute, comme on ne pouvait la faire périr tout entière, elle tirait au sort, et chaque soldat sur dix était mis à mort. La peine était ainsi infligée, de façon que, si tous n'en étaient pas frappés, tous au moins avaient à la craindre

Comme il faut de grandes récompenses partout où les peines sont très fortes, afin que les hommes aient un égal motif de craindre et d'espérer, les Romains avaient établi un prix pour chaque belle action ; pour celui, par exemple, qui, pendant le combat, sauvait la vie à son concitoyen, qui sautait le premier dans une ville assiégée ou dans le camp ennemi, qui blessait ou tuait l'ennemi, ou le jetait de son cheval ; tous les actes de courage étaient reconnus et récompensés par les consuls et publiquement loués de chaque citoyen. Le soldat qui avait obtenu des dons militaires pour quelqu'une de ces belles actions, outre la gloire et la considération dont il jouissait parmi ses

---

[1]   *Il s'était porté au secours d'autres légions romaines qui tentaient d'arrêter la descente d'Asdrubal, général carthaginois ; cf. Tite-Live, XXVII 39-50.*

camarades, les exposait, de retour dans sa patrie, avec pompe et appareil aux yeux de ses parents et de ses amis. Faut-il donc s'étonner de la puissance d'un peuple qui punissait ou récompensait avec une telle exactitude ceux qui par leurs bonnes ou mauvaises actions, avaient mérité la louange ou le blâme ?

Les Romains avaient établi une peine particulière que je ne crois pas devoir passer sous silence. Lorsque le coupable était convaincu aux yeux du tribun ou du consul, ceux-ci le frappaient légèrement d'un coup de baguette, et alors il lui était permis de fuir, et aux soldats de le tuer ; chacun lui lançait des pierres ou des traits, ou l'attaquait avec d'autres armes ; il lui était difficile d'aller aussi bien loin, et très peu en échappaient. Mais ceux-ci même ne pouvaient retourner dans leur patrie sans être couverts de honte et d'ignominie, et la mort était pour eux un supplice moins rigoureux. Cette peine des Romains est en usage chez les Suisses. Ils font tuer publiquement, par leurs camarades, les soldats condamnés à mort. Cela est très sage et très bien établi. Le meilleur moyen d'empêcher un homme de défendre un coupable c'est de le charger lui-même de la punition de ce coupable. Car l'intérêt que celui-ci lui inspire et le désir de son châtiment l'agitent tout différemment, lorsque la punition est remise entre ses mains ou confiée à un autre. Si vous voulez donc que le peuple ne devienne pas le complice des coupables projets d'un citoyen, faites que le peuple soit son juge ; dès qu'il fut l'arbitre de sa destinée, il le condamna à mort. Ce genre de peine est donc très propre à prévenir les séditions et à maintenir l'exécution de la justice. Comme la crainte des lois ou des hommes n'est pas un frein assez puissant pour les soldats, les Anciens y joignaient l'autorité de Dieu. Ils faisaient donc jurer à leurs soldats, au milieu de tout l'appareil des cérémonies religieuses, de rester fidèles à la discipline militaire. Ils cherchaient par tous les moyens possibles à fortifier en eux le sentiment de la religion, afin que tout soldat qui violerait son devoir eût à craindre, non seulement la vengeance des hommes, mais encore la colère des dieux.

BAT. Les Romains souffraient-ils qu'il y eût des femmes dans leurs armées, ou que le soldat s'amusât à tous ces jeux qu'on autorise aujourd'hui ?

FABR. L'un et l'autre étaient, chez eux, sévèrement défendus ; et cette défense n'était pas très difficile à maintenir. Ils avaient tant d'exercices ou publics ou particuliers qui tenaient le soldat constamment occupé qu'il ne lui restait pas le temps de songer au jeu ou à l'amour, et à tous les autres amusements de nos soldats oisifs et indisciplinés.

BAT. Cela suffit. Mais dites-moi quelle était leur manière de lever le camp ?

Fabr. La trompette générale sonnait trois fois. Au premier son, on levait les tentes et on pliait bagages ; au second, on changeait les bêtes de somme ; au troisième, l'armée se mettait en mouvement dans l'ordre que j'ai déjà expliqué, les équipages derrière chaque corps de l'armée et les équipages derrière chaque corps de l'armée et les légions au centre. Ainsi vous ferez d'abord partir une brigade auxiliaire, ensuite ses équipages particuliers, et le quart des équipages publics qui aurait été logé tout entier dans l'un des quatre espaces que j'ai destinés dans le camp aux équipages. Il serait convenable d'assigner à chaque brigade un de ces quartiers afin qu'au moment de décamper, chacun de ceux qui l'occupent sût quelle brigade il devait suivre ; et chaque brigade, suivie de ses équipages particuliers et du quart des équipages publics, marchera dans l'ordre que j'ai expliqué en parlant de l'armée romaine.

BAT. Les Romains avaient-ils d'autres règles de campement que celles dont vous venez de nous entretenir ?

FABR. Je vous répète que les Romains voulaient constamment conserver la forme de leur camp ; toutes les autres considérations cédaient à celle-là. Mais il y a deux points qu'ils ne perdaient jamais de vue ; ils cherchaient toujours un lieu sain, et tâchaient de ne jamais courir le risque d'être assiégés par l'ennemi ou de se voir couper l'eau et les vivres ; pour éviter les maladies, ils s'éloignaient des lieux marécageux et exposés à des vents contagieux. Ils reconnaissaient ce danger moins à la qualité du terrain qu'au teint des habitants ; quand ils les voyaient d'une mauvaise couleur, asthmatiques ou attaqués de quelque autre maladie, ils portaient leur camp ailleurs. Pour ne pas courir le risque d'être assiégé, il faut examiner, et juger par là parfaitement connaître toutes les positions d'un pays, et avoir autour de lui des hommes qui en soient également instruits.

On évite les maladies et la famine en assujettissant l'armée à un régime réglé. Si vous voulez conserver la santé de vos soldats, vous les forcerez de toujours coucher sous la tente ; vous choisirez pour camper des lieux qui leur offrent de l'ombre et leur fournissent du bois pour cuire leur nourriture. Vous ne les ferez pas marcher par la grande chaleur ; vous aurez donc soin pendant l'été de décamper avant le jour. Pendant l'hiver, qu'ils ne se mettent en marche au milieu des glaces et des neiges que lorsqu'ils auront les moyens de trouver du feu pour se réchauffer ; qu'ils soient toujours bien vêtus et qu'ils ne boivent jamais des eaux malsaines. Ayez toujours auprès de vous des médecins pour soigner ceux qui tombent malades ; car il n'y a rien à espérer d'un général qui a également à combattre et les maladies et l'ennemi. Mais le meilleur moyen de maintenir la santé des soldats, ce sont les exercices ; aussi les Anciens exerçaient-ils leurs armées tous les jours. Voyez donc quel est le prix de ces exercices ; dans le camp ils vous donnent la santé, et au combat la victoire.

Il ne suffit pas, pour prévenir la famine, d'empêcher l'ennemi de vous couper les vivre, il faut encore faire dans votre camp d'abondantes provisions et empêcher le gaspillage. Ayez donc toujours à la suite de votre armée de vivres pour un mois ; que vos alliés soient obligés de vous en apporter tous les jours ; établissez des magasins dans quelqu'une de vos places fortes et dispensez vos provisions avec une telle économie que chaque soldat n'en ait chaque jour qu'une mesure raisonnable. Que cette partie de l'administration militaire soit l'objet de toute votre attention, car avec le temps on peut triompher de tout à la guerre, mais la faim seule avec le temps triomphe de vous. Jamais un ennemi qui peut vous vaincre par la faim ne cherchera à vous vaincre par le fer ; si sa victoire alors n'est pas si honorable, elle est plus certaine et plus assurée. C'est un danger inévitable pour toute armée qui n'est pas guidée par l'esprit de justice, et qui consomme ses vivres sans mesure et au gré de son caprice. L'injustice empêche l'arrivée de toutes vos provisions, et le gaspillage les rend inutiles. Les Anciens voulaient que chaque soldat consommât à la fois et dans le même temps toute la portion qui lui était assignée, car l'armée ne mangeait que lorsque le général prenait son repas. L'on sait assez ce qu'il en est à cet égard dans les armées modernes ; loin d'offrir comme les Anciens des modèles d'économie et de sobriété, elles sont au contraire des écoles de licence et d'ivrognerie.

BAT. Lorsque vous avez commencé de nous parler du campement, vous nous avez dit que vous ne vouliez pas, comme jusqu'alors, opérer sur deux brigades, mais sur quatre, afin de nous apprendre à faire camper une armée complète. J'ai à cet égard deux questions à vous faire : comment tracerai-je mon camp pour des troupes plus ou moins nombreuses ? Enfin, à quel nombre croyez-vous qu'i faille porter une armée pour combattre toute espèce d'ennemi ?

FABR. Je réponds à votre première question, que si l'armée est plus ou moins forte de quatre ou six mille hommes, on ajoute ou on retranche à proportion des rangs de logements, et cette proportion des rangs de logements, et cette proportion croissante ou décroissante peut ainsi aller à l'infini. Cependant, lorsque les Romains réunissaient leurs deux armées consulaires, ils formaient deux camps qui se joignaient par les derrières. Quant à votre seconde question, je vous observe que l'armée romaine, composée dans les temps ordinaires de vingt-quatre mille hommes environ, n'était jamais portée, dans les plus grands dangers de la république, au-delà de cinquante mille hommes. Ce fut une pareille armée que les Romains envoyèrent au-devant de deux cent mille Romains qui attaquèrent l'Italie après la première guerre punique ; et ils n'opposèrent pas à Annibal des forces plus nombreuses. Il est à remarquer que les Romains et les Grecs n'ont jamais fait la guerre qu'avec des armées peu considérables, mais qui avaient pour elles l'art et la discipline ; les peuples de l'Orient et de l'Occident l'ont toujours faite au contraire par le nombre. Le mobile des Occidentaux était leur impétuosité naturelle ; celui des Orientaux leur profonde obéissance pour leur monarque. Ces deux mobiles n'existant point dans la Grèce ni dans l'Italie, il a fallu recourir à la discipline dont la puissance est tellement invincible que par elle un petit nombre a pu triompher de la fureur et de l'acharnement d'une immense multitude. Comme nous voulons imiter les Grecs et les

Romains, notre armée ne sera donc pas portée au-delà de cinquante mille hommes s'il n'est pas même avantageux de resserrer ce nombre, car la multitude n'amène que la discipline et des exercices ; et Pyrrhus avait coutume de dire qu'avec quinze mille hommes, il se chargeait de conquérir le monde. Mais passons à une autre question.

Nous avons fait gagner une bataille à notre armée et parlé des accidents divers qui peuvent survenir pendant le combat ; nous l'avons ensuite mise en marche, et prévu tous les dangers qu'elle peut rencontrer sur sa route ; enfin nous l'avons établie dans un camp où nous allons nous reposer un peu de tant de fatigues, et parler des moyens de terminer la guerre : c'est là, en effet, le moment et le lieu de semblables entretiens, surtout s'il reste encore des ennemis en campagne, si l'on a à craindre des veilles suspectes ou ennemies et qu'on soit dans le cas de s'assurer des unes et d'attaquer les autres. Il faut vous parler de ces divers objets et surmonter toutes ces difficultés avec la même gloire que nous avons combattu jusqu'ici. Nous allons donc nous occuper de cas particuliers.

Si plusieurs peuples se déterminent à des opérations funestes à eux-mêmes, et utiles pour vous, comme chasser une partie de leurs concitoyens, ou abattre les fortifications de leurs villes, il faut tellement les aveugler sur vos projets qu'aucun d'eux ne pense que vous êtes occupé de lui et que, négligeant de se protéger les uns les autres, ils soient successivement tous écrasés ; ou bien il faut leur imposer vos conditions à tous en un même jour ; chacun se croyant le seul frappé ne songera qu'à obéir et non à résister, et tous seront ainsi soumis sans qu'il en résulte aucun trouble. Si vous suspectez la fidélité de quelque peuple, et que vous vouliez vous en assurer en l'attaquant à l'improviste, le plus sûr moyen de couvrir vos desseins est de communiquer à ce peuple quelque autre projet pour lequel vous réclamez son assistance, et de paraître vous occuper de tout autre chose que de ce qui le concerne ; ne pensant point alors que vous vouliez l'attaquer, il ne se mettra pas sur ses gardes et vous pourrez sans peine accomplir vos desseins.

Quand vous soupçonnez qu'il y a dans votre armée un traître qui avertit l'ennemi de vos projets, il faut tirer partie de sa perfidie, lui communiquer quelque entreprise à laquelle vous êtes loin de penser, et lui cacher celle que vous méditez ; feindre des craintes sur quelque dessein qui ne vous donne aucune inquiétude et dissimuler vos craintes véritables ; par là, l'ennemi croyant avoir pénétré votre pensée, se portera à quelque mouvement prévu d'avance et tombera ainsi dans le piège que vous lui aurez tendu.

Si vous voulez, comme dit Claudius Néron, diminuer votre armée pour envoyer du secours à quelque allié sans que l'ennemi s'en aperçoive, vous aurez soin de ne pas resserrer votre camp, de maintenir les mêmes rangs et les mêmes drapeaux, enfin de ne changer en rien le nombre des gardes et des feux. Si vous voulez au contraire cacher à l'ennemi que vous venez de recevoir des nouvelles troupes, vous vous garderez d'augmenter l'étendue de votre camp. L'on voit que, pour ces divers stratagèmes, l'habitude du secret est la plus haute importance. Aussi Metellus, faisant la guerre en Espagne, répondit-il à quelqu'un qui lui demandait ce qu'il ferait le lendemain : « *Si ma chemise en était instruite, je la brûlerais sur-le-champ.* » Un homme de l'armée de Crassus lui demandait quand il ferait lever le camp. « Vous croyez donc être le seul, lui dit-il, qui n'entendez pas la trompette ? »

Pour pénétrer les secrets de l'ennemi et connaître ses dispositions, quelques généraux lui ont envoyé des ambassadeurs accompagnés d'habiles officiers, déguisés en valets, qui, saisissant cette occasion d'examiner son armée, d'en observer le fort et le faible, ont donné les moyens de le vaincre ; d'autres ont exilé un de leurs confidents qui, se retirant chez l'ennemi, a pu découvrir et transmettre tous ses desseins : les prisonniers servent également à faire connaître les projets de l'ennemi. Marius, dans la guerre contre les Cimbres, voulant s'assurer de la fidélité des Gaulois cisalpins, alliés du peuple romain, leur envoya des lettres cachetées et d'autres ouvertes ; dans celles-ci, il leur recommandait de n'ouvrir les autres qu'à une époque déterminée, mais, les leur ayant redemandées avant cette époque, il vit qu'elles avaient été décachetées et qu'il ne pouvait compter sur eux.

D'autres généraux, au lieu d'aller au-devant de l'ennemi qui venait les attaquer, ont été porter la guerre dans son pays, afin de le forcer à revenir pour arrêter leurs ravages : ce moyen a très souvent réussi. Par là le soldat se forme à la victoire ; il acquiert de la confiance et du butin, tandis que l'ennemi, s'imaginant que la fortune lui est devenue contraire, commence à perdre courage. Cette diversion est très utile, mais elle ne peut avoir lieu que lorsque votre pays est plus fortifié que celui que vous attaquez, autrement elle vous perdrait. Souvent un général, assiégé dans son camp, a dû son salut au parti qu'il a pris d'entamer des négociations et de s'assurer une trêve de quelques jours ; la surveillance de son adversaire s'est alors ralentie, et profitant de cette négligence, il a pu ainsi sauver son armée. C'est par ce moyen que Sylla échappa deux fois très heureusement, et qu'Asdrubal trompa en Espagne les desseins de Claudius Néron qui le tenait assiégé. Dans une pareille circonstance, vous pouvez encore faire quelque mouvement qui tienne l'ennemi en suspens, soit en l'attaquant avec une partie de vos forces, de manière qu'attirant de ce côté toute son attention vous ayez le temps de sauver le reste de votre armée, soit en faisant naître quelque événement imprévu dont la nouveauté le tienne dans l'incertitude et l'embarras. C'est le parti que prit Annibal qui, étant investi par Fabius, attacha pendant la nuit des fascines aux cornes de plusieurs troupeaux de bœufs et y fit mettre le feu ; ce spectacle inattendu fixa toute l'attention de Fabius, et il ne pensa pas à fermer tous les autres passages à Annibal.

Un général doit chercher par-dessus tout à diviser les forces qu'il a combattre, soit en rendant suspects au général ennemi les hommes dans lesquels il se fie davantage, soit en lui donnant quelque raison de séparer ses troupes et d'affaiblir ainsi son armée. Dans le premier cas, il ménagera les intérêts de quelques amis de son adversaire, fera respecter, pendant la guerre, leurs possessions, et leur enverra sans rançon leurs enfants ou leurs amis prisonniers. Annibal ayant fait brûler toutes les possessions de Fabius. Coriolan, arrivé aux portes de Rome avec son armée, respecta les biens des nobles, et fit brûler et saccager ceux du peuple. Metellus, dans la guerre contre Jugurtha, engageait tous les ambassadeurs que lui envoyait celui-ci à remettre leur maître entre ses mains ; et dans les lettres qu'il leur écrivait ensuite, il ne les entretenait que de ce même projet. Par ce moyen, tous les conseillers de Jugurtha devinrent suspects à ce prince, et il les fit successivement périr. Annibal s'étant réfugié chez Antiochos, les ambassadeurs romains eurent avec lui des conférences si intimes en apparence qu'Antiochos en fut inquiet, et Annibal n'eut plus aucune part à sa confiance.

Le plus sûr moyen de diviser les forces de l'ennemi est d'attaquer son pays ; il sera forcé d'aller le défendre et d'abandonner ainsi le théâtre de la guerre. C'est le parti que prit Fabius, qui avait à soutenir les forces réunies des Gaulois, des Étrusques, des Ombriens et des Samnites.

Titus Dimius, étant en présence d'un ennemi supérieur en forces, attendait une légion à qui celui-ci voulait fermer le passage ; Dimius, pour prévenir e dessein, répandit le bruit dans toute en sorte que quelques-uns de ses prisonniers eussent l'occasion de s'échapper. Ceux-ci ayant répandu cette nouvelle dans leur camp, l'ennemi, pour ne pas attaquer la légion qui arriva sans obstacle au camp de Dimius. Il s'agissait ici, non pas d'affaiblir les forces de son adversaire, mais d'augmenter les siennes propres.

Plusieurs généraux ont laissé à dessein l'ennemi pénétrer dans leur pays et s'emparer de quelques places fortes, afin qu'étant obligé de mettre des garnisons dans ces villes, et d'affaiblir ainsi ses forces, ils pussent plus aisément l'attaquer et le vaincre. D'autres généraux, méditant d'envahir une province, ont su feindre d'avoir des vues sur une autre ; et, tombant subitement sur celle où on les attendait le moins, ils s'en sont emparé avant qu'on eût été à portée de la secourir ; car l'ennemi, ignorant si vous n'avez pas l'intention de revenir sur le point que vous aviez d'abord menacé, se voit obligé et de ne point abandonner celui-ci, et de secourir celui-là, et ne peut ainsi défendre bien ni l'un ni l'autre.

Un point bien important pour un général c'est de savoir habilement étouffer un tumulte ou une sédition qui se seraient élevés parmi ses troupes. Il faut, pour cet effet, châtier les chefs des coupables, mais avec une telle promptitude que le châtiment soit tombé sur leur tête avant qu'ils aient eu le temps de s'en douter. S'ils sont éloignés de vous, vous manderez en votre présence, non seulement les coupables, mais le corps entier, afin que, n'ayant pas mieux de croire que ce soit dans l'intention de les châtier, ils ne cherchent pas à s'échapper et viennent, au contraire, d'eux-mêmes, se présenter à la peine. Si la faute a été commise sous vos yeux, il faut vous entourer de ceux qui sont innocents et, avec leur secours, punir les coupables. S'il s'est élevé un esprit de discorde parmi vos troupes, envoyez-les au danger, une peur commune les tiendra réunies.

Au reste, le véritable lien d'une armée, c'est la considération dont le général y jouit, qu'il ne doit jamais qu'à ses talents, et qu'il espérerait en vain de sa naissance ou de son autorité. Le premier devoir d'un général est d'assurer également la solde et les châtiments de son armée ; car, sans la solde, c'est en vain qu'il voudrait punir. Comment, en effet, empêcher un soldat de voler lorsqu'il n'est pas payé et qu'il n'a que ce moyen de soutenir sa vie ? Mais, si en ayant soin que la solde ne manque jamais à l'armée, l'on ne maintient pas la sévérité des peines, le soldat devient insolent et perd tout respect pour son général ; celui-ci n'a plus aucun moyen de maintenir son autorité, et de là naissent les haines et les séditions qui sont la ruine d'une armée.

Les anciens généraux avaient à vaincre une difficulté qui n'existe pas pour les généraux modernes ; c'était d'interpréter à leur avantage les présages sinistres. S'il tombait la foudre sur l'armée, s'il arrivait une éclipse de lune ou de soleil, ou quelque tremblement de terre ; si le général tombait en montant ou en descendant de cheval, tous ces accidents étaient défavorablement interprétés par les soldats, et ils en concevaient tant de frayeur que si, dans ce moment, on les eût conduits au combat, on devait s'attendre à une défaite. Les généraux devaient alors expliquer ces accidents comme des effets naturels, ou les interpréter à leur avantage. César, étant tombé au moment où il débarquait en Afrique, s'écria : *Je te tiens, Afrique* ! D'autres sont parvenus à expliquer à leurs soldats les causes des éclipses de lune ou des tremblements de terre. De pareilles circonstances ne se présentent plus de nos jours, soit que nos soldats soient moins superstitieux, soit que notre religion écarte de notre esprit de semblables frayeurs ; mais s'il survenait, par hasard, quelque événement de cette nature, il faut alors se conduire d'après l'esprit de ces anciens généraux.

Si l'ennemi, poussé à un coup de désespoir par la faim ou quelque autre nécessité semblable, ou un aveugle esprit de fureur, vient sur vous pour vous combattre, restez dans votre camp et différez le combat le plus longtemps que vous pourrez ; c'est le parti que prirent les Lacédémoniens contre les Messéniens, et César contre Africanus et Petreius. Le consul Fulvius, faisant la guerre contre les Cimbres et ayant, pendant plusieurs jours, engagé des escarmouches de cavalerie, observa que l'ennemi sortait toujours de son camp pour le poursuivre ; il posa en conséquence une embuscade derrière le camp des Cimbres, fit attaquer de nouveau par sa cavalerie qui fut encore poursuivie par l'ennemi, et alors ceux qui étaient en embuscade fondirent sur le camp et le mirent au pillage.

Deux armées étant en présence, un général a souvent envoyé ravager son propre pays en donnant à quelques-unes de ses troupes des drapeaux semblables à ceux de l'ennemi ; celui-ci, trompé par l'apparence, est venu pour aider ces troupes et partager leur butin ; et le désordre se mettant ainsi dans ses rangs, il a été aisément vaincu : c'est un stratagème qui a souvent réussi, et particulièrement à Alexandre, roi d'Épire, dans la guerre contre les Illyriens ; et à Leptène de Syracuse contre les Carthaginois.

D'autres généraux, affectant une fausse peur, ont abandonné leur camp rempli de viandes et de vins, laissant ainsi à l'ennemi le moyen de boire et manger sans mesure ; et lorsque celui-ci s'en était rempli avec excès, ils sont revenus sur lui et en ont fait un grand carnage. Tamaris attaqua de cette manière Cyrus, et Gracchus les peuples de l'Espagne. Quelques-uns enfin ont empoisonné ces mêmes vivres afin d'être plus sûrs de la victoire.

Je vous ai déjà fait observer que je n'avais pas remarqué que les Anciens tinssent pendant la nuit, hors de leur camp, des gardes avancées ; je crois que leur motif était de prévenir tous les dangers qui pouvaient en résulter. En effet, souvent même, pendant le jour, des vedettes posées en avant pour observer l'ennemi ont causé la ruine d'une armée ; car si, par hasard, elles sont tombées entre ses mains, il leur a fait faire par force le signal convenu pour appeler leurs propres troupes qui, arrivant aussitôt, ont été prises ou égorgées.

Il importe souvent de tromper l'ennemi en changeant vos habitudes, car alors il se perd en se réglant sur celles que vous aviez affectées. C'est ainsi qu'un général qui avait coutume de faire annoncer l'arrivée de l'ennemi, la nuit par des feux, et le jour par de la fumée, fit faire tout à coup, sans interruption, beaucoup de feu et de fumée, qu'il éteignit à l'arrivée de l'ennemi ; celui-ci, s'avançant sans apercevoir le signal de sa présence, crut qu'il n'était pas découvert, et, dans cette confiance, marchant sans aucune précaution, il fut mis sans peine en déroute. Memnon de Rhodes, voulant faire abandonner à l'ennemi une position très forte, lui envoya un faux transfuge qui l'assura que l'armée de Memno était en révolte et se débandait en grande partie ; et celui-ci, pour le confirmer dans cette opinion, fit naître, à dessein, quelques tumultes dans son propre camp ; l'ennemi alors s'avança avec confiance pour l'attaquer et fut complètement battu.

Il ne faut jamais pousser son ennemi au désespoir,

c'est une règle que pratiqua César dans une bataille contre les germains : s'apercevant que la nécessité de vaincre leur donnait de nouvelles forces, il leur ouvrit un passage et aima mieux avoir la peine de les poursuivre que de les vaincre avec danger sur le champ de bataille. Lucullus, ayant remarqué que quelques cavaliers macédoniens passaient du côté de l'ennemi, fit aussitôt sonner la charge, et ordonna au reste de son armée de les suivre ; l'ennemi crut alors que Lucullus voulait engager le combat, et fondit avec une telle impétuosité sur ces cavaliers macédoniens que ceux-ci furent obligés de se défendre et, au lieu de déserter, combattirent avec vigueur.

Il est encore fort important de s'assurer, avant ou après la victoire, une ville dont la fidélité est suspecte. On peut, à cet égard, imiter quelques-uns des exemples suivants. Pompée, se défiant de la fidélité des habitants de Catina (Catane), les pria de recevoir dans leurs murs quelques malades de son armée et leur envoya sous ce déguisement quelques-uns de ses plus intrépides soldats qui s'emparèrent de la ville. Publius Velrius, ayant de semblables soupçons sur les habitants d'Épidaure, les fit appeler à une cérémonie religieuse qui avait lieu dans un temple hors des murs de la ville et, lorsque tout le peuple fut sorti, il ne laissa rentrer que ceux dont il n'avait rien à craindre. Alexandre le Grand, près de partir pour l'Asie, voulant s'assurer de la Thrace, emmena avec lui tous les princes du pays, à qui il donna des emplois dans son armée, et il les fit remplacer par des hommes sans considération. Il maintint ainsi ces grands dans la fidélité à son service, en leur donnant un traitement considérable, et le peuple dans l'obéissance, en éloignant de lui tous ceux qui auraient pu le pousser à la rébellion.

Au reste, le meilleur moyen de se gagner les peuples est de leur donner des exemples de justice et de modération. C'est ainsi que Scipion, étant en Espagne, rendit à son père et à son mari une jeune fille extrêmement belle, et réussit par là, beaucoup plus que par les armes, à conquérir tous les cœurs espagnols. César, ayant fait payer le bois qu'il avait fait couper dans la Gaule pour faire une palissade autour de son armée, acquit une grande réputation de justice qui lui facilité la conquête du pays. Il me semble que je n'ai plus rien à ajouter aux diverses considérations que je viens de développer, et que j'ai épuisé tout ce qu'il y a à dire sur les différentes circonstances où peut se trouver une armée. Il me reste à vous parler de la manière d'attaquer et de défendre les places fortes ; si je ne vous ennuie pas trop, je m'étendrai volontiers sur cette dernière partie de l'art de la guerre.

BAT. Votre bonté est si grande que vous satisfaites à tous nos désirs sans nous laisser la crainte d'être indiscrets, puisque vous nous offrez généreusement ce que nous n'oserions vous demander. Je dois seulement vous dire que vous ne pouvez nous faire un plus grand plaisir et nous rendre un plus grand service que de poursuivre cet entretien. Mais, avant de passer à une question, je vous prie de m'éclaircir un doute. Vaut-il mieux continuer la guerre pendant l'hiver, comme on fait aujourd'hui, ou tenir la campagne pendant l'été seulement, en prenant, à l'exemple des Anciens, des quartiers d'hiver.

FABR. Sans votre sage observation, j'oubliais une considération importante qui mérite d'être examinée. Je vous répète que les anciens faisaient tout avec plus de sagesse et mieux que nous ; et si nous errons quelquefois dans les affaires de la vie, à la guerre nous errons toujours complètement. Rien de plus dangereux de plus important que de faire la guerre pendant l'hiver ; et beaucoup plus dangereux pour l'agresseur que pour celui qui attend l'attaque. En voici la raison. Tout le soin qu'on donne à la discipline militaire a pour but d'ordonner une armée pour livrer bataille à l'ennemi. C'est là le principal objet d'un général, puisque du résultat d'une bataille dépend le succès de la guerre. Celui qui sait donc le mieux ordonner son armée et la tenir la mieux disciplinée a le plus d'avantage le jour d'une bataille et le plus d'espérance de vaincre ; d'un autre côté, il n'y a pas de plus grand obstacle au succès des manœuvres militaires que les terrains inégaux, ou les temps de pluie ou de gelée, parce que les terrains inégaux ne vous permettent pas de déployer vos rangs selon les règles de la tactique, et que vous ne pouvez dans les temps froids et humides réunir vos troupes et vous présenter en masse à l'ennemi ; que vous êtes obligé, au contraire, de loger sans ordre, à de grandes distances, et de vous régler d'après les villages, les châteaux et les fermes ou vous cantonnez, ce qui rend inutile toute la peine que vous avez prise pour exercer votre armée. Ne soyez pas surpris, au reste, qu'on fasse à présent la guerre pendant l'hiver ; comme il n'y a aucune discipline dans nos armées, on ne connaît pas le danger de ne pas tenir réunis tous les corps de l'armée, et l'on ne s'inquiète pas de négliger des exercices et une discipline dont on n'a aucune idée. On devrait réfléchir pourtant à quels risques on s'expose en tenant la campagne pendant l'hiver, et se rappeler qu'en 1503, ce fut l'hiver seul et non les Espagnols qui détruisit les Français sur le Garigliano. Et dans cette guerre, comme je vous l'ai déjà dit, c'est l'assaillant qui a le plus de désavantages et qui souffre le plus des injures du temps lorsqu'il a porté la guerre dans le pays ennemi. S'il veut tenir ses troupes réunies, il doit supporter toutes les rigueurs du froid et des pluies excessives ; ou s'il craint ces inconvénients, il sera forcé de séparer les différents corps de son armée. Mais, comme celui qui l'attend est maître de choisir son poste, qu'il peut réunir des troupes fraîches en un instant et fondre ainsi à l'improviste sur un corps isolé, il n'aura aucun moyen de résister à une pareille attaque. Telle fut la cause de la défaite des Français, et tel sera le sort de tous ceux qui attaqueront pendant l'hiver un ennemi qui ne manquera pas d'habileté. Que celui donc qui ne veut tirer aucun parti des forces, de la discipline, des manœuvres et du courage d'une armée fasse la guerre pendant l'hiver. Comme les Romains, au contraire, voulaient que tous ces avantages qu'ils mettaient tant de soins à acquérir ne leur fussent pas tout à fait inutiles, ils évitaient la guerre d'hiver, comme la guerre de montagnes et toute autre guerre qui ne leur eût pas permis de déployer leurs talents militaires et toute leur valeur. Je n'ai plus rien à ajouter sur cette question des places fortes, des postes militaires, et vous développer mon système de fortification.

LIVRE SEPTIÈME

FABRIZIO. Vous savez que les villes et les forteresses doivent leur force à la nature ou à l'art. Elles doivent leur force à la nature quand elles sont entourées par un fleuve ou un marais, comme *Ferrare* et *Mantoue*, ou quand elles sont bâties sur un rocher ou une montagne très escarpée, comme *Monaco* et *San Leo* [1]. Car les villes bâties sur des montagnes d'un facile accès sont les plus faibles de toutes, à cause des mines et de l'artillerie. Aussi préfère-t-on le plus souvent aujourd'hui de construire les places fortes dans les plaines et de se confier aux ressources de l'art.

Le premier soin d'un ingénieur est de bâtir les murs sur une *ligne brisée*, c'est-à-dire en y multipliant les angles saillants et les angles rentrants. Par ce moyen, on en éloigne l'ennemi qui peut être attaqué par le flanc, comme de front. Si les murs sont trop élevés ils sont exposés davantage aux coups de l'artillerie ; s'ils sont trop bas, ils sont plis aisément escaladés. Si vous creusez des fossés devant vos murs pour rendre l'escalade plus difficile, l'ennemi cherchera à les combler, ce qui demande peu de temps avec une grande armée, et il sera bientôt maître de vos murailles. Je crois donc que, pour prévenir ce double inconvénient, il faut, si je ne me trompe, bâtir des murs d'une certaine hauteur et creuser des fossés derrière ces murs, et non pas en dehors ; voilà, ce me semble, le meilleur système de fortifications, puisqu'il vous garantit

---

[1] *Petite ville du duché d'Urbin.*

également de l'artillerie et de l'escalade, et ôte à l'ennemi les moyens de combler les fossés. Vous élèverez donc vos murs à une hauteur convenable, en leur donnant pas moins de trois brasse d'épaisseur, afin qu'il soit moins aisé de les faire écrouler ; vous y établirez des tours éloignées les unes des autres de deux cents brasses. Le fossé doit avoir au moins trente brasses de largeur et douze de profondeur. Vous en ferez jeter toute la terre du côté de la ville, en la faisant soutenir par un mur qui s'élèvera du fond de ce fossé au-dessus de cette jetée jusqu'à hauteur d'homme, ce qui augmentera d'autant plus la profondeur du fossé. C'est dans ce fond que vous ferez bâtir des casemates, éloignées l'une de l'autre de deux cents brasses, et vous les garnirez d'artillerie pour arrêter quiconque tenterait d'y descendre.

Vous placerez votre grosse artillerie derrière le mur du fossé, car le premier mur en avant étant assez élevé ne permet de manœuvrer que les pièces de petit calibre. Si l'ennemi veut tenter l'escalade, la hauteur de ce premier mur est pour un obstacle difficile à vaincre ; mais si d'abord il emploie son artillerie, comme l'effet des batteries est de toujours faire tomber le mur du côté de l'attaque, les ruines, ne trouvant pas de creux pour les recevoir, ne font qu'augmenter la profondeur du fossé qui est pratiqué derrière ; et il est alors bien difficile à l'ennemi d'avancer, étant arrêté par ces ruines, par le fossé et par l'artillerie qui le foudroie en sûreté derrière le mur du fossé. Il n'a d'autre parti à prendre qu'à le combler ; mais quelles difficultés se présentent ! D'abord nous avons demandé qu'il fût large et profond ; la muraille étant remplie, comme je l'ai dit, d'angles saillants et rentrants, ne permet pas aisément d'en approcher ; enfin on ne peut qu'avec peine gravir ces ruines. Je soutiens donc que des fortifications ainsi dirigées rendent une ville presque inexpugnable.

BATTISTA. Si, outre le fossé qui est derrière la muraille, on en creusait encore un autre dehors, la ville n'en serait-elle pas plus forte ?

FABR. Sans doute. Mais je ne raisonne que dans l'hypothèse où l'on ne voudrait faire qu'un fossé, et je dis qu'alors il vaut mieux le creuser en dedans qu'en dehors.

BAT. Préférez-vous les fossés remplis d'eau ou les fossé à sec ?

FABR. Les opinions sont partagées à cet égard. Les fossés remplis d'eau vous garantissent de la mine, mais les autres sont plus difficiles à combler. Pour moi, tout considéré, je les ferais à sec ; ils sont plus sûrs. On a vu souvent en effet les fossés se geler pendant l'hiver, et faciliter la prise d'une ville : c'est ce qui arriva à la Mirandole, quand elle était assiégée par le pape Jules II. Au reste, pour me protéger des mines, je ferais creuser les fossés à une telle profondeur que l'ennemi qui voudrait aller plus avant serait sûrement arrêté par l'eau.

Les murs et les fossés de mes forteresses seraient construits d'après le même système et offriraient les mêmes obstacles aux assaillants. Et ici je dois donner un avis, 1° à ceux qui sont chargés de défendre une ville, c'est de ne jamais élever de bastions détachés des murs et en dehors ; 2° à ceux qui construisent une forteresse, c'est de ne pas établir dans leur enceinte des fortifications qui servent de retraite aux troupes qui ont été repoussées des premiers retranchements. Voici le motif de mon premier avis : c'est qu'il faut toujours éviter de débuter par un mauvais succès, car alors vous inspirez de la défiance pour toutes vos autres dispositions, et vous remplissez de crainte tous ceux qui ont embrassé votre parti. Vous ne pourrez vous garantir de ce malheur en établissant des bastions hors des murailles. Comme ils seront constamment exposés à la fureur de l'artillerie, et qu'aujourd'hui de semblables fortifications ne peuvent longtemps se défendre, vous finirez par les perdre, et vous aurez ainsi préparé la cause de votre ruine. Lorsque les Génois se révoltèrent contre le roi de France Louis XII, ils bâtirent ainsi quelques bastions sur les collines qui les environnent ; et la prise de ces bastions, qui les environnent ; et la prise de ces bastions, qui furent emportés en quelques jours, entraîna la perte de la ville même [1].

Quant à ma seconde proposition, je soutiens qu'il n'y a pas de plus grand danger pour une forteresse que d'avoir d'arrière-fortifications où les troupes puissent se retirer encas d'échec ; car, lorsque le soldat sait qu'il a une retraite assurée quand il aura abandonné le premier poste, il l'abandonne en effet et fait perdre ainsi la forteresse entière. Nous en avons un exemple bien récent par la prise de la forteresse de Forli, défendue par la comtesse Catherine [2] contre César Borgia, fils du pape Alexandre VI, qui était venu l'attaquer avec l'armée du roi de France. Cette place était pleine de fortifications où l'on pouvait successivement trouver une retraite. Il y avait d'abord la citadelle séparée de la forteresse par un fossé qu'on passait sur un pont-levis, et cette forteresse était divisée en trois quartiers séparés les uns des autres par des fossés remplis d'eau et des ponts-levis. Borgia, ayant battu un de ces quartiers avec son artillerie, fit une brèche à la muraille que ne songea point à défendre Giovanni da Casale, commandant de Forli. Il crut pouvoir abandonner cette brèche pour se retirer dans les autres quartiers. Mais Borgia, une fois maître de cette partie de la forteresse, le

---

[1] *Gênes, qui s'était révoltée en 1505, fut reprise par les français en 1507.*
[2] *Catherine Sforza Riaro ; cf. P. 3, 20 ; H. F., VII, 22 ; VIII, 34 ; D., III, 6.*

fut bientôt de la forteresse tout entière, parce qu'il s'empara des ponts qui séparaient les différents quartiers. Ainsi fut prise cette place qu'on avait cru jusqu'alors inexpugnable, et qui dut sa perte à deux fautes principales de l'ingénieur qui l'avait construite. 1° Il y avait trop multiplié les fortifications ; 2° il n'avait pas laissé chaque quartier maître de ses ponts. Ces défauts de construction et le peu d'habileté de-u commandant rendirent ainsi inutile la magnanimité de la comtesse qui avait eu le courage de résister à une armée que n'avaient osé atteindre le roi de Naples ni le duc de Milan [1]. Mais, quoique ses efforts n'aient point eu le résultat qu'elle avait droit d'en attendre, elle n'en obtint pas moins toute la gloire que méritait son courage ; ce qui a été attesté dans ces derniers temps par le grand nombre de vers composés à sa louange.

Si j'avais donc à construire une forteresse, je l'entourerais de murs solides et de fossés profonds, selon les règles que j'ai déjà données, et, dans l'intérieur, je n'élèverais d'autres constructions que de petites maisons faibles et peu élevées et tellement disposées que, du milieu de la place, on pût découvrir tous les côtés des fortifications. Ainsi le commandant verrait aisément sur quel point il doit porter des renforts, et chacun sentirait qu'à la défense des fossés et du retranchement est attaché le salut de la forteresse. SI je me déterminais à construire des fortifications dans l'intérieur, je disposerais les ponts-levis de façon que chaque quartier fût maître des siens, et j'aurais soin, pour cet effet, de faire tomber le pont sur des pilastres élevés au milieu du fossé.

BAT. Vous avez dit que les petites places ne peuvent guère aujourd'hui se défendre ; il me semble au contraire

---

[1] *Frédéric d'Aragon en 1501 et Ludovic le more en 1499.*

avoir entendu dire que plus les fortifications sont resserrées plus elles offrent de résistance.

FABR. Vous ne m'avez pas bien compris ; car il est impossible aujourd'hui d'appeler une place forte tout lieu où les troupes qui le défendent ne peuvent se retirer derrière de nouveaux fossés et de nouveaux remparts. Telle est, en effet, la violence de l'artillerie que c'est tomber aujourd'hui dans une erreur funeste que de fonder son salut sur la force d'un seul mur ou d'un seul retranchement ; et, comme les bastions (à moins qu'ils ne passent la mesure ordinaire, et alors ils seraient des places fortes et de véritables châteaux) ne peuvent jamais offrir cette seconde défense dont je viens de parler, ils sont en peu de jours enlevés par l'ennemi. Il est donc prudent de renoncer à ces bastions et de se borner à fortifier l'entrée des places fortes, à couvrir les portes par des ravelins [1] de manière qu'on ne puisse jamais entrer ou sortir en ligne droite, et établir enfin entre le ravelin et la porte un fossé et un pont-levis. On fortifie encore les portes des villes avec des *herses* qui, lorsque la garnison a fait une sortie et a été repoussée par l'ennemi, empêchent que celui-ci n'entre pêle-mêle avec elle dans la ville. Ces herses, que les Anciens appelaient cataractes, en s'abaissant, ferment le passage aux assiégeants, et sauvent ainsi les assiégés ; car, alors, la porte et le pont-levis ne sont d'aucune ressource, puisqu'ils sont l'un et l'autre occupés par la foule.

BAT. J'ai vu de ces herses en Allemagne, faites avec des solives en forme de grille ; les nôtres au contraire sont construites de grosses planches toutes jointes ensemble. Je voudrais savoir d'où vient cette différence et laquelle des deux méthodes est la plus sûre.

---

[1]   *Ouvrages de fortification semblables aux demi-lunes.*

FABR. Je vous répète que partout aujourd'hui les institutions militaires, comparées à celles des Anciens, sont vicieuses ; mais que c'est une science perdue tout à fait en Italie, et que, si nous avons quelque chose de supportable, nous le devons tout entier aux Ultramontains. Vous savez, et vos amis peuvent se le rappeler, quel était l'état de faiblesse de nos places fortes, avant l'invasion de Charles VIII en Italie, dans l'an 1494. Les créneaux n'avaient pas plus d'une demi-brasse d'épaisseur ; les embrasures des canons et des autres armes de trait étaient très étroites à l'embouchure et très larges en dedans ;il y avait enfin une foule d'autres vices de construction qu'il serait ennuyeux de détailler ici. Rien de plus aisé en effet que de faire sauter des créneaux aussi minces et d'ouvrir des embrasures ainsi construites. Aujourd'hui nous avons appris des Français à faire le créneau large et solide ; nos embrasures de canon, larges d'abord en dedans, se resserrent à la moitié du mur, et s'élargissent ensuite de nouveau à l'embouchure ; et l'artillerie ne peut plus aussi aisément démonter les pièces. Les Français ont ainsi beaucoup d'autres usages qui, jamais fixé leur attention. Telle est cette espèce de herse, faite en forme de grille, qui est de beaucoup supérieure à la nôtre. En effet, qui est de beaucoup supérieure à la nôtre. En effet, lorsqu'une porte est fermée par une herse d'une seule pièce comme chez nous, en la faisant tomber, on ne peut plus attaquer l'ennemi, qui peut la renverser en sûreté par la hache ou par le feu. Mais quand la herse est en forme de grille on peut, dès qu'elle est baissée, la défendre à travers les solives, avec la lance, l'arbalète et autres armes.

BAT. J'ai remarqué en Italie un autre usage ultramontain ; c'est de courber vers les moyeux des rayons des roues des affûts de canon. Je voudrais savoir d'où vient cet usage ; il me semble que ces rayons seraient plus forts étant droits comme ceux de nos roues ordinaires.

FABR. Ne croyez jamais que les choses extraordinaires soient faites sans dessein, et ce serait une erreur de croire que les Français ont voulu seulement par là donner plus de beauté à leurs roues, car on ne s'inquiète pas de la beauté quand il s'agit de la solidité ; c'est qu'en effet ces roues sont plus solides et plus sûres, et en voici la raison. Quand l'affût est chargé, ou il porte également les deux côtés ou il penche de l'un ou de l'autre ; s'il porte également, chaque roue, soutenant le même poids, n'est pas excessivement chargée ; s'il vient à pencher, tout le poids de l'affût tombe sur une roue, et si les rayons de celle-ci sont droits, ils peuvent aisément se briser ; ils penchent en effet avec la roue, et en supportent plus le poids d'aplomb. Ainsi, c'est lorsque le char porte également, et qu'ils sont moins chargés, que ces rayons sont les plus forts ; et ils sont les plus faibles lorsque, l'affût étant penché, ils sont chargés davantage. C'est tout le contraire pour les rayons courbés des affûts français. Lorsque leurs affûts viennent à pencher et à s'appuyer sur une des roues, ces rayons, ordinairement courbés, deviennent alors droits et portent tout le poids d'aplomb ; et lorsque l'affût marche également et qu'ils sont courbés, ils ne portent alors que la moitié du poids. Mais revenons à nos villes et forteresses.

Afin de pouvoir, pendant un siège, mieux assurer les sorties et les retraites de leurs troupes, les Français, outre les moyens dont j'ai déjà parlé, ont inventé une autre espèce de fortification dont je n'ai pas vu encore d'exemple en Italie. Au bout du pont-levis, ils élèvent deux pilastres sur chacun desquels ils balancent une poutre, dont la moitié se trouve sur le pont, et l'autre en dehors. Ces deux poutres, en dehors, sont jointes ensemble par de petites solives disposées en forme de grille et, aux deux bouts de la partie qui est en dedans du pont, ils attachent une chaîne. Quand ils veulent fermer le pont en dehors, ils laissent aller les chaînes, et font ainsi descendre toute la partie grillée des poutres qui se trouve alors fermer le pont ; quand ils veulent l'ouvrir, ils tirent les chaînes et les poutres se lèvent ; mais l'ouverture peut être proportionnée à la hauteur d'un fantassin et non d'un cavalier, ou bien seulement à la hauteur d'un cavalier, et elle peut aussitôt se refermer, puisque ces poutres s'élèvent et peut aussitôt se refermer, puisque ces poutres s'élèvent et s'abaissent comme des ventaux de créneaux. Cette porte est plus sûre que la herse ; car il est difficile que l'ennemi puisse l'arrêter parce qu'elle ne tombe pas en ligne droite comme la herse qu'on peut aisément étançonner.

Telles sont les règles que doivent suivre ceux qui veulent élever des places fortes. Ils doivent en outre défendre de bâtir ou planter à un mille au moins des fortifications, de manière que tout un terrain n'offre qu'une surface plane où il n'y ait ni arbres ni buissons, ni levée ni maison qui puissent arrêter la vue et couvrir l'ennemi qui vient assiéger la ville. Remarquez ici qu'une place n'est jamais plus faible que lorsqu'elle a ses fossés en dehors des fortifications, avec la jetée plus haute que le reste du terrain. Car cette jetée sert alors de rempart aux assiégeants : elle n'arrête en rien leurs attaques, puisqu'on peut aisément y pratiquer des ouvertures pour l'artillerie. Mais entrons dans la ville.

Il est inutile de vous recommander, outre les diverses dispositions dont je viens de parler, de faire de grandes provisions de munitions de guerre et de bouche. Ce sont des précautions dont tout le monde sent l'importance, puisque, sans elles, toutes les autres deviennent inutiles. A cet égard, il y a deux objets principaux qu'il ne faut pas perdre de vue ; vous devez d'abord vous approvisionner abondamment, et ensuite ôter à l'ennemi tout moyen d'employer les productions de votre pays. Il faut donc détruire tous les bestiaux, tout le fourrage et tout le blé que vous ne pouvez resserrer.

Le commandant d'une ville assiégée doit avoir soin que chacun ne se fasse en tumulte et sans ordre, mais que chacun dans toutes les circonstances sache bien ce qu'il a à faire. Il faut pour cela que les femmes, les vieillards, les enfants et tous les gens hors de service se tiennent renfermés dans leur maison et laissent la place libre à tous les jeunes gens en état de porter les armes. Ceux-ci se partageront la défense de la ville ; les uns seront établis à la garde des murs et des portes, les autres seront établis à la garde des murs et des portes, les autres aux principaux postes de l'intérieur, afin d'arrêter les désordres qui pourraient survenir. D'autres enfin n'auront aucun poste particulier, mais seront prêts à porter du renfort à tous ceux qui seraient menacés. Avec de telles dispositions, il est difficile qu'il s'élève dans la ville des mouvements qui y répandent le désordre.

À l'égard de l'attaque et de la défense des places, il ne faut pas oublier que rien ne donne plus l'espérance de s'en emparer que de savoir que les habitants n'ont jamais vu l'ennemi ; car souvent alors la frayeur seule leur fait ouvrir leurs portes sans avoir même été attaqués Quand on assiège une telle ville, il faut, par les plus terribles démonstrations, tâcher de frapper tous les cœurs d'épouvante. D'un autre côté, le commandant de cette ville doit établir aux différents postes attaqués par l'ennemi des hommes intrépides que les armes seules, et non pas en vain bruit, peuvent intimider. Si, en effet, cette première attaque est sans succès, les assiégés redoublent de courage, et l'ennemi alors est contraint de recourir à sa vertu et non à sa réputation pour les vaincre.

Les instruments militaires employés par les Anciens

pour défendre les villes étaient les *balistes*, les *onagres*, les *scorpions* [1], les *acrobalistes*, les *frondes*, etc. Les instruments d'attaque n'étaient pas moins nombreux, c'étaient les *béliers*, les *tours*, les *mantelets*, les *faux*, les *tortues* [2], etc. Aujourd'hui l'on n'emploie plus que l'artillerie, qui sert à la défense et à l'attaque, et sur laquelle je n'entrerai dans aucun détail.

Je reviens donc à mon sujet et vais vous entretenir des moyens particuliers d'attaque. Le double but des assiégés est de se garantir d'être subjugués par la faim ou vaincus par la force. Quant à la faim, j'ai averti de se munir abondamment de vivres avant le commencement d'un siège. Mais quand les vivres viennent enfin à manquer par les longueurs du siège, il faut recourir à un moyen extraordinaire pour en obtenir de vos amis du dehors, intéressés à votre salut. Ce moyen est plus facile lorsque la ville est traversée par un fleuve. C'est ainsi que, *Casilinum* étant assiégé par Annibal, les Romains, ne pouvant autrement secourir cette forteresse, jetèrent dans le Vulturno qui la traversait une grande quantité de noix qui suivirent le cours de cette rivière, sans qu'Annibal pût les arrêter, et nourrirent pendant quelque temps les assiégés. Souvent des assiégés, pour prouver à l'ennemi que le grain ne leur manquait pas et lui ôter l'espoir de les vaincre par la faim, ont jeté du pain par-dessus les murailles, ou fait manger du grain, le grain qu'ils auraient semé. Denys [3], étant campé devant *Reggium*, feignit de traiter avec eux et

---

[1] *L'onagre était une sorte de baliste ; le scorpion une grande arbalète actionnée par un treuil.*

[2] *Le bélier consistait en une poutre terminée par une tête en fer que l'on utilisait pour abattre les murs des villes assiégées ; par tour, on entendait un échafaudage mobile que l'on plaçait contre les remparts à franchir ; le mantelet et la tortue étaient des abris mobiles destinés à protéger les soldats et les machines de guerre.*

[3] Tyran de Syracuse.

les termina à lui fournir des vivres pendant les conférences. Lorsqu'il les eut ainsi épuisés, il les bloqua de nouveau, et finit par les affamer. Alexandre le grand, voulant assiéger Leucade, commença par attaquer toutes les forteresses environnantes, et laissa toutes ces garnisons se réfugier à Leucade, qui se trouva bientôt épuisée de vivres par ce surcroît d'habitants.

Quant aux attaques de vive force, j'ai déjà dit qu'il faut surtout se garantir du premier assaut ; c'est par ce moyen que les Romains s'emparèrent de beaucoup de places fortes en les attaquant à la fois de tous côtés ; ils appelaient ce genre d'attaque *aggredi urbem corona*. Scipion s'empara ainsi de Carthagène, en Espagne. Quand on parvient à soutenir ce premier choc, on n'a plus guère à craindre les autres assauts. Si, par hasard, l'ennemi ayant forcé les murailles a pénétré dans l'intérieur de la ville, les habitants ne sont pas encore sans ressource s'ils ne s'abandonnent pas eux-mêmes ; car on a vu souvent une armée qui avait déjà pénétré dans l'intérieur d'une ville, en être bientôt repoussée avec l'intérieur d'une ville, en être bientôt repoussée avec beaucoup de perte des siens. La seule ressource qui, dans une pareille circonstance, reste aux assiégés, c'est de se maintenir dans les postes élevés, et de combattre l'ennemi du haut des tours et des maisons. Il y a deux moyens pour les assiégeants de se garantir d'un pareil danger : l'un est de faire ouvrir les portes de la ville, de manière que les habitants puissent faire leur retraite sans crainte ; l'autre est de faire proclamer qu'on ne poursuivra que ceux qui auront les armes à la main et qu'il sera pardonné à tous les habitants qui viendront se soumettre. Cet expédient a beaucoup aidé à la conquête d'un grand nombre de places.

Un autre moyen de s'emparer sans peine d'une place forte, c'est de l'attaquer à l'improviste. Pour cet effet, vous

vous en tiendrez éloigné à une certaine distance ; les habitants croiront ainsi que vous n'avez aucune vue sur eux, ou que vous ne pourriez rien entreprendre sans qu'ils fussent informés d'avance en raison de la distance des lieux ; et si alors vous venez les attaquer en secret et avec de grandes précautions, vous pouvez presque toujours compter sur un succès assuré. Je n'aime point raisonner sur les événements de mon temps ; parler de moi ou des miens serait sujet à des inconvénients ; parler des autres serait s'exposer à des erreurs. Je ne puis cependant passer ici sous silence l'exemple de César Borgia, nommé le duc de Valentinois, qui, se trouvant avec son armée à Nocera, feignit d'aller punir Camerino ; et, se tournant tout à coup vers l'État d'Urbin, s'en rendit maître en un seul jour sans aucune peine ; ce qu'un autre général n'eût pu jamais faire sans beaucoup de temps et de dépenses.

Les assiégés doivent surtout se garantir des pièges et des ruses de l'ennemi : s'ils voient les assiégeants faire constamment une même chose, qu'ils entrent en défiance, et croient qu'on leur tend un piège qui peut leur devenir funeste. Domitius Calvinus, assiégeant une place forte, avait pris habitude de faire tous les jours le tour des murailles avec une partie de son armée ; les habitants crurent à la fin que ce n'était là qu'un exercice militaire, ne se tinrent plus sur leurs gardes avec la même vigilance, et aussitôt Domitius attaqua la place et s'en rendit maître. Quelques généraux, instruits qu'il devait arriver des renforts aux assiégés, ont fait revêtir à leurs soldats l'uniforme des ennemis ; et ceux-ci, reçus dans la ville par l'effet de ce déguisement, s'en sont emparés sans peine. Cimon d'Athènes ayant mis le feu, pendant la nuit, à un temple placé hors les murs d'une ville qu'il assiégeait, les habitants accoururent pour arrêter l'incendie, et lui livrèrent ainsi la ville. D'autres généraux enfin, ayant tué les fourrageurs d'une place assiégée, ont fait revêtir leurs habits à une partie de leurs soldats, qui ont pu, par cette ruse, leur en ouvrir les portes.

Les anciens généraux ont employé divers moyens pour éloigner les garnisons des villes qu'ils voulaient assiéger. Scipion, étant en Afrique, et voulant s'emparer de quelques places fortes gardées par les Carthaginois, feignit plusieurs fois de les vouloir attaquer, et de s'en éloigner ensuite par la crainte de ne pas réussir. Annibal, trompé par cette apparence, retira toutes les garnisons de ces places, pour lui opposer de plus grandes forces et le vaincre plus aisément ; mais Scipion, instruit de cette faute, envoya aussitôt Massinissa pour s'emparer de ces places abandonnées Pyrrhus, attaquant la capitale de l'Illyrie, défendue par une nombreuse garnison, feignit de désespérer de la soumettre et se porta contre d'autres villes ; la capitale, pour leur envoyer des renforts, affaiblit sa garnison, et donna ainsi à Pyrrhus les moyens de s'en rendre maître.

Pour s'emparer d'une ville, on a souvent empoisonné les eaux et détourné le cours d'une rivière, mais c'est un moyen qui réussit rarement. On a quelquefois déterminé des assiégés à se rendre par la nouvelle d'une victoire, ou de nouveaux renforts qui arrivent contre eux. Les anciens généraux ont eu souvent recours à la trahison, et cherché à corrompre quelques habitants. Chacun, à cet égard, a employé des moyens différents. Souvent un faux transfuge a acquis chez les assiégés un crédit et un ascendant dont il s'est servi au profit du général qui l'avait envoyé : il peut faire connaître ainsi la disposition des différentes gardes, et donner le moyen de s'emparer plus aisément de la ville ; ou bien, sous différents prétextes, embarrasser la porte par un chariot ou des poutres, et faciliter par là l'entrée de l'ennemi. Annibal détermina un habitant à lui livrer une forteresse des Romains, en sortant la nuit comme pour aller à la chasse, sous prétexte que, pendant le jour, il avait peur de l'ennemi, et, revenant ensuite, ayant mêlé à son équipage de chasse quelques soldats qui tuèrent les gardes et ouvrirent les portes aux Carthaginois.

Il faut tâcher d'attirer les assiégés loin de leurs retranchements en feignant de fuir devant eux lorsqu'ils font des sorties. dans un tel cas, plusieurs généraux, et entre autres Annibal, se sont laissé enlever leur camp même, afin de pouvoir couper la retraite aux assiégés et s'emparer de leur ville. C'est encore une excellente ruse de feindre de lever le siège : c'est ainsi que l'Athénien Phormion, après avoir ravagé le pays de Chalci, reçut ses ambassadeurs, leur fit les plus belles promesses, inspira aux habitants la plus grande sécurité, et, profitant de cette aveugle confiance, finit par se rendre maître de leur ville.

Les assiégés doivent veiller avec soin sur leurs gens suspects, mais souvent on s'en assure davantage par des bienfaits que par des châtiments. Marcellus savait que Lucius Brancius, de la ville de Nole, était porté d'inclination pour Annibal ; mais il le traita avec tant de bonté et de générosité que, changeant le cours de ses dispositions secrètes, il en fit le meilleur ami des Romains.

C'est plutôt lorsque l'ennemi s'éloigne que lorsqu'il est proche qu'il faut être le plus sur ses gardes, et c'est sur les postes que l'on croit les plus sûrs qu'il faut veiller davantage ; car un grand nombre de villes ont été prises du côté où l'ennemi était le moins attendu. Ces sortes de surprise ont deux causes : soit que les assiégés aient cru inaccessible le poste qui a été attaqué, soit que l'ennemi, ayant fait d'un côté une fausse attaque, se soit porté de l'autre en silence. Les assiégés doivent donc employer tous leurs soins pour prévenir ces deux dangers, tenir en tout temps et surtout la nuit de fortes gardes sur les murailles, et y établir non seulement des hommes, mais même des chiens féroces et actifs qui puissent de loin sentir l'ennemi et le faire découvrir par leurs aboiements. Ce ne sont pas seulement des chiens, mais aussi des oies qui ont quelquefois sauvé une ville, comme il arriva à Rome, quand les Gaulois assiégeaient le Capitole. Pendant le siège d'Athènes par les Lacédémoniens Alcibiade, pour s'assurer de la vigilance des gardes ordonna, sous des peines sévères, que chaque fois qu'il élèverait une lumière pendant la nuit, les gardes en élevassent une également. Iphicrate tua une sentinelle endormie, en disant « qu'il la laissait comme il l'avait trouvée ».

Les assiégés emploient divers moyens pour faire parvenir des avis à leurs amis ; pour ne pas confier leurs secrets à des messagers, ils les écrivent en chiffres, et les font passer par différentes voies. Les chiffres sont convenus entre les correspondants ; voici come on peut les faire passer. On cachera la lettre, soit dans le fourreau d'une épée, soit dans la pâte qu'on fera cuire en pain pour donner au porteur, soit dans les parties les plus secrètes du corps humain, soit dans le collier d'un chien qui accompagnera le messager. On peut aussi mettre dans une lettre des choses insignifiantes, et écrire dans les interlignes avec certaines eaux qui, lorsqu'on mouille ou qu'on échauffe le papier, font paraître les lettres. C'est une invention qui a eu, dans notre temps, les plus heureux effets. Quand on voulait faire parvenir quelques secrets à ses amis, retirés dans une place forte, et n'employer aucun intermédiaire, on faisait attacher à la porte des églises des lettres d'excommunication, écrites dans la forme ordinaire et interlignées comme je viens de le dire ; et ceux à qui elles étaient adressées les reconnaissant à quelque signe convenu, les détachaient et les lisaient à leur aise. Ce moyen est le plus sûr et est sans danger, puisque le porteur peut être trompé par le premier.

Il y a une foule d'autres expédients de même genre, que chacun peut trouver de lui-même. Au reste, il est beaucoup plus aisé d'écrire à des assiégés, qu'il ne l'est à des assiégés d'écrire à ceux de dehors. Ils n'ont guère, en effet, d'autres moyens d'envoyer leurs lettres que par de faux transfuges ; mais ce moyen est douteux et plein de danger, surtout avec un ennemi vigilant et soupçonneux. Ceux au contraire qui écrivent du dehors peuvent, sous différents prétextes, faire entrer leur messager dans le camp des assiégeants, et là, il aura plus d'une occasion favorable pour pénétrer dans la ville.

Je vais maintenant vous entretenir du système actuel de l'attaque des places. Êtes-vous attaqué dans une ville qui n'a point de fossés en dedans des murs ? Ainsi que je l'ai recommandé, il faut, pour empêcher l'ennemi de pénétrer par les brèches, car il est impossible de s'opposer à cet effet de l'artillerie, il faut, dis-je, dès le commencement de l'attaque creuser derrière le mur battu de l'artillerie un fossé large au moins de trente brasses et jeter toute la terre du fossé du côté de la ville, ce qui formera un retranchement, et augmentera la profondeur du fossé. il faut entreprendre cet ouvrage assez à temps, pour qu'à la première brèche, vous ayez déjà creusé cinq ou six brasses. Il est important, pendant qu'on creuse ce fossé, de le fermer de chaque côté avec une casemate ; quand le premier mur résiste assez pour donner le temps de faire ce fossé et ces casemates, la brèche alors devient la parte la plus forte de la ville, parce que ce retranchement que vous venez de construire tient lieu des fossés intérieurs que j'ai recommandés ; si, au contraire, le mur est faible et ne vous laisse pas achever votre ouvrage, il faut alors déployer toute votre valeur, et opposer à l'ennemi toutes vos troupes et toutes vos forces. Cette manière de se construire un nouveau retranchement a été pratiquée par les Pisans, quand vous allâtes assiéger leur ville. Ils n'y trouvèrent pas de grandes difficultés, parce que leurs murailles, étant fort solides, leur en donnèrent le temps, et qu'ils travaillaient sur une terre argileuse, tenace, et très propre à creuser des retranchements ; mais, sans ces deux avantages, ils étaient perdus. C'est donc une précaution d'entreprendre d'avance cet ouvrage et de creuser des fossés dans l'intérieur de la ville, tout autour des retranchements, selon la méthode que j'ai donnée, car alors on peut attendre l'ennemi en repos, et avec une pleine sécurité.

Les Anciens s'emparaient souvent des villes par le moyen des mines. Ils creusaient en secret des chemins souterrains qu'ils conduisaient jusque dans la ville, et qui leur en ouvraient l'entrée ; c'est ainsi que les Romains se rendirent maîtres de Véies ; ou bien ils minaient les murailles et les faisaient tomber en ruine. Cette dernière méthode est plus en usage aujourd'hui. Voilà la cause de la faiblesse des villes placées sur des hauteurs ; en effet, elles sont beaucoup plus aisées à miner. Lorsque la mine est une fois remplie de poudre à canon, en y mettant le feu, non seulement le mur s'écroule, mais la montagne s'entrouvre, et toutes les fortifications se renversent de toutes parts. Le moyen de prévenir de danger est de bâtir votre ville dans la plaine et de creuser le fossé qui environne la place à une telle profondeur que l'ennemi ne pourra creuser plus avant sans trouver l'eau, seul obstacle qu'on puisse opposer à ces mines. Si vous défendez une ville bâtie sur une hauteur, le meilleur moyen de vous garantir des mines de l'ennemi est de chercher à les éventer, en creusant dans la ville un grand nombre de puits très profonds. On peut encore faire des contre-mines, quand on connaît précisément le lieu miné par l'ennemi. Ce moyen est excellent, mais il est difficile de découvrir les mines lorsqu'on est attaqué par un ennemi qui ne manque pas d'habileté.

Les assiégés doivent veiller surtout à ne pas se laisser surprendre pendant les temps du repos, comme après un assaut, à la fin des gardes, c'est-à-dire le matin à la pointe du jour, et le soir au crépuscule, et principalement au moment des repas. C'est à de pareilles heures que la plupart des villes ont été prises, et que les assiégés ont souvent détruit l'armée des assiégeants. Il faut donc être toujours gardé de tous côtés, et tenir la plus grande partie de ses troupes toujours armée. Au reste, je dois observer ici que ce qui rend vraiment difficile la défense ou d'un camp, c'est la nécessité où sont les assiégés de tenir toujours leurs troupes divisées ; l'ennemi pouvant en effet réunir les siennes pour attaquer un seul poste, quand il lui plaît, les assiégés doivent être constamment sur leurs gardes de tous les côtés : ainsi celui-là peut attaquer avec toutes ses forces, tandis que ceux-ci ne se défendent jamais qu'avec une partie des leurs.

Les assiégés d'ailleurs peuvent être battus sans ressources, tandis que les assiégeants ne courent d'autre risque que d'être repoussés. Aussi a-t-on vu souvent des généraux, assiégés dans une ville ou dans un camp, en sortir avec toute leur armée, quoique inférieure en forces, combattre et vaincre l'ennemi. C'est le parti que prit Marcellus à Nole, et César dans les gaules. Celui-ci, étant attaqué dans son camp par une immense multitude de Gaulois, sentit qu'en restant dans les retranchements, il serait forcé de diviser ses forces, et ne pourrait attaque l'ennemi avec chaleur, et se défendre avec succès. Il abattit donc une partie du camp, et, s'y précipitant avec toutes ses forces, il repoussa l'ennemi avec tant d'impétuosité et d'intrépidité qu'il le renversa et remporta une victoire complète [1].

---

[1]   Cf. César, *La Guerre des Gaules*, III 2-6.

La fermeté et la patience des assiégés jettent souvent le désespoir et la crainte dans le cœur des assiégeants. Lorsque Pompée était en présence de César, en Thessalie, l'armée de celui-ci souffrait singulièrement de la faim : on apporta à Pompée un des pains dont elle se nourrissait. Quand il le vit fait avec de l'herbe, il défendit qu'on le montrât à ses soldats, de peur qu'ils n'en prissent de l'épouvante, en voyant quels ennemis ils avaient à combattre. Rien n'honora plus les Romains, pendant la guerre contre Annibal, que leur inébranlable constance. Quelque critique que fût leur position, de quelques malheurs qu'ils fussent accablés, jamais ils ne demandèrent la paix, jamais ils ne donnèrent le moindre signe de frayeur. Lors même qu'Annibal était aux portes de Rome, le champ sur lequel il campait se vendit plus cher qu'on ne l'eût acheté dans les temps ordinaires : et telle était leur invincible opiniâtreté qu'assiégeant Capoue dans le temps même qu'Annibal assiégeait Rome, ils ne voulurent pas lever le siège de Capoue pour aller défendre leurs propres foyers.

En traitant au long avec vous de l'art militaire, je sais que j'ai pu entrer dans des détails que vous pouviez savoir aussi bien que moi-même ; je n'ai pas cru cependant devoir les passer sous silence, parce qu'ils servent à mieux faire connaître tous les avantages des institutions que je vous ai proposées. Ils ne seront peut-être pas d'ailleurs inutiles à ceux qui n'ont pas eu les mêmes moyens que vous de s'en instruire. Il ne me reste plus, ce me semble, qu'à vous donner quelques maximes générales dont il est utile de se bien pénétrer.

1 - Tout ce qui sert votre ennemi vous nuit ; tout ce qui lui suit vous sert.

2 - Celui-là aura moins de dangers à courir et sera le plus

fondé à espérer la victoire qui mettra le plus de soin à observer les desseins de l'ennemi et à exercer fréquemment son armée.

3 - Ne menez jamais vos soldats au combat qu'après les avoir remplis de confiance, qu'après les avoir bien exercés et vous être assuré qu'ils sont sans crainte ; enfin, n'engagez jamais une action que lorsqu'ils ont l'espérance de vaincre ;

4 - Il vaut mieux triompher de son ennemi par la faim que par le fer : le succès des armes dépend bien plus souvent de la fortune que du courage.

5 - Les meilleures résolutions sont celles qu'on cache à l'ennemi, jusqu'au moment de les exécuter.

6 - Un des plus grands avantages à la guerre est de connaître l'occasion et de savoir la saisir.

7 - La nature fait peu de braves : on les doit le plus souvent à l'éducation et à l'exercice.

8 - La discipline vaux mieux à la guerre que l'impétuosité.

9 - Lorsque l'ennemi perd quelques-uns de ses partisans qui passent dans votre parti, c'est pour vous une grande conquête s'ils vous restent fidèles. Un homme qui déserte affaiblit bien plus une armée qu'un homme tué, quoique tué, quoique ce nom de transfuge le rende autant suspect à ses nouveaux amis qu'à ceux qu'il a quittés.

10 - Quand on range une armée en bataille, il vaut mieux réserver des renforts derrière la première ligne que d'éparpiller ses soldats afin d'étendre son front.

11 - Il est difficile de vaincre celui qui connaît bien ses

forces et celles de l'ennemi.

12 - À la guerre, le courage vaut mieux que la multitude ;
       mais ce qui vaut mieux encore, ce sont des postes
       avantageux.

12 - À la guerre, le courage vaut mieux que la multitude ;
       mais ce qui vaut mieux encore, ce sont des postes
       avantageux.

13 - Les choses nouvelles et imprévues épouvantent une
       armée ; mais, avec le temps et l'habitude, elle cesse
       de les craindre : il faut donc, lorsqu'on a un ennemi
       nouveau, y accoutumer ses troupes par de légères
       escarmouches avant d'engager une action générale.

14 - Poursuivre en désordre un ennemi en déroute, c'est
       vouloir changer sa victoire contre une défaite.

15 - Un général qui ne fait pas de grandes provisions de
       vivre sera sans coup férir.

16 - Il faut choisir son champ de bataille selon qu'on a
       plus de confiance en sa cavalerie ou en son infanterie

17 - Voulez-vous découvrir s'il y a quelque espion dans le
       camp ? Ordonnez à chaque soldat de se retirer à son
       quartier.

18 - Changez subitement de dispositions quand vous
       apercevez que l'ennemi vous a pénétré.

19 - Interrogez beaucoup de gens sur le parti que vous
       avez à prendre ; ne confiez qu'à très peu d'amis le
       parti que vous avez pris.

20 - Que pendant la paix, la crainte et le châtiment soient
       le mobile du soldat ; pendant la guerre, que ce soit
       l'espérance et les récompenses.

21 -   Jamais un bon général ne risque une bataille si la nécessité ne l'y force, ou si l'occasion ne l'appelle.

22 -   Que l'ennemi ne sache jamais vos dispositions le jour du combat ; mais quelles qu'elles soient, que la première ligne puisse toujours rentrer dans la seconde et la troisième.

23 -   Pendant le combat, si vous ne voulez pas jeter le désordre dans votre armée, ne donnez jamais à un bataillon un autre emploi que celui qui lui était d'abord destiné.

24 -   Contre les accidents imprévus, le remède est malaisé ; contre les accidents prévus, il est facile.

25 -   Des soldats, du fer, de l'argent et du pain ; voilà le nerf de la guerre : de ces quatre objets, les deux premiers sont les plus nécessaires, puisque avec des soldats et du fer on trouve du pain et de l'argent, tandis qu'avec de l'argent et du pain, on ne trouve ni fer ni soldats.

26 -   Le riche désarmé est la récompense du soldat pauvre.

27 -   Accoutumez vos soldats à mépriser une nourriture délicate et de riches habits.

Voilà en général ce que j'ai cru important de vous exposer sur l'art de la guerre. J'aurais pu entrer dans de plus grands développements et vous entretenir de l'organisation des différents corps de troupes chez les Anciens, de leur habillement et de leurs exercices ; mais ces détails ne m'ont pas paru nécessaires, parce que vous avez pu vous en instruire par vous-même, et que d'ailleurs mon intention n'est point de donner un traité de l'art militaire des Anciens, mais de présenter seulement les moyens de créer une armée meilleure et plus sûre que nos armées actuelles. je n'ai donc voulu parler des institutions anciennes qu'autant qu'elles serviraient à expliquer celles que je propose.

Vous auriez peut-être désiré que je me fusse étendu un peu plus au long sur la cavalerie et que je vous eusse parlé de la guerre maritime, car la puissance militaire comprend en général l'armée de mer comme celle de terre ; la cavalerie comme l'infanterie. Je ne vous ai point parlé de la guerre maritime parce que je n'en ai aucune connaissance : je laisse ce soin aux Génois et aux vénitiens qui, par leur constante application à accroître leur puissance navale, ont su opérer de si grandes choses. Quant à la cavalerie, je me borne à ce que je vous ai déjà dit, parce que cette partie de nos troupes est moins corrompue que le reste. D'ailleurs, avec une bonne infanterie qui est le nerf d'une armée, on a presque toujours nécessairement une bonne cavalerie. Je recommanderai seulement au souverain qui veut créer une armée deux moyens propres à multiplier les chevaux dans ses États : c'est de répandre dans les pays des chevaux dans ses États : c'est de répandre dans les pays des chevaux de bonne race, et d'exciter les citoyens à faire le commerce de poulains comme on fait celui de veaux et de mulets et, afin que ceux-ci trouvent des acquéreurs, il faut ordonner que personne n'ait un mulet sans avoir un cheval, que celui qui n'aurait qu'une monture soit forcé de prendre un cheval, et qu'enfin on ne puisse porter des étoffes de soie sans avoir de chevaux. J'apprends qu'un pareil règlement a été établi par un prince de notre siècle, et qu'en peu de temps il a formé par ce moyen une excellente cavalerie dans ses États. Quant aux autres règlements sur la cavalerie, je vous renvoie à ce que j'ai déjà dit à cet égard et à ce qui se pratique aujourd'hui parmi nous.

Vous désirez peut-être aussi que je vous entretienne des qualités nécessaires à un grand général. Je puis vous satisfaire en peu de mots. Je voudrais que mon général fût instruit à fond de tout ce qui a fait aujourd'hui l'objet de notre entretien, et cela encore ne me suffit pas s'il n'était pas en état de trouver par lui-même toutes les règles dont il a besoin. Sans l'esprit d'invention, personne n'a jamais excellé en rien ; et si cet esprit mène à la considération dans tous les autres arts, c'est à la guerre qu'il donne le plus de gloire. Les plus petites inventions dans ce genre sont célébrées lorsque, voulant décamper à l'insu de l'ennemi, il donnait le signal à l'aide d'un casque placé sur une lance au lieu de faire sonner la trompette. Une autre fois, au moment d'engager le combat, il ordonna à ses soldats de mettre le genou gauche en terre devant l'ennemi, afin de soutenir plus sûrement son premier effort. Ce moyen lui ayant donné la victoire, lui acquit tant de gloire que dans toutes les statues qu'on élevait en son honneur, il était représenté dans cette position.

Mais il est temps de finir et de revenir au point d'où j'étais parti ; j'éviterai ainsi la peine qu'on impose chez vous à ceux qui quittent le pays sans y retourner. Vous me disiez, Cosimo, et vous devez vous rappeler sans doute, que vous ne conceviez pas comment, moi, si grand administrateur des Anciens, et blâmant si vivement ceux qui ne les prennent pas pour modèles dans les choses importantes de la vie, je n'avais pas cherché à les imiter dans tout ce qui concerne l'art de la guerre qui a toujours été ma principale occupation. Je vous ai répondu que tout homme qui médite quelque dessein doit s'y préparer d'avance pour être en état de l'exécuter s'il en trouve l'occasion. Je viens de vous entretenir au long de l'art militaire, c'est à vous à décider maintenant si je suis capable ou non de ramener une armée aux institutions des Anciens ; vous pouvez juger, ce me semble, combien j'ai employé de temps à cet unique objet de mes méditations, et combien je serais heureux de pouvoir les mettre à exécution. Il vous est facile de voir si j'en ai eu les moyens et l'occasion. Mais afin de ne vous laisser aucun doute, et pour ma plus grande justification, je vais vous exposer quelles sont ces occasions ; j'acquitterai ainsi toute ma promesse en vous montrant les moyens et les obstacles d'une telle imitation.

De toutes les institutions humaines, les plus aisées à ramener aux règles des Anciens sont les institutions militaires ; mais cette révolution n'est aisée que pour un prince dont les États peuvent mettre sur pied quinze à vingt mille jeunes gens ; car rien n'est plus difficile pour ceux qui sont privés d'un tel avantage. Et pour mieux me faire entendre, je dois d'abord rappeler que les généraux arrivent à la célébrité par deux moyens différents. Les uns ont opéré de grandes choses avec des troupes déjà bien réglées et bien disciplinées. Tels sont la plupart des généraux romains et tous les généraux qui n'ont d'autre soin à prendre que d'y maintenir l'ordre, la discipline, et de la gouverner avec sagesse. Les autres ont eu non seulement à vaincre l'ennemi, mais, avant de hasarder le combat, ils ont dû former leur armée, l'exercer et la discipliner ; et ils méritent, sans contredit, plus de gloire que ceux qui ont fait de grandes actions avec des armées déjà toutes formées. Parmi les généraux qui ont vaincu de tels obstacles, on peut citer Pélopidas et Epaminondas, Tullus, Hostilius, Philippe, roi de Macédoine, père d'Alexandre, Cyrus, roi des Perses, et enfin Sempronius Gracchus. Tous, avant de combattre, furent obligés de former leur armée ; mais ils ne réussirent dans cette grande entreprise que parce qu'ils avaient, outre des qualités supérieures, un nombre d'homme suffisant pour exécuter leurs desseins. Quels que fussent leurs talents et leur habileté, ils n'eussent pu jamais obtenir le moindre succès dans un pays étranger, peuplé d'homme souverainement corrompus, et ennemis de tout sentiment d'honneur et de subordination.

Il ne suffit donc pas aujourd'hui, en Italie, de savoir commander une armée toutes formée, il faut être en état de la créer avant d'entreprendre de la conduire. Mais ce succès n'est possible qu'aux souverains qui ont un État étendu et des sujets nombreux, et non pas à moi qui n'ai jamais commandé d'armée, et qui ne puis jamais avoir sous mes ordres que des soldats soumis à une puissance étrangère et indépendante de ma volonté. Et je vous laisse à penser si c'est parmi de telle que je vous l'ai proposée. Où sont les soldats qui consentiraient aujourd'hui à porter d'autres armes que les armes ordinaires et, outre leurs armes, des vivres pour deux ou trois jours, et des instruments de pionniers ? Où sont ceux qui manieraient la pioche et resteraient tous les jours les exercices qui doivent les mettre en état de soutenir l'attaque l'ennemi ? Qui pourrait les désaccoutumer de leurs débauche, de leurs jeux, de leurs blasphèmes et de leur insolence ? Qui pourrait les assujettir à une telle discipline, et faire naître en eux un tel sentiment de respect et d'obéissance, qu'un arbre chargé de fruits serait conservé intact au milieu du camp, ainsi qu'on l'a vu plusieurs fois dans les armées anciennes ? Comment parviendrai-je à m'en faire respecter, aimer, ou craindre, lorsque, après la guerre, ils ne doivent plus avoir avec moi le moindre rapport ? De quoi leur ferai-je honte, lorsqu'ils sont nés et élevés sans aucune idée de l'honneur ? Pourquoi me respecteraient-ils, puisqu'ils ne me connaissent pas ? Par quel Dieu ou par quel saint les ferais-je jurer ? est-ce par ceux qu'ils adorent ou par ceux qu'ils blasphèment ? J'ignore s'il y en a quelques-uns qu'ils adorent, mais je sais bien qu'ils les blasphèment tous. Comment voulez-vous que je compte sur des promesses dont ils ont pris à témoin des êtres qu'ils méprisent ? Et lorsque, enfin, ils méprisent Dieu même, respecteront-ils les hommes ? Quelles institutions salutaires pouvez-vous donc espérer dans un pareil état de choses ? Vous m'observerez peut-être que les Suisses et les Espagnols si-ont cependant de bonnes troupes, j'avouerai qu'ils valent beaucoup mieux, sans aucune comparaison que les Italiens ; mais si vous avez bien suivi cette discussion, et réfléchi sur le système militaire de ces deux peuples, vous verrez qu'ils ont encore beaucoup à faire pour arriver à la perfection des Anciens. Les Suisses sont devenus naturellement de bonnes troupes, par la raison que je vous en donnée au commencement de cet entretien. Quant aux Espagnols, ils ont été formés par la nécessité : faisant la guerre dans un pays étranger, et forcés de vaincre ou de mourir, ne croyant avoir aucune retraite, ils ont dû déployer toute leur valeur. Mais la supériorité de ces deux peuples est bien loin de la perfection, puisqu'ils ne sont vraiment recommandables que pour s'être accoutumés à attendre l'ennemi à la pointe de la pique ou de l'épée. Et il n'y a personne qui ait le moyen de leur apprendre ce qui leur manque, et encore moins celui qui ignore leur langue. Mais revenons à ces Italiens qui, gouvernés par des princes sans lumières, n'ont su adopter aucune bonne institution militaire, et n'ayant point été, comme les Espagnols, pressés par la nécessité, n'ont pu se former eux-mêmes, et sont ainsi restés la honte des nations.

Au reste, ce ne sont pas les peuples d'Italie qu'il faut ici accuser, mais seulement leurs souverains qui, d'ailleurs, en ont été sévèrement châtiés, et ont porté la juste peine de leur ignorance en perdant ignominieusement leurs États sans avoir donné la plus faible marque de vertu. Voulez-vous vous assurer de la vérité de tout ce que j'avance ? Repassez dans votre esprit toutes les guerres qui ont eu lieu en Italie, depuis l'invasion de Charles VIII jusqu'à nos jours. La guerre, ordinairement, rend les peuples plus braves et plus recommandables ; mais chez nous, plus elle a été active et sanglante, plus elle a fait mépriser nos troupes et nos généraux. Quelle est la cause de ces désastres ? c'est que nos institutions militaires étaient et sont encore détestables, et que personne n'a su adopter celles récemment établies chez d'autres peuples. Jamais on ne rendra quelque lustre aux armes italiennes que par les moyens que j'ai proposés, et par la volonté des principaux souverains d'Italie ; car pour établir une pareille discipline, il faut avoir des hommes simples, grossiers et soumis à vos lois, et non pas des débauchés, des vagabonds et des étrangers. Jamais un bon sculpteur n'essaiera de faire une belle statue d'une mauvaise ébauche, il lui faut un marbre brut.

Nos souverains d'Italie, avant qu'ils eussent ressenti les effets des guerres ultramontaines, s'imaginaient qu'il suffisait à un prince de savoir écrire une belle lettre, arranger une réponse artificieuse, montrer dans ses discours de la subtilité et de la pénétration, et préparer habilement une perfidie ; couverts d'or et de pierreries, ils voulaient surpasser tous les mortels par le luxe de leur table et de leur lit ; environnés de débauche, au sein d'une honteuse oisiveté, gouvernant leurs sujets avec orgueil et avarice, ils n'accordaient qu'à la faveur les grades de l'armée, dédaignaient tout homme qui aurait osé leur donner un conseil salutaire, et prétendaient que leurs moindres paroles fussent regardaient que leurs moindres paroles fussent regardées comme des oracles. Ils ne sentaient pas, les malheureux, qu'ils ne faisaient que se préparer à devenir la proie du premier assaillant. De là vinrent, en 1494, les terreurs subites, les fuites précipitées, et les plus miraculeuses défaites.

C'est ainsi que les trois plus puissants États d'Italie ont été plusieurs fois saccagés et livrés au pillage. Mais ce qu'il y a de plus déplorable c'est que nos princes actuels vivent dans les mêmes désordres et persistent dans les mêmes erreurs vivent dans les mêmes désordres et persistent dans les mêmes erreurs. Ils ne songent pas que chez les Anciens, tout prince, jaloux de maintenir son autorité, pratiquait avec soin toutes les règles que je viens de prescrire et se montrait constamment appliqué à endurcir son corps contre les fatigues, et fortifier son âme contre les dangers. Alexandre, César et tous les grands hommes de ces temps-là combattaient toujours aux premiers rangs, marchaient à pied, chargés de leurs armes, et n'abandonnaient leur empire qu'avec la vie, voulut également vivre et mourir avec honneur. On pouvait peut-être réprouver en quelques-uns d'eux une trop grande ardeur de dominer, mais jamais on ne leur reprocha nulle mollesse, ni rien de ce qui énerve et dégrade l'humanité. Si nos princes pouvaient s'instruire et se pénétrer de pareils exemples, ils prendraient, sans aucun doute, une autre manière de vivre, et changeraient certainement ainsi la fortune de leurs États.

Vous vous êtes plaint de votre milice au commencement de cet entretien ; si elle a été organisée d'après les règles que j'ai prescrites, et que vous n'ayez point eu lieu d'en être satisfait, vous avez raison de vous plaindre, mais si on a suivi à cet égard un système tout différent de ce que j'ai proposé, c'est votre milice même qui a droit de se plaindre de vous qui n'avez fait qu'une ébauche manquée, au lieu d'une figure parfaite. Les Vénitiens et le duc de Ferrare ont commencé cette réforme et ne l'ont pas poursuivie, mais il ne faut en accuser qu'eux seuls et non pas leur armée. Au reste, je soutiens que celui de nos souverains qui, le premier, adoptera le système que je propose, fera incontestablement la loi à l'Italie. Il en sera de sa puissance comme de celle des Macédoniens sous Philippe. Ce prince avait appris d'Épaminondas à former et discipliner une armée ; et tandis que le reste de la Grèce languissait dans l'oisiveté, occupé uniquement à entendre réciter des comédies, il devint su puissant, grâce à ses institutions militaires, qu'il fut en état d'asservir la Grèce tout entière, et de laisser à son fils les moyens de conquérir le monde. Quiconque dédaigne de semblables institutions est donc indifférent pour son autorité, s'il est monarque ; et pour sa patrie, s'il est citoyen.

Quant à moi, je me plains du destin qui devait me refuser la connaissance de ces importantes maximes, ou me donner les moyens de les pratiquer. Car à présent que me voilà arrivé à la vieillesse, puis-je espérer d'avoir jamais l'occasion d'exécuter cette grande entreprise ? J'ai donc voulu vous communiquer toutes mes méditations, à vous qui êtes jeunes et d'un rang élevé, et qui, si elles vous paraissent de quelque utilité, pourrez un jour, dans des temps plus heureux, profiter de la faveur de vos souverains pour leur conseiller cette indispensable réforme, et en aider l'exécution. Que les difficultés ne nous inspirent ni crainte ni découragement ; notre patrie semble destinée à faire revivre l'Antiquité, comme l'ont prouvé nos poètes, nos sculpteurs et nos peintres. Je ne puis concevoir pour moi de semblables espérances, étant déjà sur le déclin des ans ; mais si la fortune m'avait accordé un État assez puissant pour entreprendre ce grand dessein, je crois qu'en bien peu de temps j'aurais montré au monde tout le prix des institutions des Anciens ; et, certes, j'aurais élevé mes États à un haut degré de splendeur, ou j'aurais du moins glorieusement succombé !

1469 *Lorenzo I de Médicis, dit le Magnifique, prend la tête de Florence.*

*Naissance de Nicolas **Machiavel**, fils de Bernardo Machiavel et de Bartolomea de' Nelli.*

Ferdinand, héritier d'Aragon, épouse Isabelle, sœur et héritière du roi de Castille.

Mort de Pierre de Médicis, fils de Cosme, ses fils Laurent et Julien lui succèdent.

1474 *Isabelle de Médicis devient reine de Castille.*

1475 *Traité de Picquigny, premier document officiel mettant fin à la guerre de Cent Ans.*

1476 ***Machiavel** fréquente l'école pour la première fois et étudi la grammaire de Donat (auteur latin du ive siècle).*

1478 *Conspiration des Pazzi. Julien de Médicis est tué dans la cathédrale pendant l'office de Pâques. Laurent le magnifique échappe aux conjurés et demeure seul maître de Florence.*

1482 *Savonarole, moine dominicain né à Ferrare, vient au couvent de Saint-Marc (dont il deviendra prieur en 1491) et commence à prêcher à Florence.*

Traité d'Arras signé le 23 décembre 1482 entre le roi Louis XI et le futur empereur Maximilien Ier, époux de Marie de Bourgogne.

1483 *Mort de Louis XI. Charles VIII agé de 13 ans lui succède.*

1485 *La Guerre folle est le nom donné à une guerre qui oppose, entre 1485 et 1488, une coalition de seigneurs à Anne de France, régente de France. Menée parallèlement à la guerre de Bretagne, elle se termine par le traité du Verger qui prépare l'union de la Bretagne à la France.*

1483 *Mort de Louis XI. Charles VIII agé de 13 ans lui succède.*

1491   *Mariage de Charles VIII avec Anne de Bretagne (14 ans).
C'est plus ou moins l'achèvement en fait (sinon en droit) de
l'unité française.*

1492   *Prise de Grenade par les rois catholiques. C'est
l'achèvement en fait (sinon en droit) de l'unité espagnole.*

*Mort de Laurent le Magnifique (43 ans). Son fils Pierre (21
ans) lui succède.*

*Le pape nomme son fils cadet (16 ans) archevêque de
Valence (Innocent VIII l'avait fait évêque de Pampelune),
puis cardinal.*

1493   *23 mai : Traité de Senlis, dont le but est de répartir
l'héritage des anciens États bourguignons entre le royaume
de France et la famille des Habsbourg. Ce traité permit à
l'empereur Maximilien de récupérer les terres d'Artois et de
Franche-Comté, naguère terres bourguignonnes.*

1494   *Charles VIII, roy de France franchit les Alpes pour
conquérir le royaume de Naples.*

*Les Médicis sont chassés hors de Florence, où s'impose
l'autorité malsaine de Savonarole. Charles VIII entre à
Pise, dont les habitants lui demandent d'être délivrés de la
domination florentine (instaurée en 1405).*

1495   *Charles VIII abandonne le royaume de Naples, et rentre en
France.*

1496   *Florence tente (en vain) de reconquérir Pise.*

1497   *Savonarole est excommunié par Alexandre VI.*

1498   *Avènement de Louis XII.*

Machiavel *est nommé second secrétaire de la Seigneurie.*

*Mort de Charles VIII. Louis XII lui succède. Il demande
aussitôt au pape d'annuler son mariage avec Jeanne, fille de
Louis XI, afin d'épouser Anne (veuve de son prédécesseur),
et garder la Bretagne.*

À Florence, Savonarole est exécuté

Machiavel *est proposé pour être mis à la tête de la seconde
chancellerie.*

Le Grand conseil entérine la nomination de ***Machiavel****.*

Machiavel est nommé, en outre, secrétaire des Dix de Liberté et de Paix.

César Borgia est fait par Louis XII duc de Valentinois. Il résigne ses fonctions ecclésiastiques.

Annulation du mariage de Louis XII..

1499   *Première mission de Machiavel, convaincre un condottière de se contenter du prix convenu.*

Machiavel écrit le Discours sur les affaires de pise.

Mission de Machiavel à Forli : Florence veut prendre à sa solde le fils de Catherine Sforza, laquelle est seigneur de Forli.

L'armée de Louis XII entre en Italie. Conquête de Milan.

Soupçonné d'avoir trahi au cours du siège de Pise, le condottière Paolo Vitelli est conduit à Florence et exécuté. Son frère Vitellozzo s'échappe.

César Borgia s'empare d'Imola et Forli.

1500   *Ludovic le more (Sforza) reprend Milan.*

Ludovic fait prisonnier. Il mourra au château de Loches en 1508.

Machiavel au siège de Pise. Difficultés au sujet de la solde des mercenaires prêtés par le roi de France.

Un commissaire florentin fait prisonnier par les Suisses.

Machiavel à la cour de France pour défendre la cause de Florence dans l'affaire des mercenaires et régler le problème de la solde pour le futur.

Avec des troupes françaises, César Borgia conquiert Pesaro et Rimini.

Traité secret entre Ferdinand d'Aragon et Louis XII pour partager le royaume de Naples.

1501   *Machiavel à Pistoïa, ville sujette de Florence, il tente d'apaiser les dissensions entre deux factions rivales. Il y retournera en juillet, en octobre et l'année suivante.*

César Borgia conquiert Faenza. Son père le fait duc de Romagne. Il a pris à sa solde Baglioni, Vitellozzo Vitelli, Paolo Orsini. Louis XII lui interdit d'attaquer Bologne.

César demande à Florence de le prendre à sa solde, et de rétablir Pierre de Médicis. Refus.

Les Français entrent dans le royaume de Naples. César les
accompagne.

Machiavel envoyé à Sienne pour déjouer les intrigues de
César avec Pandolfo Petrucci, seigneur de Sienne.

Les troupes de César conquièrent Piombino.

Machiavel épouse Marietta Corsini..

1502   Vitellozzo Vitelli suscite une révolte à Aresson, terre
florentine, puis dans la Valdichiana. Florence sollicite
l'aide de la France.

Commencement des hostilités entre Français et Espagnols
dans le royaume de Naples, qu'ils se sont partagé.

César s'empare d'Urbino.

L'évêque Francesco Soderini et machiavel envoyés à
Urbino. Arrivent le 24. Dès le 26 Machiavel rentre en hâte à
Florence faire connaître les menaces de César.

Des troupes françaises libèrent Aresso.

Machiavel se fait remettre les villes rebelles par un
commandement français réticent. Il y retourne les 11 et 17
septembre.

Réforme du gouvernement de Florence. Le gonfalonier avait
un mandat de deux mois. Il sera désormais nommé à vie.

Pierre Soderini nommé gonfalonier à vie.

Les condottières de César complotent contre lui.

Diète de la Magione (près de Pérouse) qui rassemble les
condottières conjurés : les Orsini, Vitellozzo Vitelli,
Oliverotto da Fermo, Bentivoglio, Baglioni, et quelques
autres. Ils provoquent un soulèvement dans le duché
d'Urbino.

Les troupes restées avec César mises en déroute par celle
des Orsini. César demande l'aide de la France.

Inquiets, les condottières font un accord avec César, fixent
leurs conditions et prennent leur service.

Les condottières conquièrent Sinigaglia.

César entre à Sinigaglia. Le soir même il se saisit par ruse
de Vitellosso, qu'il fait étrangler, ainsi que de deux Orsini,
qui seront exécutés le 18 janvier.

1503   *César s'empare de Città di Castello, de Pérouse, de Sienne.*

Machiavel *écrit Description de la façon dont s'y est pris le duc de Valentinois pour tuer Vitellozzo Vitelli, Oliverotto da Fermo, le seigneur Pagolo et le duc de Gravina Orsini (publiée en 1532, à la suite du Prince).*

Louis XII fait rétablir Petrucci à Sienne.

Machiavel *à Sienne pour une négociation.*

Machiavel *écrit De la façon de traiter les peuples de la Valdichiana révoltés.*

Mort d'Alexandre VI.

Piccolomini créé pape (Pie III). Il meurt le 18 octobre.

Machiavel *à Rome. En accord avec le roi de France, discute un contrat avec le condottière Baglioni. Dernières rencontres avec César Borgia.*

Julien de la Rovère créé pape (Jules II), avec l'appui de César Borgia, à qui il a promis qu'il demeurerait gonfalonier de l'Église ses conquêtes. Après son élection, il contraint César à rendre à l'Église ses conquêtes.

naissance de Bernard, premier fils de **Machiavel** *(après une fille morte en bas âge).*

Bataille du Garigliano. Vaincues par Gonzalve de Cordoue, les troupes françaises abandonnent le royaume de Naples. Pierre de Médicis se noie dans le Garigliano.

1504   *Inquiète du départ des troupes françaises, la République envoie* **Machiavel** *à la cour de France.*

Trêve entre la France et l'Espagne. Florence y est comprise comme amie de la France.

Machiavel *rentre à Florence.*

Mission à Piombino, pour s'assurer de la fidélité de Iacopo d'Appiano.

Machiavel *écrit la première Décennale, récit en tercets des événements d'Italie depuis 1494. Naissance de Lodovico, son second fils.*

traité de Blois : vaste dispositif diplomatique établi entre Louis XII, Philippe le Beau et l'empereur Maximilien d'Autriche, signés à Blois le 22 septembre 1504, dans le cadre des Guerres d'Italie.

1505   *Après avoir combattu pour les Espagnols, le condottière Bartolomeo d'Alviano songe à attaquer Florence pour son propre compte. Les Florentins cherchent des troupes.*

Machiavel *envoyé chez Baglioni pour le convaincre de se remettre au service de Florence. Refus.*

Machiavel *envoyé chez le marquis de Mantoue pour le convaincre d'entrer au service de Florence. Refus.*

Machiavel *envoyé à Sienne pour sonder les intentions de Petrucci qui propose d'aider Florence. L'accord ne se fait pas.*

Bentivoglio met en déroute les forces de Bartolomeo d'Alviano.

Encouragés, Bentivoglio et les Florentins veulent prendre Pise d'assaut. Échec.

A la fin de l'année, pour en finir avec les mercenaires, **Machiavel** *commence à lever des troupes dans le domaine florentin.*

1506   **Machiavel** *poursuit le recrutement d'une infanterie.*

Première revue d'infanterie à Florence. Publication de la première Décennale. Divers écrits de Machiavel sur l'organisation de la milice.

Machiavel *envoyé auprès de Jules II, qui demande le concours de Florence pour reprendre la Romagne aux seigneurs locaux et aux Vénitiens.*

Machiavel *rencontre le pape sur le chemin de la Romagne, et le suit dans son expédition.*

Jules II est entré dans Pérouse, qu'il vient reprendre à Baglioni. Il est parmi les troupes de son adversaire, les siennes étant à l'écart. Que ca-t-il se passer ? Il ne se passe rien. « Ce sera, dit ironiquement **machiavel***, à cause de sa bonne nature et de son humanité. » Entendez : à cause de sa lâcheté, Baglioni, parricide et incestueux, étant connu pour sa totale absence de scrupules.*

Machiavel *est avec le pape à Imola.*

Le pape entre à Bologne, d'où les troupes françaises ont chassé Bentivoglio.

Création des Neuf de l'Ordonnance et de la Milice (décret rédigé par **Machiavel***).*

1507   **Machiavel** nommé chancelier des Neuf de la Milice (en plus de ses autres fonctions).

L'empereur Maximilien, qui prépare une expédition en Italie, demande de l'argent aux Florentins. Machiavel est désigné pour se rendre auprès de lui. Une forte opposition contraint Soderini à envoyer Vettori.

Soderini parvient à envoyer **Machiavel** rejoindre Vettori. Il ira à Bolzano, Trente, Innsbruck.

1508   **Machiavel** de retour à Florence.Il écrit le Rapport sur les choses d'Allemagne et reprend sa campagne de recrutement.

Ligue de Cambrai (l'Empereur, la France, l'Espagne, etc.) contre les Vénitiens.

1509   **Machiavel** au siège de Pise.

Louis XII et Ferdinand vendent à Florence le droit de conquérir Pise.

Jules II se joint à la ligue de Cambrai.

Bataille d'Agnadel (ou Vailà). Les Vénitiens perdent la plus grande part de leurs possessions de terre ferme.

Capitulation de pise. Le 8, **Machiavel** entre à Pise avec son infanterie.

Machiavel par pour Mantoue, pour faire un second versement à Maximilien, et observer les opérations militaires.

1510   **Machiavel** de retour à Florence.

Jules II signe la paix avec les Vénitiens.

Campagne de recrutement de **Machiavel**.

Troisième mission de Machiavel en France. Florence craint le pape, et veut conserver l'alliance française.

Machiavel de retour à Florence. Peu après il écrit Portrait des choses de France.

Les Dix chargent **Machiavel** de recruter de la cavalerie (il le fera en novembre, puis en décembre).

Machiavel à Sienne pour dénoncer la trêve conclue avec Petrucci.

1511   **Machiavel** inspecte les forteresses de Pise et d'Arezzo.
Il recrute cent cavaliers dans la Valdichiana.

Le clergé de France demande la convocation d'un concile général contre Jules II (il y a guerre larvée entre le roi et le pape).

Machiavel *à Sienne, pour signer un nouveau traité avec Petrucci.*

Machiavel *en mission auprès de Grimaldi, seigneur de Monaco (et un peu pirate).*

Le concile est prévu pur le 1er septembre.

L'armée du pape étant en déroute, Florence a accepté qu'il ait lieu à Pise.

Jules II convoque un concile à Latran pour le 19 avril 1512. Il menace de mettre Florence en interdit, et de saisir les biens de ses marchands.

Naissance de Guido, troisième fils de **Machiavel**.

Machiavel *recrute des cavaliers en Valdarmo, Valdichiana, Casentino.*

Machiavel *en mission auprès de quatre cardinaux prêts à venir à Pise. Ils acceptent de retarder leur arrivée.*

Machiavel à la cour de France pour lui demander d'ajourner le concile.

Jules II s'allie à Ferdinand d'Aragon et Venise, c'est la sainte Ligue, dirigée (tacitement) contre la France.

Les cardinaux schismatiques à Pise.

Machiavel *de retour de France.*

Machiavel *à Pise pour obtenir un transfert du concile.*

Le concile tient trois sessions à Pise, puis va s'évanouir à Milan.

L'horizon est sombre (si la guerre survient, Florence est en position avancée par rapport à ses alliés français).

Machiavel *rédige son testament.*

1512   *Adoption du décret sur la milice à cheval.*

Bataille de Ravenne. Gaston de Foix tué. Victorieuse, mais ses arrières menacés par les Suisses, l'armée française se retire.

Machiavel *dirige les préparatifs militaires à Pise.*

Machiavel *recrute des fantassins dans le Mugello, et multiplie les préparatifs militaires.*

Les Dix rappellent Machiavel à Florence, dont les Espagnols approchent.

Gardée par trois mille hommes, Prato est prise sans grande résistance par les Espagnols, qui pillent, violent et tuent.

Julien de Médicis rentre à Florence à titre privé.

Le mandat du gonfalonier réduit à quatorze mois.

Ridolfi élu gonfalonier.

Le cardinal Jean de Médicis, légat du pape, fait son entrée à Florence.

Les partisans des Médicis envahissent le palais de la Seigneurie. Le mandat du gonfalonier est réduit à deux mois, la constitution républicaine abolie.

*La milice de **machiavel** est supprimée.*

*La nouvelle seigneurie casse **Machiavel** et l'exclut de toutes fonctions.*

1513   *Soupçonné de complot, **Machiavel** est arrêté, emprisonné, torturé.*

Mort de Jules II.

Jean de Médicis créé pape (Léon X).

***Machiavel** est libéré. Il se réfugie dans sa maison de campagne de Sant'Andrea in Percussina. Il commence aussitôt une correspondance avec son ami Vettori, ambassadeur de Florence auprès du pape, d'abord pour lui demander un service, bientôt pour discuter de politique, voire conseiller indirectement le pape. Il commence aussi les Discours de la première décade de Tite Live, s'interrompant pour écrire Le Prince.*

Cousin germain du pape, Jules de Médicis est fait cardinal.

***Machiavel** écrit à Vettori qu'il vient de terminer un opuscule De Principatibus (Le Prince). Il se demande s'il doit le présenter à Julien pour obtenir de lui sa réintégration dans l'administration florentine.*

1514   *Ordonnance pour l'infanterie de la milice nationale.*

Naissance de Piero, quatrième fils de Machiavel (avant une Baccina non datée).

1515   *Mort de Louis XII. Avènement de François Ier. **Machiavel** consulté sur l'organisation de la milice (qui sera dissoute* *quelques années plus tard, dit Ridolfi). Julien songe d'ailleurs à utiliser* **Machiavel** *: veto formel du pape.*

Bataille de Marignan.

1516   *Mort de Ferdinand d'Aragon. Charles Quint lui succède.*

Mort de julien de Médicis. Son neveu – et neveu du pape – Laurent devient capitaine-général de Florence.

Laurent s'empare du duché d'Urbino. **Machiavel** *dédie « Le Prince » à Laurent (Lorenzo II).*

Le pape fait Laurent duc d'Urbino.

1517   **Machiavel** *écrit L'Âne d'or, poème politique inachevé. Il fréquente les jardins Oricellari, propriété de Cosimo Rucellai. Devant une assemblée choisie, il y lit les chapitres des Discours sur Tite Live, qu'il dédiera à Rucellai et Buondelmonti.*

1519   *Mort de l'empereur Maximilien*

Naissance de Catherine de Médicis, future reine de France.

Mort de sa mère, Madeleine de La Tour d'Auvergne, femme de Laurent de Médicis.

Mort de Laurent de Médicis. Le cardinal Jules de Médicis prend en main le gouvernement de Florence.

Charles Quint élu empereur d'Allemagne.

Machiavel *commence à écrire L'Art de la guerre.*

1520   **Machiavel** *à Lucques pour défendre les intérêts de marchands florentins. Il écrit La Vie de Castruccio Castracani (Lucquois du XIVe siècle). A la demande du cardinal, il décrit le Discours sur la réforme du gouvernement de Florence.*

Le cardinal commande à **Machiavel** *une Histoire de France qui va l'occuper cinq ans.*

1521   **Machiavel** *à Carpi pour résoudre un problème concernant les franciscains de Florence, et pour trouver un prêcheur de carême. Entretient avec Guichardin une correspondance plaisante.*

Alliance de Léon X avec Charles Quint. Opérations dans le Milanais.

Publication de L'Art de la guerre.

Mort de Léon X.

1522   *Élection du pape Adrien VI, né à Utrecht.*

Découverte d'un complot contre Jules de Médicis. Deux des anciens auditeurs des jardins Oricellari sont pris et exécutés, des autres s'enfuient (dont l'un des dédicataires des Discours).

1523   *Les troupes françaises perdent Gênes et une grande partie du Milanais.*

Mort d'Adrien VI.

Créé pape, Jules de Médicis prend le nom de Clément VII.

1524   *Bataille de Pavie. François Ier prisonnier de Charles Quint.*

Le pape signe avec le vice-roi de Naples un accord que doit ratifier Charles Quint. Il est question d'envoyer à Madrid le cardinal Salviani accompagné de Machiavel. Le pape refuse ce dernier.

Machiavel *à Rome. Il présente à Clément VII l'Histoire de Florence. Au pape inquiet d'être à la merci de Charles Quint il propose de mettre sur pied une armée nationale.*

Clément VII l'envoie à Faenza discuter le projet avec Guichardin, président de la Romagne. Guichardin écrit au pape, indique ses objections et attend sa décision.

Las d'attendre la réponse du pape indécis, Machiavel retourne à Florence.

Machiavel *défend à Venise les intérêts de marchands florentins*

1526   *Traité de Madrid, Charles Quint rendra la liberté à François Ier, qui s'engage (entre autres clauses) à lui céder la Bourgogne.*

Machiavel *écrit à Guichardin (à l'intention du pape) pour conseiller de donner à Jean de Médicis (Jean-des-Bandes-Noires), jeune et vaillant capitaine les moyens de former une troupe importante. Le pape refuse.*

Libéré, François Ier rentre en France (et garde la Bourgogne).

Machiavel *convainc le pape de mettre en état de défense les fortifications de Florence.*

Création d'une commission des fortifications, dont

Machiavel est nommé chancelier.

Traité de Cognac entre François Ier, le pape, Florence et les Vénitiens.

***Machiavel** rejoint les armées de la Ligue et le lieutenant-général Guichardin en Lombardie.*

A Rome, Clément VII signe une trêve avec les Colonna et les Espagnols de Naples. Puis il licencie les troupes qu'il a sur place. Le 19 septembre, les Espagnols l'attaquent, pillent son palais, et le font prisonnier. Ils exigent le retrait des armées de Lombardie.

*Capitulation de Milan, que l'armée de la Ligue doit aussitôt abandonner à cause des événements de Rome. Guichardin ramène ses troupes à Plaisance. **Machiavel** rentre à Florence.*

Jean de Médicis blessé alors qu'il tente d'empêcher les lansquenets de Frundsberg de franchir le Pô. Il meurt le 30.

***Machiavel** envoyé à Modène auprès de Guichardin. Arrive le 2 décembre, confère avec Guichardin, rentre le 5.*

1527   ***Machiavel** et Guichardin à Bologne. Frundsberg frappé d'apoplexie, le commandement des Impériaux et des Espagnols passe au connétable de Bourbon.*

***Machiavel** de retour à Florence.*

*Le connétable évite Florence, et marche sur Rome, suivi plutôt que poursuivi par les troupes de l'Église et de ses alliés. **Machiavel** est avec elles.*

Le connétable arrive devant les murs de Rome.

Il donne l'assaut, et est tué d'une arquebusade. Rome est conquise et mise à sac.

La nouvelle de la prise de Rome arrive à Florence.

Le grand Conseil institué par Savonarole est rétabli.

***Machiavel** apprend la révolution de Florence et demande à Guichardin son congé.*

***Machiavel** confère à Civitavecchia avec l'amiral Doria et envoie un dernier rapport à Guichardin. Puis s'embarque pour Livourne, d'où il regagnera Florence.*

La République confirme Tarugi dans les fonctions de secrétaire que lui ont, deux ans auparavant, confiées les autorités médicéennes.

Machiavel *se sent malade et prend un remède coutumier.*

Mort de **Machiavel**.

Il est enterré à Santa Croce.

1531   *Première édition des Discorsi sopra la prima deca du Tito Livio (chez Blado, à Rome, avec privilège pontifical du 23 août 1531).*

1532   *Première édition d'Il Principe (chez Blado, à Rome, avec le même privilège, et un achevé d'imprimer du 4 janvier 1532).*

9 791096 314720